学前儿童音乐教育与活动设计研究

王丽新　编著

群言出版社

QUNYAN PRESS

·北京·

图书在版编目（CIP）数据

学前儿童音乐教育与活动设计研究 / 王丽新编著.
北京 ： 群言出版社，2024. 6. -- ISBN 978-7-5193
-0966-4

Ⅰ. G613.5

中国国家版本馆CIP数据核字第2024AQ0279号

责任编辑：孙华硕
封面设计：知更壹点

出版发行： 群言出版社
地　　址： 北京市东城区东厂胡同北巷1号（100006）
网　　址： www.qypublish.com（官网书城）
电子信箱： qunyancbs@126.com
联系电话： 010-65267783　65263836
法律顾问： 北京法政安邦律师事务所
经　　销： 全国新华书店

印　　刷： 河北赛文印刷有限公司
版　　次： 2024年6月第1版
印　　次： 2024年6月第1次印刷
开　　本： 710mm×1000mm　1/16
印　　张： 13
字　　数： 260千字
书　　号： ISBN 978-7-5193-0966-4
定　　价： 45.00元

作者简介

　　王丽新，女，上海师范大学学前教育学院副教授，硕士研究生导师。毕业于东北师范大学音乐学院音乐课程与教学论专业，博士学位。主要从事学前儿童音乐教育、美育与儿童发展、幼儿园音乐课程及幼儿园教师教育等方面的研究。出版专著《奥尔夫音乐教学法本土化研究》《现代音乐教育与音乐艺术研究》，出版《学前教育专业乐理与视唱》《音乐赏析》《幼儿园趣味音乐游戏》等系列音乐教材，发表论文《基于幼儿教师音乐素养提升的学前教育专业音乐课程整合的探索》《奥尔夫音乐教学法本土化教学模式构建》《学前音乐教育中民族民间音乐文化传承的意义与作用》等数十篇，主持校级社会实践项目"音乐活动中促进儿童情感发展的实践研究"。

前　言

　　音乐是一种独特的艺术形式，它能够通过声音和节奏传递情感和信息，激发儿童的想象力和创造力。在学前阶段，儿童正处于身心发展的关键时期，通过音乐教育可以促进他们的认知、情感、社交等的发展。学前儿童音乐教育是学前教育的重要组成部分，对于学前儿童的全面发展具有重要意义。因此，设计适合学前儿童的音乐教育活动至关重要。学前儿童音乐教育活动设计需要遵循学前儿童身心发展的规律和特点，充分考虑学前儿童的年龄、兴趣和能力水平。活动设计应具有趣味性和互动性，能够吸引学前儿童的注意力，激发他们的学习兴趣和积极性。同时，活动设计还应注意培养学前儿童的创造力和想象力，让他们在音乐活动中获得更多的体验。

　　本书共八章。第一章为绪论，主要阐述了学前儿童的身心特点、学前儿童音乐教育的特点、学前儿童音乐教育的任务、学前儿童音乐教育的意义等内容；第二章为学前儿童音乐教育目标，主要阐述了学前儿童音乐教育目标的制定、学前儿童音乐教育目标的结构、学前儿童音乐教育目标的内容等；第三章为学前儿童歌唱活动设计，主要阐述了学前儿童歌唱活动的内容、学前儿童歌唱能力的发展、学前儿童歌唱活动设计与指导等内容；第四章为学前儿童韵律活动设计，主要阐述了学前儿童韵律活动的内容、学前儿童韵律能力的发展、学前儿童韵律活动设计与指导等内容；第五章为学前儿童音乐欣赏活动设计，主要阐述了学前儿童音乐欣赏活动的内容、学前儿童音乐欣赏能力的发展、学前儿童音乐欣赏活动设计与指导等内容；第六章为学前儿童打击乐演奏活动设计，主要阐述了学前儿童打击乐演奏活动的内容、学前儿童打击乐演奏能力的发展、学前儿童打击乐演奏活动设计与指导等内容；第七章为学前儿童音乐戏剧活动设计，主要阐述了学前儿童音乐戏剧活动的内容、学前儿童音乐戏剧活动的价值、学前儿童音乐戏剧活动设计与指导等内容；第八章为学前儿童音乐教育评价与发展，主要阐述了学前儿童音乐教育的评价、信息技术背景下学前儿童音乐教育的发展等内容。

笔者在撰写本书的过程中参考了大量有关学前教育方面的著作，也引用了许多专家的研究成果，在此一并表示衷心的感谢。

由于时间仓促，加之笔者水平有限，本书难免存在不足之处，恳请广大读者多提宝贵意见，以便日后加以修改与完善。

目　录

第一章　绪论

在儿童的早期教育中，音乐教育占据着至关重要的地位。音乐作为一种跨越文化和语言的艺术形式，具有独特的魅力，能够触动人的心灵，激发儿童的创造力和想象力。学前儿童音乐教育不仅有助于培养学前儿童的音乐素养和审美能力，更在学前儿童的身心发展中起到积极的推动作用。通过音乐，学前儿童学会表达情感、理解世界、与人沟通，以及享受生活中的美好。因此，对学前儿童进行音乐教育是十分必要的，它为学前儿童的全面发展奠定了坚实的基础。本章围绕学前儿童的身心特点、学前儿童音乐教育的特点、学前儿童音乐教育的任务和学前儿童音乐教育的意义展开研究。

第一节　学前儿童的身心特点

学前儿童是指尚未达到入学年龄的儿童。从世界范围看，各国对儿童入学年龄的规定各有不同，一般为 6 岁或 5 岁，因此，学前儿童的年龄界限也不尽相同。中国目前规定儿童的入学年龄为 6 岁，6 岁前的儿童即为学前儿童。

一、学前儿童的生理特点

学前儿童的生理发展是个体发展的重要组成部分，也是学前儿童的心理发展（如认知、言语及情绪等）和社会性发展的前提和基础，对学前儿童在各个领域的发展起着重要作用。学前儿童的生理发展是指儿童身体形态、组织和结构、大脑的生长发展和机能的生长发育的过程[①]。学前儿童的生理发展主要表现在以下几个方面。

（一）体格发育特点

体格主要包括身高、体重及整体的比例等。学前儿童的身体处于持续性生长

[①] 陈红梅. 尊重儿童身心发展规律 [J]. 湖北教育（综合资讯），2016（12）：12-13.

的变化过程中，但其生长的速度在不同阶段也不一致，出生后的前 1 年是儿童身高、体重及头围等增长速度最快的时期，但随着年龄的不断增加，个体的生长速度开始逐渐下降。

例如，新生儿头围平均为 34 厘米，1 岁时约增至 46 厘米，出生后第二年头围增长速度减缓，2 岁时头围约为 48 厘米，到 5 岁左右约为 50 厘米。在学前阶段，儿童头围的大小与大脑的发育密切相关。大脑在胎儿和新生儿阶段发育迅速，从而影响头围的增长。

（二）脑发育特点

1. 脑的结构

脑位于颅腔内，由大脑、中脑、间脑、脑桥、延髓和小脑六部分组成，其中中脑、脑桥、延髓三部分统称为脑干。儿童脑部的发育主要体现在大脑的发育上，因此我们需要着重了解人体大脑的基本结构。

人体的大脑分为左右两个半球，占人体脑总重量的 60%，是各种心理活动的主要中枢。大脑皮层包围着大脑的其他部分，形似半个核桃状，是最后停止生长的脑结构，也比大脑中的其他部位更加敏感。

2. 学前儿童的脑发育

新生儿在出生时，脑重约为 350 克，约占体重的 1/8；6 个月左右时婴儿的脑重为 600 ~ 700 克；2 岁时儿童脑重可达 900 ~ 1 000 克；7 岁时儿童脑重接近成年人的脑重，约为 1 500 克，约占体重的 1/40。不同年龄段的大脑重量如表 1-1 所示。

表 1-1 不同年龄段的大脑重量

单位：克

新生儿	1 岁	2 岁	3 岁	4 ~ 7 岁	成年人
350 ~ 400	810	1 010	1 080	1 310	1 400

大脑皮层是大脑中负责高级认知功能的主要区域，包括思考、意识、解决问题、学习和记忆等。在胎儿发育的后期和新生儿阶段，大脑皮层的发育尤为关键。妊娠后期和出生后的第一年内，大脑皮层的细胞经历了一个快速的增长和分化过程。在这个阶段，神经元之间的连接开始形成，为日后的认知和行为能力奠定了基础。具体来说，孕 25 周至出生后 6 个月是大脑皮层细胞激增的阶段，这个时期大脑的体积和复杂度迅速增加。

对新生儿来说，大脑皮层比较光滑，沟回较浅，构造十分简单，但神经细胞也在不断生长，神经纤维不断延伸，逐渐开始完成神经纤维的髓鞘化。髓鞘化是脑内部成熟的重要标志。

进入1～2岁后，儿童的神经系统发展得极其缓慢，直至学龄期后才开始逐渐发展。

二、学前儿童的心理特点

（一）1～3岁婴幼儿期心理特点

1～3岁是学前儿童（婴幼儿期）心理发展的重要阶段。在这个时期，儿童开始学会走路、说话，并逐渐表现出人类特有的心理活动，如表象思维、想象力和独立意识。

1. 运用简单口语表达感受

儿童的语言发展是一个逐步发展的过程，需要时间和经验来逐渐积累和提升。在这个过程中，父母和教育者应该提供丰富的语言环境，鼓励儿童表达自己的想法和感受，帮助他们培养语言技能。

1岁前是儿童语言发生的准备阶段。在这个时期，儿童主要通过手势、表情和哭喊来表达自己的需求和感受。1岁后的儿童期，儿童的语言能力有了明显的进步，他们可以和成年人进行简单的口语交流。1～1.5岁这个阶段，儿童处于理解语言的关键期，他们开始理解并记住大量的词汇，并逐渐理解语言的基本结构。到3岁时，儿童已经能够初步用语言表达自己的意思，这是一个重要的里程碑，标志着他们的语言能力已经有了显著的进步。

2. 直觉行动思维为主

1.5～2岁的儿童的心理发展里程碑，包括表象的发生、想象力的产生以及初步的概括和推理能力的出现。然而，这个时期儿童的概括水平还很低，思维形式相对简单，他们不能离开具体的实物、动作或行动来进行思考。这意味着他们的思考往往基于直接的经验和直观的感受，而不是抽象的概念或推理。

3. 产生自我意识，出现独立性

2岁以后，儿童不再像以前那样完全顺从，他们开始有了自己的想法和主意，常与家长的意见不一致。这是他们具有独立性的一种表现，标志着他们开始形成自我意识和自我决策的能力。这种独立性的出现是儿童心理发展的一个重要阶段。

这不仅表明他们已经具备了自我意识，也意味着他们开始能够使用工具、用语言交际，这是人类特有的心理机能的体现。此外，这个阶段也是他们人际关系发展的重要时期。

（二）3～6岁儿童期心理特点

3～6岁为学龄前期或儿童期，是儿童心理活动形成系统的奠基期，也是个性形成的最初阶段。3岁以后，儿童生活范围的扩大是有一定基础的。儿童的身体比以前结实，精力比以前充沛，身体的基本动作已经比较自如。通过语言的形成与发展，学前儿童已经具备了向别人清晰表达自己思想和要求的能力，因此成年人可以通过儿童的表达能力了解他们的意愿，无须猜测。这一发展为3～4岁儿童参加幼儿园集体生活提供了可能。随着生活范围的扩大，学前儿童的心理也发生了许多变化，他们的认知能力、生活技能和人际交往能力都得到了迅速提升。

1. 游戏活动水平不断提高

随着时间的推移，儿童的游戏水平不断提高，他们开始自己组织游戏，并逐渐从无主题游戏向有主题游戏发展，游戏的复杂性和深度也逐渐增加。

2. 由直接行动思维演化为具体形象思维

3～4岁儿童的思维通常依赖动作和行动进行，他们的思维是认识活动的核心。这意味着他们思考和解决问题在很大程度上依赖于直接的经验和直观的感受。他们可能会先做再想，而不是先思考再行动。这种直接依赖性说明了他们的认识活动是非常具体的，他们只能理解和处理具体的事物，而不会进行复杂的分析和逻辑推理。5～6岁儿童的抽象能力开始萌发。抽象能力是指理解和处理抽象概念和信息的能力。这种能力的萌发标志着儿童开始能够进行更复杂的思考和推理，不再仅仅依赖于直接的经验和行动。

3. 自我意识、道德判断、道德行为发展迅速

从个性的发展看，学前儿童的自我意识、道德判断、道德行为发展迅速。

学前儿童的自我意识、道德判断和道德行为在言语和独立行走之后发展迅速。言语和独立行走为儿童提供了更多的机会去表达自己的想法、感受和行为，同时也使他们能够更好地理解和接受外界的信息和影响。学前儿童的道德判断经历了由具体到抽象、由他律到自律、由不稳定到趋于稳定的发展过程。这意味着儿童

最初是通过观察具体行为来做出道德判断的，但随着年龄的增长，他们开始理解更抽象的道德概念和原则。同时，他们也从接受他人的权威和规则转变为逐渐形成自己的道德价值观和判断力。学前儿童的道德认识随年龄增长有所提高，由笼统向分化发展，并具备了一定的概括性。这意味着儿童在成长过程中逐渐能够区分不同的道德情境，理解不同的道德规范和价值观，并形成自己的道德判断。这种发展变化反映了儿童思维和认知能力的发展，也说明他们逐渐能够理解和处理更复杂的道德问题。

4. 活泼好动，情绪作用大

整个儿童期，情绪在心理活动中都起着重要的作用。儿童期的情绪体验是他们与外界互动的主要方式之一，他们通过情绪来感知和理解周围的世界。同时，情绪也对他们的认知和行为发展有着重要的影响。例如，积极的情绪可以促进儿童的探索和学习能力，而消极的情绪则可能导致他们出现退缩或回避行为。健康的学前儿童通常活泼好动、好问、好学，开始掌握认知方法，个性初具雏形。

第二节　学前儿童音乐教育的特点

儿童生性活泼好动，因此要求对学前儿童进行的音乐教育活动也要生动活泼。音乐教育的内容和手段都要更贴近学前儿童的天性，要具有很强的形象性和情感性，使学前儿童能够在轻松愉快的过程中学有所得。基于此，学前儿童的音乐教育主要呈现以下特点。

一、形象性

艺术和社会科学一样，都是社会生活的反映，但是它们反映的方式却有所不同。社会科学用抽象的概念来反映生活，而艺术则用具体的形象来反映生活。形象是艺术反映现实生活的一种特殊手段。音乐作为艺术的一种形式，以其独特的物质材料——流动的音响来传达情感和思想。这种艺术形式依赖于听觉，使得音乐的形象性成为一种特殊的感知体验。与视觉艺术不同，音乐不能直接呈现具体的形象或画面。然而，通过联想、表象和想象等心理活动，人们能够将音乐的音响转化为具有情感和审美价值的内容。在音乐中，不同的音符、旋律、节奏和和声等元素，激发听者的情感共鸣和想象。这些音响效果在听者的内心产生相应的视觉形象、场景或情感反应，从而构建起音乐的形象。因此，音乐的形象性是一个比较宽泛的概念。①

随着活动范围的扩大、感性经验的增加及语言的逐步丰富，学前儿童的思维也有了一定的发展。但是，这一年龄阶段儿童的思维主要是依赖于事物的具体形象、表象以及对表象的联想而进行的。在学前儿童的音乐感受活动中，学前儿童对音乐的理解和把握是与他们自身的认知和思维发展水平密切相关的。因此，学前儿童音乐教育的内容、教材、形式和方法都更加注重形象化。

在学前儿童音乐教育内容和音乐教材（作品）的选择中，无论是声乐作品还是器乐作品，无不具有鲜明的音乐形象性，它们通过具体可感的艺术形象来反映学前儿童所熟悉的社会生活，通过学前儿童感知理解的具体感性事物，形成生动形象、栩栩如生的音乐画面。可以这样说，学前儿童音乐教育内容和作品的形象性不仅为学前儿童音乐教育所特有，也是学前儿童喜爱音乐、亲近音乐、进入音乐的一种基本前提和保证。

在学前儿童音乐教育中，形象性和直观性是非常重要的审美特性和教育原则。由于学前儿童的认知发展尚未完全成熟，他们更倾向通过直观的方式来感知和理解事物。因此，在音乐教育中，利用形象性和直观性的特点，可以更好地吸引学前儿童的注意力，激发他们的学习兴趣和创造力。在音乐教育的形式和方法上，教师可以通过多种方式来体现形象性和直观性。对于学前儿童而言，直观性和形象性并不仅仅局限于具体的视觉形象。尽管听觉形象没有具体的画面呈现，但它同样具有形象性的特点。教师通过非音乐辅助手段，如图片的展示、语言的讲解、动作的表演等外在形式帮助学前儿童展开丰富的想象和联想，从而使他们领略、体验到音乐的意境。

二、感染性

音乐艺术的美不仅是具体、形象的，还极富感染力。以情动人、以情感人、以情悦人是音乐艺术的魅力所在。音乐艺术美具有独特的感染力，这是其本质特性。在音乐中，内容与形式相互依存、相互渗透，共同塑造出音乐艺术的独特魅力。无论是旋律、节奏、和声，还是音色，都承载着音乐家的情感和思想，传递着深邃的情感和意境。正是这种内容与形式的和谐统一，使得音乐艺术能够感染人心，引起听者的共鸣和情感共振。

---

① 曹理. 普通学校音乐教育学 [M]. 上海：上海教育出版社，1993.

在学前儿童对音乐进行接触和学习的过程中，他们能够感受到音乐作品的艺术美，并通过这种感知产生情感共鸣，这有助于培养他们初步鉴赏和辨别音乐作品的能力，使他们能够区分是非、善恶、美丑等。另外，学前儿童正处于情感发展的关键阶段，他们的情感体验逐渐丰富。音乐教育活动中富有情感性和感染力的元素能够显著促进学前儿童的情感发展。音乐不仅能够让学前儿童兴奋，也能够让他们感到平静、放松，使自身的紧张和不安情绪得到消除，从而达到情感方面的平衡。

因此，音乐作为一种美的表达形式，在学前儿童音乐教育中具有独特的作用。学前儿童参与各种富有感染力和情绪性的音乐活动，能够通过体验音乐所展现的美妙形象和形式手段，逐渐丰富和加深积极的情感体验。同时，音乐还能潜移默化地影响学前儿童的思维意识、个性特征等，这也是音乐教育与其他学科教育不同的地方之一。因此，应该充分利用音乐的感染力，让学前儿童参与多样化的音乐活动，以促进他们的发展和成长。

三、适宜性

适宜性，即符合学前儿童生理特点的音乐。什么是符合儿童特点的音乐？

（一）符合学前儿童生理需求

认识学前儿童的音乐能力是幼儿教育者的重要任务，因为幼儿教育者肩负着学前儿童成长过程中最重要的音乐发展期的教育职责。从单纯音乐素质上讲，每一个学前儿童都具备着倾听、模仿和表达声音的能力与基本愿望。不同的生存环境使学前儿童在发展中产生了很大的差异。在一些具有歌舞传统的民族和地区，人们普遍具备良好的歌舞才能，几乎人人能歌善舞。然而，在其他一些地方，擅长音乐的人却相对较少。

由此看来，音乐素质的优劣不是天生的，而是由教育环境决定的。音乐是在人们长期的生产实践中产生的，人的生理需要是音乐的物质基础。《尚书·尧典》中记载"诗言志，歌永（咏）言"，说的就是诗歌是人们表达内心情感的最佳形式。在学前儿童的成长中，歌谣是他们喜爱的艺术形式。学前儿童天生好动，对新鲜事物充满好奇心，所以喜欢动感的声音，这是由学前儿童的生理需求决定的。

（二）符合学前儿童语言需求

音乐本身就是一种特殊的语言。首先，它能像人类语言一样表达不同的思想感情，表现欢乐和愉快与表现忧伤和哀愁是不同的。充满不同音区的声音比只有很少变化的语音音调（在英语中只有升调和降调两种变化，汉语也只有四种音调的变化）有着更多的变化，所以就会有更丰富的表现力。其次，音乐是没有国界的语言。虽然不同民族的语言差异很大，但在音乐语言这一特殊领域，却展现出令人惊叹的相似性：我们可以在贝多芬的《第五交响曲》和冼星海的《保卫黄河》中听到相似的斗争动机，也可以从格里格的《苏尔维格之歌》和江苏民歌《茉莉花》中找到共同的情感表现。最后，世界音乐的"文字"——乐谱，虽然形式是多样的，如我国传统的工尺谱、法国的简谱、欧洲传统的五线谱以及世界不同民族所特有的记谱形式等，但其原理和实质是一致的。

语言是学前儿童接触世界的重要媒介之一。有研究表明，音乐对母体内的胎儿有影响，胎儿出生后第一个月就会对外界声音有反应。母亲的语言始终伴随着学前儿童成长的过程，语言对学前儿童来说是不可缺少的。音乐作为一种特殊的语言同样是学前儿童所需要的。国外的研究证明，若给怀着胎儿的母亲定期听古典音乐，待胎儿出生后，再将同样的音乐播放给他们听，他们会马上安静下来，似乎音乐使他们感受到了熟悉环境里的亲切语言。

音乐和人的语言有着最为密切的关系。诗歌是人们把语言韵律化的第一个艺术形式，如果将诗歌比喻为给凝聚着精练寓意的语言化了一个富有节奏韵味的妆的话，那么歌曲就是给语言罩上了一层华丽的纱裙，歌曲中作为歌词的语言更加美丽动人并扣人心弦。

（三）符合学前儿童节奏律动

"生命在于运动"是人们对两者密切关系的精确定义。学前儿童在生长过程中会不停地运动，运动是他们健康生长的需要。学前儿童对形态固定的玩具和物品很快就会失去兴趣，他们可能刚才还伸着小手迫不及待地要，一旦到手，不一会儿就会突然把玩具丢到地上，注意力也会立即转向其他物品。但是，他们对沙子、水、积木则会表现出经久不衰的兴趣，原因是这些东西可能比其他玩具更富于变化。

音乐虽然看不见，但音乐的声音是永远"流动"的，音乐的节奏永远是动感的。它就像孩子跳动的心脏，不停地搏动，这种动感正好符合学前儿童好动的生理需求。手舞足蹈是学前儿童律动的生理基础，在学前儿童音乐活动中，之所以律动是重要的形式，就是因为律动的音乐节奏符合学前儿童的心理和身体需求。不同的年龄段有不同的节奏特点，选择适合学前儿童音乐能力的音乐与节奏是非常重要的。

四、综合性

综合性体现在形式上的综合、过程上的综合、目的上的综合。通过这种综合性的音乐教育活动，学前儿童可以在一个自然、愉快的环境中学习和欣赏音乐，从而培养音乐素养和艺术鉴赏能力。

（一）形式上的综合性

音乐是独特的，因为它融合了多种不同的要素，并且这些要素之间不断相互碰撞、对话和融合。这种相互作用不断孕育出新的元素，促使音乐不断发展、演进，形成一种持续的生命过程。人类早期的音乐活动是歌、舞、乐三位一体的一种初始的、尚未分化的综合活动形式。中国早在先秦时期就将"声""音""乐"做了划分。"声"指自然发出的声音，"音"指有组织的声音，而"乐"则指诗、歌、舞结合在一起的活动。其中的"音"与我们现在理解的"音乐"相应，但当时受重视的不是"音"，而是作为活动整体的"乐"，说明当时的音乐教育已经是一种综合性的教育。

在学前儿童早期音乐教育活动中，综合的活动形式具有重要作用。学前儿童通常喜欢在音乐中唱歌和跳舞，因此教师可以有意识地给他们提供边唱边跳、边唱边奏、边跳边奏的机会。这样的活动能够使学前儿童更加享受音乐，并与身体的动作结合在一起，增强他们对音乐的感受和表现。教师还可以组织学前儿童分组，让他们负责唱歌、跳舞或演奏乐器等任务，让他们在合作中体验到快乐。

另外，在活动中，教师可以安排全体学前儿童交替进行歌唱、舞蹈和乐器演奏等活动，通过综合形式的音乐活动来让学前儿童体验参与音乐的快乐。通过这样的音乐教育活动，学前儿童可以更好地感知和表现音乐，从而培养他们对音乐的热爱和创造力。

（二）过程上的综合性

人类早期的音乐活动一般都是创作、表演和欣赏三位一体的。在学前儿童的自发性音乐活动中，他们往往会表现出极高的创造力和表演能力，同时也会成为出色的鉴赏者。他们可以通过简单的乐器或声音创造出各种各样的音乐，或者通过模仿成年人的声音来演唱。这些往往出于他们对音乐的热爱和对自我表达的渴望。

除了创作，学前儿童在音乐表演方面也表现出极高的天赋。他们可能会通过演唱、舞蹈、演奏乐器等方式来表演音乐。在表演过程中，他们往往会全身心地投入，用身体和声音来表达自己的情感和对音乐的理解。学前儿童音乐教育的重要价值之一就是培养学前儿童对音乐的主动倾向性。这种主动倾向性包括对音乐的感知、欣赏和表达等，让学前儿童能够自主地参与音乐活动，并从中获得乐趣和成就感。

（三）目的上的综合性

学前儿童音乐教育的目的不仅仅是将娱乐、学习、工作综合于一体，也是让学前儿童在音乐活动中获得快乐和体验。对于学前儿童来说，音乐学习的主要目的就是从活动中直接获得快乐体验，这种快乐体验可以来自音乐的旋律、节奏、声音、歌词等各种元素。对于学前儿童来说，最好的音乐学习方式就是以一种快乐自由的心情参与其中，自由地感受和学习音乐带来的快乐。在学前儿童的世界里，娱乐、学习并不是割裂的，而是相互交织在一起的。对于他们来说，其主要的目的应该是感到高兴和愉悦，而非其他的功利性目的。在素质教育的实施过程中，音乐教育也应该顺应这一理念，弱化"娱人"和"炫耀"的音乐教育目标，而强调"娱己"和"交往"的音乐教育目标。音乐作为一种艺术形式，应该被视为学前儿童生活中的自然需求和基本权利。通过音乐教育，学前儿童可以得到情感的满足，体验到音乐带来的美好和愉悦。同时，音乐也是一种交往的媒介，促进学前儿童和同伴的合作和交流。

五、趣味性

玩是学前儿童的天性，学前儿童的生活中充满了游戏。他们在这一年龄段的最大追求就是快乐，所以参加的活动必须有趣味性。音乐本身的愉悦性和感染性，正是吸引学前儿童积极参加音乐活动的原因之一。

学前儿童音乐教育的趣味性和游戏性在音乐游戏中得到了最直接的体现。音乐游戏是一种有规则的游戏，它借用游戏的形式以发展学前儿童的音乐能力为目的。这类游戏有些侧重于富于创造力和表现力的歌舞，有些侧重于情节和角色扮演，有些侧重于对音乐要素的听辨能力。不管是哪种音乐游戏，都能促进学前儿童动作的协调性，提高他们辨别音乐和感受音乐的能力，让学前儿童保持愉快的情绪。

（一）内容上的趣味性

除了音乐游戏，学前儿童的歌唱、韵律、音乐欣赏和乐器演奏等活动也具有趣味性和游戏性的特点。在学前儿童的歌唱活动中，歌词通常富有童趣，表现学前儿童游戏活动的歌曲占据了很大一部分，如猜谜歌、手指游戏歌、跳皮筋歌等。这些歌曲的歌词内容往往与学前儿童的游戏和日常生活相关，能够引起他们的兴趣和共鸣。在引导学前儿童进行音乐欣赏的时候，教师通常会用富有趣味性的游戏来配合音乐欣赏活动。

（二）形式上的趣味性

学前儿童的音乐教育形式具有很强的灵活性和自由性，不同的教学组织方式可以同时或者交替出现。在同一次音乐活动中，可以根据活动需要选择不同的歌唱形式，如集体合唱、独唱、双人对唱、小组接唱等。

此外，在学前儿童的音乐活动中，学前儿童也可以自由选择活动空间、合作伙伴或者小组等，然后可以用不同的角色参与游戏。教师也可以根据需要以示范者、引导者、参与者等各种不同的角色身份进行指导。

（三）方法上的趣味性

教师在音乐教育中可以结合学前儿童的身心发展和年龄特点，巧妙运用手势和面部表情，让学前儿童通过观察和模仿来学习音乐的基本要素。同时，教师也可以通过有趣的对话和情境设置，引导学前儿童思考和互动，让他们在愉快的氛围中学习和理解音乐的概念和技巧。

此外，教师还可以结合游戏和艺术表演，让学前儿童参与其中。例如，组织音乐游戏比赛，让学前儿童通过竞争和合作的方式深化对音乐的理解和掌握，以激发儿童的积极参与。当学前儿童因过度兴奋或情绪低落而无法有效参与活动时，教师可以用趣味化和游戏化的角色扮演和滑稽动作来吸引他们的注意力，调节他们的情绪，帮助他们更快地融入学习环境。

六、娱乐性

活动，简言之，就是"玩乐"。对于学前儿童来说，游戏常常和生动、自然这些词联系在一起。游戏与教育和一般事务的最核心差异在于，游戏的最终目的是从娱乐过程中获得满足和快乐。因此，学前儿童最愉快的游戏活动便是以生动自然的方式玩耍。学前儿童音乐培养中的娱乐性，不仅仅体现在培养过程中有特定的音乐项目部分，而且体现在所有项目的模式和方式都更加自然、生动，具有娱乐性或偏向娱乐性的特点。学前儿童参与音乐培养的活动时能够感受到类似玩耍的心境，促使他们愉快并且乐此不疲地参与游戏项目。

普遍的培养经验表明，要提高学前儿童的学习积极性和自主性，音乐培养过程需要具有精准的方向和完备的策略，同时又要充满生动自然的娱乐性。这种娱乐性的音乐培养过程能够更加高效、更加便捷地进行学前儿童的培养，同时也涵盖思想品德和自我控制水平的教育。在各种形式的学前儿童音乐教育中，所有的内容都发挥着同等重要的作用。

七、游戏性

在演唱教育指导中，注入游戏性的元素是比较常见的。特别是在学前儿童选择演唱歌曲时，游戏歌曲和表达儿童游戏的歌曲占据了很大比例。对于幼儿园教育机构而言，可供选择的游戏歌曲类型多样，包括猜谜语、跳皮筋等游戏歌曲；而对学前儿童游戏进行展现的歌曲更是不计其数，一般每种游戏活动都对应着至少一首能表达该游戏的歌曲。毋庸置疑，大多数游戏歌曲本身就是学前儿童游戏中非常重要的构成部分。

游戏的自发性和随意性是游戏的重要特点，注入游戏元素的学前儿童音乐教育也具备这些特点。游戏的重要性在于以下三个方面：首先，教育组合方式的随意性和灵活性程度较高。在进行教育活动时，可以采用个人、团体、小组及自由组合等不同的教育规划方式，根据需求进行循环轮流实施。其次，学前儿童在学习音乐时的自由选择权较高。例如，在进行音律游戏等活动时，学前儿童能够根据自己的意愿决定合适的位置；在自发组合时，能够根据自己的兴趣爱好选择自己喜欢的伙伴；在对学过的知识进行回顾时，可以根据自己的意愿来对表演方式、表演内容和组合模式等进行确定。最后，游戏的自发性和随意性给学前儿童提供了自主探索和创造的机会，鼓励他们在游戏中发挥想象力和创造力，培养他们的思维能力和创造力。

八、参与性

音乐教育应该让每位学前儿童都参与其中，体验音乐的丰富性和美妙之处。教师不应该只关注个别学前儿童，而应该让音乐教育面向全体学前儿童，让每一个学前儿童都有机会感受和表现音乐。为了让学前儿童更好地掌握基本的音乐文化知识和技能，教师可以在音乐活动中设计一些有趣的游戏，让学前儿童在参与的过程中学习知识、掌握技能。

九、开放性

学前儿童音乐教育需要将社会音乐教育环境和家庭音乐教育环境纳入视野，

形成合力，让音乐教育与学前儿童的日常音乐生活有机地联系在一起。在内容的选择、要求的确立等方面，不过分追求系统、全面和整齐划一，而是要注重个体差异和实际情况，为每个学前儿童提供适合个体发展的音乐教育。同时，加强音乐活动与其他学科课程（尤其是其他艺术课程）之间的横向联系也是非常重要的。这些联系可以促进学前儿童的全面发展，提高他们的艺术素养和综合素质。此外，学习和借鉴世界先进的音乐教育理论和实践成果也是非常重要的。加强国际交流和学习，可以了解世界各地的先进理念和方法，为我国的学前儿童音乐教育提供有益的借鉴和参考。

第三节　学前儿童音乐教育的任务

学前儿童音乐教育的目标指向是培养和塑造学前儿童的个性、才能和创造性，通过音乐活动对学前儿童进行综合素质教育。因此，依据音乐教育的性质和价值，学前儿童音乐教育所承担的任务有以下几点。

一、激发学前儿童对音乐的兴趣和爱好

学习有三种基本方式，即观察模仿学习、探究创造学习和问题解决学习。学习者对这三种学习的主动投入皆与学习者的兴趣紧密相关。学前儿童音乐教育的目标不是培养小"艺术家"，而是培养学前儿童对音乐的兴趣和爱好，通过音乐萌发学前儿童对音乐的感受力、表现力和创造力，激发学前儿童对美的感受和追求，并以具体的音乐活动发展学前儿童的认知、情感、智力、技能等。学前儿童天生喜爱音乐，但这种兴趣并不稳定，需要在一定的社会生活和教育影响下发展。学前儿童由于身心发展水平较低，他们的学习积极性受兴趣爱好的直接支配。针对这一特点，教师应创设良好的物质条件和精神条件使学前儿童对音乐活动抱有积极的态度，并使这种倾向性得到巩固，从而成为一种终生的需要。因此，激发学前儿童对音乐的兴趣和爱好应作为音乐教育的首要任务。激发学前儿童对音乐的兴趣一般可以通过以下几个方面进行。

（一）音乐内容的选择应符合学前儿童身心发展特点

学前儿童的学习和认知过程是与他们的身心发展和经验紧密相关的。教师在选择音乐内容时应该考虑到学前儿童的认知水平和发展阶段，避免内容过于抽象或超出他们的能力范围。只有适应学前儿童的身心发展特点，才能激发他们对

音乐的兴趣和参与的积极性。在选择音乐内容的过程中，教师可以运用适合学前儿童认知特点的教学方法，如通过感知和体验来激发学前儿童的兴趣。同时，要注意音乐内容的难度适宜，既不能过于简单以至于学前儿童感到无趣，也不能过于复杂以至于超出他们的理解能力。要综合考虑学前儿童的认知水平、经验和兴趣，精心挑选合适的音乐内容，才能最大限度地促进学前儿童参与音乐活动的兴趣。

从作品选择方面分析，学前儿童不愿参与音乐活动的原因大致有以下两个方面：第一，太难——高于学前儿童的认知技能水平，或者太陌生——远离学前儿童的生活体验；第二，太容易——等于甚至低于学前儿童的认知技能水平，或者太熟悉——距学前儿童的生活体验太近，音乐教育没有创造"最近发展区"。从心理学角度来说，适合的才是最好的。

因此，在音乐教育活动中，当学前儿童没有表现出兴趣或者积极的态度时，教育者要主动反思教育内容是否偏离了学前儿童身心发展水平的需求，教师要通过用心观察、指导，了解学前儿童群体的个性倾向性特征，只有在对学前儿童深刻了解的基础上设计音乐教育活动才能够激发学前儿童学习和探索的兴趣。

（二）加强师幼互动，创设自由民主的环境

在音乐教育活动中，学前儿童是学习的主体，他们通过与教育活动对象的互动，积极学习和发展。他们通过主动探索、实践和表达，构建自己的音乐知识和技能，并逐渐培养出对音乐的理解和欣赏能力。教师是教育的主体，在音乐教育活动中扮演着引导者和促进者的角色。他们通过富有激情的教学方法和丰富多样的教材，创造有利于学前儿童学习和发展的环境和条件。教师应该充分了解学前儿童的特点和需求，根据学前儿童的不同背景和兴趣，因材施教，关注每个学前儿童的发展，并善于引导和启发学前儿童进行思考和表达。

"教师是主导，儿童是主体"体现了一种师生之间的民主、平等的关系。教师不再是单向传授知识和技能的权威，而是与学前儿童共同探索和学习的伙伴。在音乐教育活动中，教师应该尊重学前儿童的个体差异，鼓励他们的个性化发展，为他们提供自主选择和参与的机会。通过与学前儿童密切合作和互动，教师能够更好地了解学前儿童的需求，调整教学策略，实现教育的最终目的。

音乐是一门实践性很强的艺术活动。一方面，音乐教育活动的目的是让学前儿童学会感受美、欣赏美、表现美，教师的引导是使学前儿童与音乐活动建立联

系，而不是简单地传授知识，如在音乐欣赏活动中，教师不能向学前儿童"硬塞"作品内容，而应创设一种"浸润"的环境，让学前儿童在潜移默化中感受音乐作品所传达的情感。另一方面，教师在音乐教育活动中是以其"身体力行"的方式向学前儿童较为全面地呈现音乐作品内容的，尽管教师有事先计划的目标，但只有当教师施加的影响可以使学前儿童成为学习和发展的主体时，才可以更好地实现既定的教育目标。

因此，教师在活动中的参与和指导并非自上而下的阶级性的"领导"，而是师幼之间民主平等的互动。例如，在学前儿童的音乐活动中，教师可以扮演成鸡妈妈或鸭妈妈等角色和学前儿童一起表演，也可以用领唱、对唱或者伴唱等方式与学前儿童进行互动，教师参与表演会在很大程度上使学前儿童提高对音乐活动的兴趣。

（三）借助丰富有趣的材料

学前儿童的年龄特点在一定程度上决定了他们主要采用直觉行动思维和具体形象思维。生动有趣的教具能够帮助学前儿童更好地理解和参与音乐活动，从而激发他们对音乐的兴趣和热情。教师能够使用形象生动的教具帮助学前儿童更好地对音乐的内容和情感进行理解。这些教具包括图片、玩具、道具等，让学前儿童通过直观的感受来对音乐进行理解。

另外，对于学前儿童而言，可操作的音乐材料十分重要，它可以帮助学前儿童从多个感官角度认识和感知音乐。通过对这些材料进行操作，学前儿童能够主动对音乐进行探索和学习，从而使他们的兴趣和主动性得到有效激发。

（四）提高教师音乐素质的表现力

教师在音乐活动中的主导角色决定了高质量的音乐活动离不开其自身素质，只有具备了必备的素质条件，才可以真正在教育过程中发挥积极、有效的主导作用。学前儿童音乐教育活动是以音乐为手段的，教师的音乐素质不仅对学前儿童音乐教育的质量具有直接影响，也对学前儿童对音乐活动的兴趣具有直接影响。如果教师的音乐素质较高，就可以将音乐作品全面、生动地向学前儿童进行展现，学前儿童受到教师表演的强烈感染时就会对音乐活动产生较高的兴趣；反之，如果教师缺乏应有的音乐素质，不够重视音乐活动，不注重创设良好的音乐环境，学前儿童就很难对音乐活动产生浓厚的兴趣。因此，教师应当在鉴赏分析音乐的能力、对音乐的表现能力以及相应的音乐知识等方面有较高的素质。

二、重视学前儿童音乐能力的培养

在音乐活动中，应该从多方面培养学前儿童的能力，主要应在学前儿童的音乐感受力、音乐表现力和音乐创造力等方面加以培养。

（一）音乐感受力和音乐表现力的培养

音乐的能力由多个方面构成，其中音乐感受力和音乐表现力是两个核心要素。音乐感受力主要是指个体从音乐中获取情感体验、理解音乐内容以及感知音乐音响结构的能力；而音乐表现力则是指个体能够通过音乐对情感和内容进行生动的传达，并准确呈现音乐音响结构的能力。这两个能力相互关联，相辅相成，共同构成了音乐能力的整体。

音乐是一种通过音响塑造艺术形象来对情感和观念进行传达的艺术，因此，从整体音响入手，发展理解音乐的能力，是学前儿童音乐教育的主要途径。但是，如果一个人的情绪只是对音乐作品感受的外在反应是很难谈及对音乐的高级感受能力的。因此，音乐感受能力是要以敏锐的、准确的音乐直觉能力为前提的。

一般来讲，可以将音乐感受力分为两个方面，一个是情绪方面，另一个是听觉方面，这两个方面是紧密相连、不可孤立的。一般人的正常音乐感受力是建立在一定的情绪及听觉发展基础上的。音乐教育所期望的学前儿童音乐感受力的发展是情绪和听觉两个方面高度、协调的发展。

音乐表现力是建立在音乐感受力基础上的动作操作能力。一般来讲，音乐表现力是运用嗓音和乐器来制造音乐的声响，从而表达情感和观念的能力。此外，音乐教育领域中还包括用其他符号来表现个人对音乐感受、体验的能力，如身体动作、语言、造型艺术等。音乐的表现手段可以借助多种途径，其中最主要的是倾听和随乐运动，以下从节奏感、旋律感、结构感、音色感、速度感及力度感几个方面简单介绍一些培养方法。

1. 节奏感的培养

节奏感主要是指对节奏和节拍的感知、表现能力。对于节奏感的培养通过以下几个方面进行。

（1）运用身体动作

身体大肌肉动作是感知节奏的重要媒介，根据其难易程度分为：第一，自由节奏。它是让学前儿童自由地用自己感到舒服的节奏做动作，教师只需指导学前儿童不能完全与音乐相协调的动作，这种节奏常用于小班初期。第二，均匀节奏。

它是指按教师的要求一拍一次或者两拍一次均匀地进行的节奏，这种节奏适用于小班和中班。第三，乐曲、歌曲本身的节奏。这种节奏稍微复杂些，所以教师应该用较简单的音乐节奏和容易做的动作。第四，节奏型。这是指在歌曲或乐曲中的有规律的节奏模式，这种节奏是为歌曲选配的，以帮助强化音乐的节奏感和律动。第五，双层节奏。它通常是指在音乐中，两个或更多的独立节奏线同时进行。这种复杂的节奏组合可以创造出丰富的层次和深度。第六，节奏动作表演。表演者通过身体动作与音乐节奏进行互动，动作不仅要反映出歌曲本身的节奏，还要反映歌词内容。这种表演形式需要表演者对音乐有深入的理解和感知，同时对身体的控制能力也需要有相当高的水平。

（2）运用视觉

视觉的参与有助于学前儿童更好地感知节奏。常用的方法如下：一是看图形做动作。图形是学前儿童喜爱的标记，图形的排列应让学前儿童对节奏的不同有所感知。二是听节奏画节奏。在开始运用这种方法时，教师先进行示范，即边唱歌曲边在黑板上画出长短不一的直线或曲线等易于辨识的图形，表示歌曲的节奏。随后，教师邀请学前儿童一同看着黑板上的线条，边唱边画。最后，让学前儿童尝试自己边唱边画出节奏。另外，教师还可以采用"看节奏猜歌曲"的方式。先进行示范，画出学前儿童熟悉的歌曲的最后一句节奏，然后让他们猜是哪首歌曲。这种方式有助于提高学前儿童的节奏感知和音乐认知能力。

（3）运用嗓音

通过嗓音活动来培养学前儿童的节奏感是一种非常有效的方法。具体包括以下几个方面。

一是声音模仿。通过嗓音模仿周围生活中的各种声响，如交通工具的声音、劳动发出的声音及自然界的声音等，同时配合身体动作的模仿。由于比较贴近生活，学前儿童会对这样的模仿活动展现出较高的兴趣。

二是音乐歌唱游戏。以单音音节或双音音节填充简单的乐曲或歌曲，并让学前儿童边唱边做简单的动作。这有助于促进学前儿童节奏感的培养。

三是节奏朗诵。将字、词、短语或简单的句子配上节奏进行朗读，以此对学前儿童的节奏感进行培养。

（4）运用专门设计和选择的音乐材料

专门设计和选择的音乐材料能够有针对性地帮助学前儿童对某种特定的节奏进行感知。在这个过程中再加入简单的动作会使节奏活动变得更加有趣，同时会提高学前儿童参与的热情。

（5）改变学前儿童熟悉的音乐材料

这是指将学前儿童已熟悉的音乐材料的节奏或节拍，对比经过变化的音乐材料，让学前儿童对明显的节奏变化进行感受，从而有利于学前儿童对节奏感的辨识，促进节奏感的发展。

2. 旋律感的培养

学前儿童是通过听觉感知旋律的，所以学前儿童对声音高低的感受及对音高概念的把握并不容易。从音乐教育活动的经验来看，在学前儿童演唱较高音时，一般需要抬头挺胸、手臂向上举；演唱低音时，一般会低头、收下巴等。艺术活动可以给人的生理、心理感觉产生相似的上升、下降的感受，所以人们一般也会自然地借用联想来使它们达到一致并强化。为了使学前儿童形成关于旋律声音高低的正确概念，并促进其音乐感受力和音乐表现力的发展，教师应在音乐活动中有意识地运用身体动作和视觉帮助学前儿童感知听觉的高低概念。

（1）运用身体动作

以歌唱活动为例，教师可以在学前儿童唱歌时引导学前儿童用身体动作表达旋律高低，从而有助于学前儿童形成对音高的差别感受。

（2）运用视觉

教师可以用生动有趣的图画将旋律的高低展现在学前儿童面前，当唱高音时指着上部方位的图画，唱低音时指着下部方位的图画，使视觉和听觉的高低相一致。

（3）运用嗓音

教师可以引导学前儿童运用练声或移调歌唱的方法让学前儿童对音高的不同进行感知；或者使用唱名唱法，将旋律唱名作为一种有趣的音节游戏，使学前儿童在反复的练习中刺激听觉，对音高的感知更加敏感；或者使用默唱的方法，即不发声地唱。在演唱过程中采用部分字、词默唱的形式可以在一定程度上增加学前儿童对重复练唱的兴趣，促进学前儿童听觉表象的发展，并形成正确的旋律感。

除此之外，教师也可以运用专门设计和选择的音乐材料，以及改变学前儿童熟悉的歌曲等方法来对学前儿童的旋律感进行培养。

3. 结构感的培养

在音乐活动中，培养学前儿童的结构感是至关重要的。这涉及教导他们理解乐句和乐段的起始和终止、音乐的重复与变化，以及如何区分歌曲的主要和附加部分。通过对这些内容的学习，学前儿童开始形成关于曲式结构的基本概念。

（1）运用动作

身体动作始终是学前儿童对新知识进行学习和理解的有效方式，乐句和乐段的起始和终止、音乐的重复与变化等都可以通过动作让学前儿童感知曲式结构方面的要素。

（2）运用嗓音

培养学前儿童的结构感，对唱和接唱是运用嗓音表现乐句结构的有效形式。分句演唱，培养乐句感，既可以是教师与所有学前儿童的轮流对唱，也可以是学前儿童之间的轮流对唱，还可以是有规律地采用节奏插句的方法等。

此外，教师也可以运用视觉、提供专门设计和选择的音乐材料、改变学前儿童熟悉的歌曲等方法培养学前儿童的结构感。

4. 音色感的培养

（1）运用视觉

视觉表象和听觉表象的结合能够有效促进学前儿童理解音乐知识。教师可以按照音乐作品将不同音色部分用生动的、对比鲜明的图形加以表示。例如，粗且浑厚的声音可以出示大黑熊的图片，细且清脆的声音可以出示黄鹂鸟的图片，很有力的声音可以用锤头的图片，很柔和的声音可以用软布的图片。

（2）运用嗓音

嗓音是加强音色表现的有效方法。特别是在表现对比鲜明的音乐角色时，嗓音的运用就十分频繁。例如，在歌曲《我爱我的小动物》中，演唱不同小动物的叫声时，就当以不同的音色进行处理，如小狗的叫声应当是强有力的，小猫的叫声应当是温柔的，小鸡的叫声应当是细细的。通过这种嗓音模仿表达不同的音色不仅受学前儿童喜爱，还有利于学前儿童更好地表达音乐情感。

（3）运用游戏

将音色训练和游戏相结合能够增加学前儿童学习的乐趣。例如，"听音走路"——敲打一样乐器，让学前儿童在四周走动，当换另一样乐器时，让学前儿童停下来或改变行进方向；"什么乐器在唱歌"——蒙住学前儿童的眼睛，然后随意对某些物体进行敲击，让学前儿童按照听到的声音，说出物体名称；"看谁学得像"——学前儿童分别用嗓音对生活中的各种声响进行模仿，如不同的人声、各种交通工具的声音、乐器演奏的声音、自然界的声音，然后看谁模仿得像。

此外，教师也可以运用视觉、提供专门设计和选择的音乐材料、改变学前儿童熟悉的歌曲等方法培养学前儿童的音色感。

5. 速度感和力度感的培养

速度和力度是指演唱、演奏音乐作品时的快慢和强弱。速度和力度是对音乐进行表现的重要手段。在培养学前儿童速度感和力度感的过程中，需要与音乐作品的内容、形象、情绪、情感等进行密切联系，一般用以下方法培养学前儿童的速度感和力度感。

（1）运用身体动作

伴随着歌曲和旋律做动作，是帮助学前儿童对速度与力度进行感知和理解的好办法。身体动作能够以直接的方式表达音乐的速度和力度，容易使学前儿童接受和理解。

（2）运用视觉

教师可以通过 Power Point（PPT，一种演示文稿文件）或视频动画为学前儿童提供生动的视觉材料，让学前儿童将音乐与听觉材料相匹配。例如，沉重缓慢和轻巧快速的音乐可以用大象打鼓和小老鼠打鼓的形象向学前儿童进行展现。

（3）运用嗓音

嗓音能够使歌曲的弱音、连音、跳音等得到细致的表现，所以教师可以通过专门选择和创造以速度、力度变化为主要表现特征的歌曲，并结合歌曲的形象来增强学前儿童对速度、力度变化的感知和变化能力，引导学前儿童运用练声、唱名唱法、默唱的方法对旋律高低进行灵活掌握。

（4）运用专门设计和选择的音乐材料

教师可以选择速度和力度对比强烈的作品，通过比较，让学前儿童感知和理解，或者选择速度和力度对比强烈的含有多种曲式的歌曲，或者以不同的力度和速度展示学前儿童熟悉的歌曲，让学前儿童感受变化前后的不同。

总之，培养学前儿童的音乐感受力和音乐表现力应基于学前儿童已有的经验，充分利用学前儿童的视觉、动觉等感官全面感知音乐美，从而有利于学前儿童整体把握音乐内容、形象、情感。

（二）音乐创造力的培养

创造性包括个人对创造活动的兴趣爱好和创造水平两个方面。在学前儿童音乐教育活动中，教师应有意识地为学前儿童提供创造性活动的机会，从而提高学前儿童的创造性。在学前儿童音乐教育活动中，教师一般用以下两种方式培养学前儿童的音乐创造力。

1. 动作创编

动作创编是音乐活动中最常见的一种形式，学前儿童对音乐旋律的感受一般会以肢体动作进行表达。对于结构简单、歌词内容丰富并富有表现性的歌曲，教师可以引导学前儿童展开想象和联想，并鼓励学前儿童为歌曲创编生动形象的表演动作，如《两只老虎》这种简单的儿歌能够让学前儿童自己按照歌词对动作进行创编，学前儿童会非常喜欢自己创编动作的音乐活动；在需要带有感情体验的歌曲中，学前儿童对动作进行创编时会存在一定难度，所以可以通过教师的引导完成创编，如《泥娃娃》，教师可以重点引导表达情感的部分，如"我做它爸爸，我做它妈妈，永远爱着它"等，使创编活动可以完整、妥当。

不管进行何种形式的动作创编，教师都应启发学前儿童的学前生活经验，引导学前儿童对周围事物进行观察，使学前儿童能够对动作表达有一定的"储备"。在创编过程中，教师可以按照歌曲内容和难度对歌曲及动作的速度进行调整，当学前儿童比较熟悉动作和歌曲的结合时再完整连贯地将歌曲展现出来。在音乐活动中，教师要调动学前儿童动作创编的积极性，鼓励学前儿童的各种"创想"，正确评价学前儿童创编的动作，让学前儿童拥有创造的"权利"，从而充分发挥学前儿童的创造主体性。

2. 歌词创编

歌词创编活动多出现在学前儿童的自发性音乐活动中。学前儿童经常喜欢重复演唱歌曲中的某些片段，或将有趣、滑稽的词语填在歌曲的片段中对原有歌词进行替代。因此，创编歌词的活动也成为学前儿童音乐教育活动中培养学前儿童音乐创造力的主要方式。学前儿童对自发性音乐活动中的歌词创编具有很大的热情和积极性，这能够增强学前儿童对音乐活动创编的兴趣。

词是符号的象征，学前儿童在歌词创编的过程中通常受制于其自身发展水平的制约，学前儿童按照年龄和认知水平的不同会表现出不同的创造水平。对于小班儿童而言，歌曲应该具有较强的形象性，词曲中有较多的重复语句，便于此年龄段儿童记忆。在歌曲创编的过程中，教师可以引导学前儿童对熟悉的动物或人物、拟声词进行改编。对于中、大班儿童而言，歌曲的选取应当是学前儿童熟悉的，但又高于学前儿童生活的内容，在创编活动中教师要充分调动学前儿童的生活和学习经验，从而使学前儿童的歌词创编活动既可以引起学前儿童的兴趣，又能调动学前儿童继续创编的积极性。

三、指导学前儿童学习简单的音乐知识和技能

音乐知识和技能对学前儿童感受美、表现美和创造美十分重要。学前儿童通过学习音乐知识和技能，可以培养对音乐活动的兴趣，并为他们参与更高层次的音乐创造和表演提供必要的准备。在音乐教育活动中，教师应该根据学前儿童的年龄特点和发展需求，向他们传授简单的音乐知识和技能。

（一）音乐知识和技能应符合学前儿童的身心发展规律

就学前儿童而言，一定的音乐知识和技能是学前儿童比较顺利地进行音乐实践活动的基本手段，而促使学前儿童主动参与音乐活动的前提是音乐活动的内容和学习应是学前儿童喜闻乐见的，即音乐知识和技能的学习应是基于学前儿童已有经验并可以丰富新的经验的。因此，教师在指导学前儿童学习简单的音乐知识和技能时应当注意以下几点。

1. 教师的指导应生动有趣

学前儿童的思维特点主要表现为直觉行动和具体、形象的思维。他们通过直接感知和操作物体来获取知识和经验，因此教师在指导音乐知识和技能时，应该充满趣味并充分调动多种感官参与，如运用身体动作、视觉、听觉、嗓音及某些特定的音乐材料等。

2. 教师的指导应基于学前儿童已有的经验

学前儿童在音乐教育实践中能否产生最佳审美反应，很大程度上取决于他们对音乐知识和技能的掌握程度。然而，这并不意味着学前儿童需要全面和准确地掌握音乐知识和技能。相反，音乐教育应该基于学前儿童已有的经验，通过引导他们探索和发现音乐的美妙之处，来激发他们的学习兴趣和积极性。学前儿童在学习基于自己经验的音乐活动时，能够更加迅速准确地理解和掌握音乐知识和技能，因为这些知识和技能与他们的日常生活和情感体验有联系，能够激发他们的学习兴趣和积极性。相比之下，忽略学前儿童已有经验的音乐活动，可能会使学前儿童感到迷茫和无助，因为他们无法理解或掌握与自己经验和情感无关的音乐知识和技能。这样的教学活动效果往往比较差，因为学前儿童无法真正投入到音乐学习中去，也无法从中获得积极的情感体验。

（二）音乐知识和技能应有系统地进行

从学前儿童音乐教育本身而言，过去的音乐教育理论都把音乐作为一个独立的体系，音乐本身的知识和技能具有严格的结构和完整的系统，学习者只有严

格遵循其构成规律，才可以比较顺利地对这个系统进行把握，基于这种理论的影响，音乐教育课程大都根据公认的、成熟的音乐学科体系来对教学进度进行安排。但是，音乐知识和技能事实上是随着音乐发展的实践上升为理论而形成的客观存在的系统结构，这是一种相对静态的结构，而在学前儿童音乐教育活动中，学前儿童的心理结构是动态发展的，两者之间不存在必然的对应关系。学前儿童在音乐实践中是否产生对美的感受也不取决于所学音乐知识和技能的逻辑体系是否严密。因此，在学前儿童音乐教育活动中，有必要学习简单的音乐知识和技能，但应当是有系统地、以生动的方式授予学前儿童的。

1. 教师的指导应遵循音乐活动的规律

音乐是一门独立的学科，有着其自身独特的规律。在音乐教育中，教师需要努力探索音乐活动的规律，从横向上比较各种音乐活动之间的关系及特定规律，将各个方面作为一个整体进行指导，使学前儿童在掌握音乐知识和技能时更加全面、和谐。例如，在音乐欣赏活动中，学前儿童可以感受到音乐中的强弱和节奏变化，这些感受可以延伸到歌唱活动中，让学前儿童学会表现歌曲中由情感起伏引起的节奏变换。

2. 教师的指导应协调音乐本身及学前儿童自身的发展规律

教师对音乐教育活动本身规律的探索是为了促进学前儿童基本素质全面、和谐的发展，因此，教师应该将音乐教育活动与学前儿童的心理结构规律协调一致，以促进学前儿童基本素质的全面、和谐发展。在音乐教育中，教师应该关注学前儿童的感知、情感、认知等方面的发展，因为音乐教育可以对学前儿童的身体、智力、情感、美感等方面产生积极影响。音乐作为一种教育手段，在学前儿童音乐教育中具有独特的作用。通过音乐教育活动的实践，教师可以帮助学前儿童掌握音乐知识和技能，提高他们的音乐表现力和创造力。同时，通过音乐教育，学前儿童可以培养音乐素养、审美能力和情感表达能力，促进他们的人格及德、智、体、美等方面的全面健康发展。

第四节　学前儿童音乐教育的意义

教育是一项有目的、有计划的行动，旨在影响教育对象，使其在思想、情感和行为等方面发生变化。作为学前教育的重要部分，学前儿童音乐教育不仅对社会的发展至关重要，也对学前儿童的个体发展具有深远的意义。

一、学前儿童音乐教育与儿童全面发展

（一）音乐教育与学前儿童的身体发展

1. 促进大脑发育

大脑的两个半球在功能上存在差异，左半球主要负责语言学习、数字理解、时间感知和分析性思维活动等；而右半球则主导音乐感知、图形识别、距离判断和综合性思维活动等。尽管两个半球的功能各有侧重，但它们并非孤立存在，而是相互协作的，共同发挥大脑的整体功能。

在音乐教育活动中，学前儿童的大脑皮层重要中枢得以发展。人的大脑皮层是一个整体，其中分化出专门化的细胞集团，形成了各种重要的中枢。在机能系统中，这些中枢各自发挥着作用。在音乐活动中，大脑的不同区域所受到的刺激量是不同的，因此所获得的锻炼和发展也是不同的。例如，在进行音乐表演时，运动和运动感觉中枢会承担更多的控制和调节工作，而在进行音乐欣赏和创作时，更多的中枢会参与信息的收集、加工和输出的过程。

丰富的活动和全面的训练可以使大脑的各个部分频繁地处于积极的活动状态，进而促使整个大脑得到良好的发展。对于人脑的生长发育而言，学前阶段是大脑发育最快的一个阶段，因此，这个阶段为大脑的各个部分提供了更多的积极活动机会，有助于它们获得充分的发展。只有重视传统文化艺术音乐教育对大脑功能的全面开发，才可以为学前儿童的发展奠定坚实的基础。

2. 保持身体健康

对于学前儿童而言，在音乐学习中，身体运动是必不可少的。在各种与音乐相伴的动作表演活动和乐器演奏活动中，学前儿童可以通过锻炼身体的各个部分，增强神经系统反应的速度和协调能力，增强心、肺等器官的耐受力，尤其是那些经常参与韵律活动的学前儿童，他们可能体形更健美、姿态更端正和发育更好。参与歌唱活动，也能在一定程度上促进发音器官、共鸣器官和呼吸器官的发育。因此，音乐学习中的身体运动，可以积极地促进学前儿童的身体健康发展。

（二）音乐教育与学前儿童的语言发展

语言学习是一个复杂的过程，它涉及听、说、读、写等多个方面。在学前儿童学习歌唱的过程中，正确的咬字、吐字是非常重要的，因为它可以帮助学前儿童建立正确的语音感知和养成良好的发音习惯。通过反复练习和教师的指导，学前儿童可以逐渐掌握正确发音和清晰咬字、吐字的技巧，从而养成口齿清晰的语言表达习惯。

除了上述优势，音乐和口头语言之间存在很多相似的地方。它们都拥有声音的高低、强弱、快慢和音色变化等声音元素，这些声音元素都是情感与意境表达的关键因素。通过运用这些因素，我们能够创造出丰富多样的听觉体验，从而传达出不同的情感和意境。在音乐活动中，教师可以通过教授歌曲、演奏乐器等方式，让学前儿童亲身感受这些因素，并通过自己的声音和表演来表达情感和思想。这种学习方式可以帮助学前儿童提高口语表达能力和情感表达能力。

（三）音乐教育与学前儿童的认知发展

1. 促进听觉能力的发展

音乐活动需要建立在听觉感知的基础上，在长期自觉使用音乐的过程中人类的听觉器官可以获得高度发展，因此，音乐是人类听觉发展的重要促进因素之一。对于学前儿童来说，音乐教育在促进其听觉能力发展方面具有显著的影响。除了先天因素，听觉能力的发展还受到后天教育的重要影响。在学前儿童音乐教育中，学前儿童通过学习分辨声音的高低、长短、音量强弱，以及不同的音色和音质等，能够逐渐提高听觉敏锐度。听觉能力的发展在很大程度上影响着学前儿童的智力发展乃至未来一生的学习。因此，应该尽早为学前儿童提供更多参与音乐活动的机会，引导他们在听的活动中集中注意力，这样就能够在一定程度上有效提高学前儿童的辨音能力。

2. 促进想象、联想和思维能力的发展

音乐教育对学前儿童认知发展的促进作用是多方面的，其中之一就是发展学前儿童的想象、联想和思维能力。想象在音乐活动中起着非常重要的作用。学前儿童通常会通过想象和联想来理解和表现音乐活动。学前儿童可以想象自己是一名音乐家或舞者，通过这种想象来创造音乐和舞蹈的表演。他们会自发地沉浸在这种有趣的想象活动中。想象能够激发学前儿童的创造力和表达能力，让他们更加投入和享受音乐学习的过程，促使他们去探索和发现音乐的世界。

另外，音乐教育能够发展学前儿童的思维能力。根据心理学的分类，思维有直觉行动思维、具体形象思维和抽象概念思维三种形式。

第一，直觉行动思维直接关系着学前儿童的实际动作。在对成年人歌唱或身体动作进行模仿的过程中，学前儿童是通过边动作边思考的方式来学习和掌握的。

在这个过程中，学前儿童逐渐对简单的概括和判断能力进行了积累。

第二，具体形象思维在音乐教育中也有重要应用。学前儿童在音乐活动中通常需要借助具体形象来理解和表现音乐。例如，在欣赏一首描绘动物的音乐时，学前儿童需要通过想象来理解音乐所表达的动物形象和情境。这些具体的形象思维能够促进学前儿童对音乐的深入理解和感受。

第三，音乐教育也与抽象概念思维有联系。在音乐教育中，学前儿童需要理解和运用一些抽象的概念，如音高、音程、节奏、调性等。这些概念需要学前儿童运用抽象概念思维来理解和掌握。

（四）音乐教育与学前儿童的情感和意志发展

音乐擅长通过情感的直接抒发和体验来达到审美活动的目的，而学前儿童音乐实践活动一般与动作是分不开的，因此，学前儿童音乐教育活动在一定程度上可以促进学前儿童情感和意志的发展。

1. 音乐教育与学前儿童的情感发展

音乐通过旋律、音响等手段表达人类的情感，能够触动人们细腻的心理活动和感情波动。音乐的艺术性在于它能够以情感人、以情动人。音乐教育可以帮助学前儿童培养丰富的情感。通过参与音乐活动，学前儿童能够体验到音乐所传递的各种情感，如快乐、悲伤、安静、兴奋等。

在学前儿童的情感发展过程中，情感由低级向高级的转变是至关重要的。随着他们社交活动的不断扩展，音乐活动成为一种有效的手段，有助于促进学前儿童的情感发展。音乐不仅可以帮助学前儿童明确自己的情感，还可以促进他们与自己内心进行情感交流，以及与他人进行情感交流。一首优美的音乐作品或一次成功的音乐教育活动，都可以引发学前儿童的情感共鸣，培养和激发他们良好的情绪和情感。

2. 促进意志的发展

意志是一个人按照特定目的来调节自己行为的心理过程，是个人成才的关键非智力因素。音乐活动具有培养学前儿童意志品质的潜力。当婴儿通过一首熟悉的音乐获得愉快体验时，他们会努力尝试转动身体或头部去找寻声源，倘若成年人中断了他们喜爱的音乐的播放，他们一般会通过哭的方式来表示抗议，这种行为便展示了意志的萌芽。随着学前儿童年龄的增长和音乐活动的日益复杂，学前儿童参与学习歌唱和韵律动作或摆弄乐器等活动时，会有明确的目标并持续努力，尤其是对于一些较为复杂的音乐技能，只有通过持续的刻苦练习才能达到确定的目标。由此可见，音乐活动在培养学前儿童意志品质方面具有独特的价值和潜力。

（五）音乐教育与学前儿童的个性发展

个性是指个体在自我发展和成长的过程中，逐渐形成和展现出自己的特点、兴趣、价值观和行为方式的特征。个性化强调的是个体在整体上的独特性和个体差异，每个人需要按照个体的特点和倾向来发展和实现自己的潜能。个性化的过程涉及个体的自我意识、自我接纳、自我表达、自我决定等方面。

在学前阶段，教育的核心目标是培养学前儿童对生活和周围事物的积极态度和广泛兴趣。音乐教育活动在这方面扮演着十分重要的角色，能够积极地促进学前儿童的个性发展。音乐教育活动能够促进学前儿童积极个性意识倾向的发展。个性意识倾向是人们进行各种活动的动力源泉，涵盖需要、兴趣、理想、信念等方面。音乐作为一种与学前儿童密切相关的艺术形式，其丰富的音响、鲜明的节奏和悦耳的音调可以使学前儿童直接产生快乐的感受，从而培养他们对音乐的兴趣。因此，音乐教育活动在学前儿童教育中具有不可替代的重要价值，有助于他们形成健康的人格。

学前儿童普遍对音乐学习表现出浓厚的兴趣，他们在日常生活中经常自发地进行音乐探索活动。这种自娱自乐式的音乐探索活动，充分展现了学前儿童对音乐的热爱。在学前儿童音乐教育实践中，创造性音乐学习受到了广泛的重视。这种创造性音乐学习与学前儿童的自发音乐活动紧密相连，是满足他们自然需求的重要方式。通过教师提供的丰富、自由、宽松的环境，学前儿童可以积极参与音乐活动，逐渐培养出浓厚而持久的兴趣。学前儿童在这类学习活动中，不仅在认知、情感和音乐技能方面得到了发展，还享受了快乐的体验。同时，这些活动也有助于培养他们对人和事物的积极态度。积极态度、探究精神和自信心等是形成积极人生态度的重要基础。因此，良好的音乐教育对促进学前儿童积极个性意识倾向的发展具有重要意义。

二、学前儿童音乐教育与社会发展

音乐是人类创造的一种独特的文化现象。为了体现其存在的意义并推动自身进步，音乐教育在社会进步和发展的背景下出现，并逐渐发展成为一种有意识的社会教育活动。音乐教育与社会的演变和发展是相互促进的。学前儿童音乐教育在社会发展中发挥着重要作用，具体表现在以下几个方面。

（一）有利于培养良好的社会道德风尚

音乐的根本任务在于通过音乐的审美体验，使人们沉浸在音乐的美妙中，深入感受、欣赏和演绎音乐，进而使音乐的其他功能得以发挥。音乐具有教育功能，它蕴含着一种精神价值，在政治态度、伦理道德等方面，这种精神价值影响着人们，能够产生出潜移默化的力量。

学前儿童的音乐教育也不例外，它把这种情绪上的感染、思想上的影响转化成一种"寓教于乐"的表现形态。柏拉图是一位著名的古希腊哲学家，他对音乐教育有着独特的见解。他强调音乐教育在培养人的性格和情操方面具有重要作用。他认为，良好的音乐教育能够让人敏捷地识别艺术作品和自然界事物的美丑，并产生相应的情感反应。通过音乐教育，人们可以吸收美的滋养，使自己的性格变得更加高尚、优美。[①]柏拉图所指的"良好音乐教育"并不仅仅是指音乐本身的形式美，而是更侧重于音乐教育的内容和其对儿童心灵的启迪、情操的陶冶。他强调音乐教育应该注重培养儿童的审美情趣、道德观念和人文素养，使其在享受音乐之美的同时，也能够得到心灵的净化和情操的升华。

由此可以看出，音乐教育，特别是学前音乐教育，是一种充满艺术感染力的审美教育。这种教育方式能够将复杂的社会理性观念转化为具体、直观的感性形式，使学前儿童能够更好地理解和体验。在学前儿童的音乐教育中，为学前儿童提供精心选择的"精神产品"，通过高雅优美、健康活泼、积极向上的音乐作品中蕴涵的爱国主义精神及良好道德品质，提高学前儿童的音乐审美感受和表现能力，从而净化心灵、升华道德、完善人格，进而对社会的精神文明建设环境、社会文化环境产生间接的影响，以推进良好的社会生存环境和文明环境的形成。

（二）为造就具有艺术修养的高素质公民打基础

在当今社会，科技进步与经济发展带来了更多的文明和显著的进步。工业化、都市化和信息化的步伐使得我们的自然环境和社会环境都经历了前所未有的变革。作为社会教育体系中不可或缺的一部分，音乐教育也在与时俱进，以适应时代和社会的发展需求。随着社会经济的蓬勃发展以及全方位的开放，音乐逐渐成为人们表达内心情感、协调社会关系及体验文化魅力的重要媒介。它不仅是一种艺术形式，更是连接个体与社会、现实与理想的有力纽带。

当今社会，家长普遍重视对学前儿童的早期艺术启蒙，但他们对音乐学习、艺术学习与学前儿童成长的关系认识不清楚，以至于出现不少误区：有的是为了

---

① 唐明. 简析柏拉图的音乐教育思想及其启示 [J]. 教育教学论坛，2020（16）：390-392.

让孩子能表演或演奏些什么，有的认为音乐可以开发学前儿童的智力，有的是为了给孩子提供一种有益无害的消遣，还有的把学习音乐作为学前儿童日后进入社会生活的一种装饰。其实，音乐学习的核心价值在于培养人的情感，提高人的品位和修养。学前儿童的早期音乐启蒙和学习，不是为了让他们掌握一种技能，也不是为了将他们培养成专业的音乐人才，更不是仅仅作为生活中的一种点缀。音乐教育的目的是让学前儿童在欣赏美的过程中得到教益，培养他们的素质，提升他们的修养。这样，他们日后的生活将会充满高雅的艺术趣味和创新探索精神。

第二章　学前儿童音乐教育目标

教育目标指导和支配着整个教育过程。学前儿童音乐教育的目标是对学前儿童音乐教育所预期达到标准的一种期望，它是音乐教育行为的出发点和最终归宿，制约着音乐教育活动的整个实施过程。因此，制定科学的音乐教育目标，是进行学前儿童音乐教育的重要前提。音乐教育目标是学前儿童音乐教学工作的指南，也是教育要素选择与确定的依据。本章围绕学前儿童音乐教育目标的制定、学前儿童音乐教育目标的结构和学前儿童音乐教育目标的内容展开研究。

第一节　学前儿童音乐教育目标的制定

一、学前儿童音乐教育目标制定的依据

制定学前儿童音乐教育目标的依据，主要是学前儿童音乐发展的特点和规律、社会对学前儿童音乐教育的要求、学习心理学理论对学前儿童音乐教育的引领、学前儿童音乐教育学科本身的特性，以及音乐教育哲学对学前儿童音乐教育的影响。

（一）学前儿童音乐发展的特点和规律

美国课程理论家拉尔夫·泰勒（Ralph Tyler）曾经提出过学校课程目标的五个来源：①从研究"学习者本身"中寻求目标；②从研究"当代校外生活"中寻求目标；③从"学科专家的建议"中寻求目标；④利用"哲学"选择目标；⑤利用"学习心理学"选择目标。[①]

第一项来源正是我们制定学前儿童音乐教育目标的重要依据之一。这是因为，学前儿童音乐教育的对象是学前儿童。音乐教育的效果如何，必须通过它所培养的学前儿童的发展状况来检验。当然，音乐教育目标作为对音乐教育结果的一种

[①] 王云超. 泰勒的目标模式：《课程与教学的基本原理》导读 [J]. 文教资料，2011（34）：209−211.

预期，也必须落实到学前儿童的身心发展和变化上。

学前儿童音乐心理和能力的发展具有独有的特征和规律，可以从艺术表现的角度对他们的认知、情感和社会化技能的水平进行反映。同时，每个学前儿童都是独特的个体，拥有不同的个性、兴趣和需求。因此，在制定学前儿童音乐教育目标时，必须按照学前儿童音乐发展的实际水平、需求和可能性进行科学合理的分析、把握和整理。只有经过合理透彻的分析，才能构建出真正与学前儿童发展相符合的音乐教育目标，为他们的音乐学习提供有效的指导。

根据学前儿童音乐发展的特点和规律来制定音乐教育目标，还有助于教育者正确处理好学前儿童的两种发展水平——"现有发展水平"和"最近发展区"的关系，使教育能走在学前儿童发展的前面。作为教育者，可以凭借对学前儿童音乐发展过程的认识以及对学前儿童音乐发展水平的判断，从满足学前儿童自身的需要、让学前儿童自由地表现自我和逐步实现完善自我价值的角度来考虑教育目标。

（二）社会对学前儿童音乐教育的要求

人是生活在一个特定的社会环境中的，而教育作为一种社会实践活动也必然受制约于一定的社会文化历史背景。因此，学前儿童音乐教育目标的制定必然会在一定程度上反映社会对教育理想角色的期望，并受到时代的影响。社会需求、政治、经济、文化的发展趋势以及未来人才培养的方向等，都是影响学前儿童音乐教育目标制定的客观依据。这些因素不仅影响着教育目标的制定，也指导着教育实践的方向。

不同社会、不同民族、不同时代对人才培养的要求不同，因此也会提出不同的教育目标。例如，早期苏联儿童音乐教育目标的确立，即与苏联共产主义教育以及马克思主义关于人的全面发展学说紧密地联系起来，从而提出要以音乐为手段来培养学前儿童对祖国、人民、优秀人物和大自然的爱，培养友爱和集体主义感情，扩大学前儿童认识的范围，培养对现实环境的正确态度。又如，中华人民共和国成立初期至 20 世纪 70 年代的音乐教育目标，强调的是基本知识、基本技能的培养和思想品德教育；20 世纪 80 年代开始逐步倾向以音乐素质、能力以及创造性的培养为核心来构建音乐教育目标；而 20 世纪 90 年代以来，随着社会经济和科技的迅猛发展，按照未来社会对人才的需求，音乐教育目标体系更加重视培养人的探索精神、创造意识以及积极主动的社会交往能力等。这表明教育作为传递文化的手段和媒介，会将社会文化的要求反映在其教育目标中。因此，学前儿童音乐教育目标的制定也必然受到社会文化的影响。

（三）学习心理学理论对学前儿童音乐的引领

学习心理学作为一门新兴的学科，其独立发展的时间并不长。然而，它已经形成了多个学派，包括认知派、行为派和人本主义派，这些学派关注对不同学习现象的心理学规律研究，并形成了各自独特的学习心理学理论。虽然学习心理学的研究者更倾向于提供改进教育过程的建议，然而教育目标制定者仍然能够从学习心理学的研究资料中获得许多有价值的启示。这些启示可以帮助他们更好地理解学习过程，为制定更有效的教育目标提供理论支持。

（四）学前儿童音乐教育学科本身的特性

学前儿童音乐教育学科通过对知识的分类、选择、组织和排列，形成了相对独立的教学内容体系。这些内容体系对于以传道授业为主要任务的教育来说，是至关重要的。学前儿童音乐教育具有与其他学科不同的基本概念、学科结构、学科潜力、教育价值，以及学科的学习规律和发展趋势，这些都成为具体而微观地影响教育目标制定的依据。

学前儿童音乐教育主要是针对 3 ～ 6 岁的儿童，考虑到这一年龄段儿童的身心发展特点和认知能力，音乐教育的内容和方法需要与这一阶段儿童的身心发展相适应。因此，学前儿童音乐教育在知识体系的系统性方面要求并不高，而是更注重音乐在促进学前儿童身心全面、和谐发展方面的作用。学前儿童音乐教育的内容应该符合学前儿童的认知和情感发展需求，以简单、生动、有趣的音乐活动为主要形式，注重培养学前儿童的节奏感、音感和审美情趣。音乐教育可以让学前儿童感受音乐的美妙，激发他们的创造力和想象力，促进其身心的健康发展。

在学前儿童音乐教育中，需要在多个方面找到平衡点，以确保既能满足儿童的身心发展需求，又能有效地传授音乐知识和技能。首先，要充分让学前儿童享受和体验音乐活动的乐趣，同时也要注重对音乐技能和技巧的训练。在教育过程中，应该尊重学前儿童的自发探索和创造，同时也要逐步引导他们理解和遵循音乐的审美创作原理和规律。此外，不能淡化或忽视音乐的特性和价值，而是要强调对音乐的感受、理解和表现，以此为基础，促进学前儿童的全面发展。对于诸如此类问题的把握和思考，都与学前儿童音乐教育目标的制定有着密切的联系。

（五）音乐教育哲学对学前儿童音乐的影响

音乐教育哲学是对音乐教育的本质、目的、价值和方法的深入探讨和研究。

作为音乐学、教育学和哲学的一个交叉领域，音乐教育哲学不仅关注音乐教育的理论知识，还关注其实践应用。音乐教育哲学对学前儿童音乐教育目标有着深远的影响。它不仅指导着教育者制订科学合理的教育方案，还通过培养学前儿童的审美能力、创造力和想象力等目标促进学前儿童的全面发展。

学校主要通过教育实施美育，同时教育也是提高学生道德水平、培养高尚情操、促进智力和身心健康发展的重要手段。艺术教育在学校教育中扮演着独特而不可替代的角色。这一观点基于学生全面发展的原则，对音乐教育对个体可能产生的积极影响进行了充分考虑。因此，在对各级各类学校的教育目标进行规划时，也应该以此为基础，并将学前音乐教育目标纳入考虑范围。

二、学前儿童音乐教育目标制定的过程

从上述对音乐教育目标制定依据的分析中可以看到，学前儿童、社会、学科本身、学习心理学和音乐教育哲学都可以成为教育目标的来源，教育者可以从每个目标来源中搜集、获得若干"可能性目标"。这些"可能性目标"只有通过教育者进一步的筛选、整理和表述，才能成为真正切实可行而有效的音乐教育目标。

（一）教育目标的筛选

在对学前儿童音乐教育目标进行制定时，教育者需要仔细筛选各种已有的具有可能性的目标。例如，尽管有些研究结果表明学前儿童在6岁之前能够学会识谱和演奏乐器，如钢琴和小提琴等，但是，倘若我们更注重培养学前儿童的态度、基本素质和能力，而不是仅仅注重对短期效果的追求和专业知识的掌握，那么这些目标可能会被舍弃。在3～6岁学前儿童的集体音乐教育活动中，学前儿童能够掌握一些较为复杂的音乐知识和技能。这些知识和技能将帮助他们更好地理解和感受音乐，为他们的全面发展奠定基础。在音乐教育中，不仅要传授知识和技能，还要注重培养学前儿童的审美情趣和能力。审美情趣是人们对美的感受和追求，它能够丰富人们的精神生活，提高人们的审美素养和综合素质。在幼儿园教育中，注重培养学前儿童的审美情趣，能够让他们从小就具备欣赏美、感受美、表现美的能力，从而更好地发现生活中的美好，提高他们的艺术素养和培养他们的创造力。考虑到审美情趣与知识、技能之间的相互关系，在目标设置时，要将审美情趣的目标放在首要位置，同时也要关注知识、技能的培养。因为知识和技能是实现审美情趣目标的基础和手段，只有掌握了必要的知识和技能，才能更好

地表现和创造美。但是，知识和技能的培养要适度，不能过于强调，以免对学前儿童的审美情趣造成负面影响。

（二）教育目标的整理

在制定学前儿童音乐教育目标的过程中，整理是一个关键步骤。整理，这里指的是将目标分层、归类，形成系统化、结构化的教育目标，从而更好地指导教育过程。分层主要是将目标按照达成所需的时间进行整理，这样可以更好地安排教学进度和评估进度。归类则是根据目标的性质和内容进行整理，使教育目标更加系统化和结构化。经过这样的整理，教育目标更加清晰明确，能够科学地指导教育过程。

（三）教育目标的表述

人们在认识学前儿童音乐发展的特点和规律、社会对学前儿童音乐教育的要求以及学前儿童音乐学科本身的特性等方面存在着一定的偏差，造成了在制定和表述音乐教育目标时的不同取向。

1. 目标表述的性质

（1）行为目标

作为一个最终要由教育者来具体实施的目标体系，行为目标关注和强调的是目标的可理解性、可把握性和可操作性。因此，行为目标即用可观察的行为来表述的目标。正如拉尔夫·泰勒所述，一个有效的目标陈述应该既明确指出希望学前儿童养成的行为，同时也指明这种行为将应用于生活的哪个领域或方面。[①] 这样的目标陈述能够为教育者提供清晰的指导，确保教育活动与儿童的全面发展紧密相连。

在陈述学前儿童音乐教育目标，特别是音乐教育活动目标时，采用行为目标的方式进行表述更为恰当。因为行为目标能够明确地说明教育活动所期望达到的结果，清晰地表达学前儿童在活动中需要完成的任务和应达到的程度。这种表述方式还暗示了教育者应该如何指导学前儿童，并帮助他们实现这些目标。通过行为目标的表述，教育者可以更具体地了解学前儿童需要掌握的音乐知识和技能，从而制订出更加有针对性的教学计划。

（2）过程目标

过程目标关注的不是以预先规定的目标为中心，而是强调教师在活动中以过

---

① 朱家雄，林琳，吕坚. 学前儿童美术教育 [M]. 上海：华东师范大学出版社，1999.

程为中心，以学前儿童获得音乐体验为出发点来构建目标。

以过程目标的方式来对学前儿童音乐教育目标进行表述，是为了强调教育过程中的价值观念、环境和材料与学前儿童自身的经验相适宜，以此充分激发他们的创造力和想象力。通过这种方式，学前儿童能够充分展现自身音乐创造的力量和欲望，并在探索和学习过程中获得积极的情感和审美体验。这样的过程本身即教学结果的体现。美国音乐教育家萨蒂斯·科尔曼（Satis Coleman）的"儿童创造性音乐"实验正是过程目标的具体体现。发展学前儿童的创造力、独立思维能力、动手能力、积极的情感、欣赏的习惯，以及广泛的知识和社会适应性等音乐教学目标，都必须通过学前儿童的经验过程来实现。但是，由于过程目标是伴随着学前儿童音乐活动的过程而展开的，对于教师而言，不仅要熟悉学前儿童音乐发展的规律和音乐表现的特点，熟悉音乐学科的体系，具备较高的音乐素养，还必须具备一定的教科研综合能力。因此，在现行的幼托机构中，要完全实行和推广过程目标于音乐教育实践之中尚有一定的困难。

（3）表现目标

音乐作为一种独特的艺术形式，表现性是其基本特征之一。同样，学前儿童在音乐活动之中也希望能够独立而富有想象、创造性地处理和表现音乐。由此，教师在音乐教育活动中期望学前儿童对音乐的大胆、自我的探索和创造以及开放性的理解和表现，这样就"产生"了表现目标。

在学前儿童音乐教育活动中，行为目标和表现目标两者是相互补充、相辅相成的。行为目标表述的是学前儿童在音乐活动中的特定行为，表现目标作为行为目标的补充，表述的是学前儿童独创性地运用一定的音乐技能来反映并创造音乐。它关注的不是行为的预期结果，而是学前儿童开放式的自我探索和表达。例如，"欣赏一段三拍子的轻柔音乐，用你最喜欢的动作表达方式来表演"，这样的目标可以使学前儿童摆脱行为目标的束缚，鼓励学前儿童大胆、积极地表现自我、创造自我。

在学前儿童音乐教育过程中三种不同取向目标的表述和运用，可以互相取长补短：行为目标更有利于音乐教育活动的具体化、可操作化；过程目标更有利于帮助学前儿童从经验出发逐步确立价值观念，提高学前儿童解决问题的能力；而表现目标则更有助于培养学前儿童的主动性、创造性。因此，在制定音乐教育目标体系的过程中，有必要综合考虑三种取向目标的合理而有价值的方面，以更有效地推进学前儿童的音乐教育实践。

由于学前儿童音乐教育目标可以有不同的层次，针对不同层次的目标也可以有不同的表述方法。一般来说，对于学前儿童音乐教育的总目标无须表述得太具体，只需原则性、概括性地指明目标所涵盖的范围和方向。

对于较低层次的音乐教育目标，如幼儿园音乐教育活动目标的表述则不能太笼统、太抽象、太空洞，应尽量采用具有可操作性的、具体化的、行为化的目标表述方法。对于一个恰当的教学目标的表述应该具有两个特征：第一，必须详细说明目标内容；第二，应当用特定的术语描述教学后学生应能做的而以前不能做的行为。可见，从行为目标的角度来表述幼儿园的音乐教育活动目标，既可以使教师更明确目标的内容以及与上一层目标间的关系，同时也更有助于教师对学前儿童学习内容、教学过程的指导及对学前儿童行为方式的把握和评价。

2. 目标表述的注意事项

音乐教育活动目标科学与否，既取决于目标本身是否适宜，也有赖于表述形式是否规范。表述是每一位教师都要面对的具体问题，一般来说，表述时要注意以下几点。

（1）目标难易度要适宜于学前儿童发展水平

目标必须基于学前儿童的发展实际和能力水平进行考量。在制定目标时，要确保它们具有一定的挑战性，从而有效地以教学促进发展。同时，也要确保这些目标不会在学前儿童的能力范围之外。不仅要确保学前儿童可以达到或完成目标，还要避免低水平的简单重复。通过合理的目标制定，教师可以为学前儿童提供具有针对性的指导和支持。

（2）目标框架要尽量适应儿童经验的完整性

美国教育家本杰明·布鲁姆（Benjamin Bloom）提出将教育活动目标分为认知、动作技能和情感体验三个维度，这是一种全面考虑教育活动目标的方法。这种分类方式有助于确保目标指向学前儿童获得完整经验，从而促进他们的全面发展。然而，也并非所有的目标都要呈现这三个维度，因为不同的教育活动和学科领域可能会有各自的重点目标维度。在教育活动中，学前儿童的积极情感和社会交往能力的培养同样关键。情感体验维度的目标有助于学前儿童建立自信心，激发他们的兴趣和爱好，以及形成和谐的人际关系。

因此，在设计音乐教育活动时，目标的制定要尤其关注情感和态度发展的维度。事实上，认知、动作技能与情感体验的三维度分类法为确保目标完整性提供了一般参照，但在实际对活动目标进行设计和撰写时，不应机械地按照这三个维度进行分条表述。这种做法不仅不现实，也与学前儿童发展的逻辑不相符。为了更好地制定教育活动的目标，教师需要灵活地考虑学前儿童的发展特点和需求。在关注认知和动作技能的同时，也要充分考虑情感、态度方面的培养。

（3）目标涉及的学习内容要突出关键经验

对于具体的音乐教育活动教案而言，通常条目数量为2～4条，分条呈现的活动目标保持了简洁明快的特点。对于一次具体的教育活动而言，不应承载过多的发展目标，而是要有针对性地突出某些关键经验和核心的学习任务。每个分条列述的目标应保持相对独立，避免彼此之间的意义交叉或重叠。这样能够确保目标明确、具体，有助于教师实施有效的教学策略，促进学前儿童的全面发展。

（4）目标确定的发展任务要具体而有针对性

音乐教育目标是指在音乐教师的指导下，学前儿童通过一系列音乐学习活动达到所期望的具体行为变化。它与宏观层面的音乐课程目标和教学大纲中的"教学目的"有所不同，后者是从整个教育阶段的角度规定音乐教育所要达到的最终结果。相反，音乐教育目标更侧重于微观层面，关注某一具体教学环节或时段内预期达到的结果。通过制定明确、具体的音乐教育目标，教师可以更有针对性地设计和实施教学策略，确保学前儿童在音乐学习过程中获得有效的指导和发展。

因此，表述音乐教育目标时，目标要明确、具体、简洁、有针对性，避免空泛笼统的表述。例如，培养学生的创新精神与实践能力，增强音乐文化素养，通过欣赏乐曲提高学生的欣赏水平。

（5）目标表述的角度要立足于学前儿童的角度

目标表述的角度一是从教师的角度表述，指明教师应该做的工作或应该努力达到的教育结果，常用的词汇是"使""帮助""培养""促进"等。二是从学前儿童的角度表述，指明学前儿童通过学习应该达到的目标，常用的词汇有"知道""喜欢""愿意""学习""理解""运用"等。在表述教育目标时，虽然并没有严格限定从哪个角度，但为了保持一致性和明确性，每个条目的目标表述最好采用相同的角度。目前，学前教育界正逐渐趋于认同从学前儿童的角度表述目标，这样可以更好地体现出以学前儿童发展为中心的活动设计理念。此外，从学前儿童的角度表述目标也更具有现实的可操作性。具体化目标所确定的发展任务，可以帮助教育者更好地评估学前儿童的进步和教学效果，并根据需要进行调整和改进。

（6）确保目标的纯粹性

在对教育目标进行撰写时，需要注意目标表述的准确性和明确性，避免使用"通过……""在……中"等句式。这些句式通常将手段或途径与目标混淆在一起，使得目标的指向性变得模糊。例如，"通过欣赏活动，体验音乐的乐趣，表达同伴间的友爱"这一表述方式虽然明确了实现目标的途径，但将手段与目标混为一谈，不够简洁明了。类似地，"在观察、模仿和交流中，进一步发展学前儿童的观察力和模仿能力"这一表述方式虽然提供了目标实现的背景，但同样没有清晰地表达出真正的目标。在一个教育活动方案中，"活动目标"就是目标，而"活动过程"才是真正表现或呈现活动的手段、途径及情境的适宜平台。

第二节　学前儿童音乐教育目标的结构

任何一个教育目标总是按照一定的结构组织起来的，以此指导实际的教育，促进学前儿童的发展。学前儿童音乐教育目标也有其可供分析的结构。就纵向而言，其目标具有层次性；就横向而言，其目标具有分类性。

一、学前儿童音乐教育目标的层次结构

学前儿童音乐教育目标与学前教育总目标密切相关，它是学前教育总目标的重要组成部分，并具有其特殊性。按照由宏观到微观的层次划分，学前儿童音乐教育目标可以分为四个层次，即总目标、年龄阶段（学年）目标、单元目标和活动目标。

（一）学前儿童音乐教育总目标

学前儿童音乐教育总目标是对学前儿童音乐教育最终结果的期望。它规定了学前儿童音乐教育总的内容和要求，即通过对周围环境和音乐作品中美的感受，通过歌唱活动、韵律活动、音乐欣赏和乐器演奏等形式的音乐活动，以及韵律活动中的自我表达、人际沟通和协调，使学前儿童体验音乐活动的乐趣，培养学前儿童健全和谐的人格。同时，作为学前儿童教育内容的一个独立领域和组成部分，它与学前教育总目标的要求是一致的，我国学前儿童音乐教育目标制定的依据主要来自《3—6岁儿童学习与发展指南》、2016年施行的《幼儿园工作规程》等一系列重要学前教育法规文件。

（二）学前儿童音乐教育年龄阶段（学年）目标

学前儿童音乐教育年龄阶段（学年）目标是根据学前儿童音乐心理发展的

规律和音乐学科本身的特点，将学前儿童音乐教育目标细化为每个年龄阶段（学年）的具体目标。这些目标旨在确保学前儿童在每个年龄阶段（学年）都能够获得适当的音乐教育和体验，为他们的音乐学习和音乐能力的发展提供明确的方向和要求。

（三）学前儿童音乐教育单元目标

学前儿童音乐教育单元目标中的"单元"可以有两层意思：第一层是指以内容为单元，第二层是指以时间为单元。以内容为单元（这里的"单元"指的是主题活动的"单元"）的目标是指在一个单元主题活动系列中所要达到的音乐教育目标。以时间为单元的目标是指在某一时间段内所要达到的音乐教育目标，它是年龄阶段（学年）目标逐层具体化的结果，表现为学期计划、月计划、周计划等。

（四）学前儿童音乐教育活动目标

学前儿童音乐教育活动目标是指某一具体的音乐教育活动所要达到的目标。它与上一层目标紧紧相扣，环环相连，共同组成一个金字塔式的目标层。

根据学前儿童音乐教育的四个目标层次的分析，我们可以更清楚地认识到音乐教育目标体系的有序性，同时也能敦促教育者在教育过程中更好地思考如何将高层次目标准确地转化为低一级层次的目标，如何把握好各层次目标的内涵及其相互间的关系；如何加强活动目标与活动内容和活动形式之间的联系，从而推动和促进音乐教育目标的有效达成。

这四个层次的目标划分，可以确保学前儿童音乐教育的系统性和连贯性，从宏观到微观地全面考虑学前儿童音乐教育的需求和发展。同时，这也有助于教师制订更具有针对性的教育计划和活动方案，从而提高学前儿童音乐教育的效果。

二、学前儿童音乐教育目标的分类结构

学前儿童音乐教育目标的横向结构即从不同角度对学前儿童音乐教育目标的分类。视角不同，总结的目标类型也就不同。

（一）按心理活动的不同领域分类

1. 认知目标

认知目标在学前儿童音乐教育中非常重要，它表述的是学前儿童在音乐知识及认识能力方面的发展要求。这些目标不仅关注学前儿童对音乐基本元素的理解，

还强调他们在音乐活动中对歌词、曲调、情感和乐器的认知与理解。

认知目标需要根据学前儿童的年龄和发展阶段来制定，从简单的感知和理解到深入的创作和表演，逐步提高学前儿童的音乐认知能力和表现力。同时，教师需要根据学前儿童的个体差异和兴趣，选择适合的音乐教育内容和方式，以激发他们对音乐的热爱和创造力。

2. 情感与态度目标

情感与态度目标在学前儿童音乐教育中具有重要地位。它关注的是学前儿童在音乐活动中的情感体验和表达能力的培养，以及对音乐活动的兴趣和爱好的发展。

情感与态度目标包括以下几个方面：①培养学前儿童积极的情感体验，如快乐、愉悦、满足等，让他们感受到音乐所带来的美好和快乐。②培养学前儿童的表达和沟通能力，让他们能够通过音乐来表达自己的情感和想法。③培养学前儿童对音乐活动的兴趣和爱好，让他们愿意参与音乐活动，享受音乐带来的乐趣。

3. 操作技能目标

操作技能目标在学前儿童音乐教育中非常重要，它关注的是学前儿童运用身体动作进行音乐体验和表达的技能。这些技能包括身体动作、歌唱技能和乐器演奏技能等，帮助学前儿童在音乐活动中更好地感受和理解音乐。

操作技能目标包括以下几个方面：①身体动作技能。培养学前儿童运用身体动作进行简单的随乐动作表演，如模仿乐器演奏、舞蹈动作等，让他们通过身体动作来感受和理解音乐。②歌唱技能。培养学前儿童掌握一些最基本、最初步的歌唱技能，如正确的呼吸、发声、咬字和吐字等，让他们能够自信地演唱歌曲并表达自己的情感。③乐器演奏技能。培养学前儿童掌握一些简单的乐器演奏技能，如打击乐演奏、键盘乐器演奏等，让他们能够通过乐器演奏来感受和理解音乐。④音乐游戏和表演技能。培养学前儿童在音乐游戏和表演中运用身体动作、歌唱和乐器演奏等技能，让他们能够自信地表演和展示自己的才艺。

（二）按音乐活动的不同内容分类

就我国学前儿童音乐教育活动的内容版块划分而言，目前存在两种划分方法。第一种，把学前儿童音乐活动分为四个板块，即歌唱、韵律活动、打击乐演奏与音乐欣赏。这是目前我国幼儿园音乐教材普遍使用的内容划分方式。第二种，把学前儿童音乐活动分为五个板块，即歌唱、音乐欣赏、打击乐演奏、集体舞与音乐游戏。[①]

如果以第一种方式划分，那么学前儿童音乐教育目标也就相应地分为歌唱、韵律活动、打击乐演奏与音乐欣赏等目标；如果以第二种方式划分，那么学前儿童音乐教育目标也就相应地分为歌唱、音乐欣赏、打击乐演奏、集体舞与音乐游戏等目标。这种以内容为依据的横向划分有助于教师更直接地把握音乐教育活动的内容，选择音乐教育活动的材料、步骤与策略，从而更好地组织和指导音乐活动。

（三）按学前儿童活动的互动对象分类

按照学前儿童活动的互动对象来划分，学前儿童音乐教育目标可以分为以人为对象的目标和以物为对象的目标两类。

以人为对象的目标可以进一步细分为以下几种：①以自己为对象的目标。这类目标鼓励学前儿童了解自己的音乐能力和潜力，通过自我表达和自我反思来提高自己的音乐技能和表现力。例如，培养学前儿童的自信心和自我认知能力，鼓励他们通过演唱、演奏、舞蹈等方式表达自己的情感和思想。②以他人为对象的目标。这类目标鼓励学前儿童与他人互动，通过合作和交流来提高他们的音乐能力和社交技能。例如，培养学前儿童的合作意识和协作能力，让他们在与他人合作的音乐活动中学习如何与他人沟通、协调和分享。③以集体为对象的目标。这类目标鼓励学前儿童在集体中发挥自己的作用，通过参与集体活动来提高他们的音乐能力和社会适应能力。例如，培养学前儿童的集体意识和团队精神，让他们在集体的音乐活动中学习如何与他人共同协作、完成任务和达成目标。

以物为对象的目标则侧重于以音乐作品、音乐语汇、乐器或其他相关道具、物品及场地、设备等环境为对象的目标。这类目标鼓励学前儿童通过与物的互动来探索和表达音乐，激发他们的创造力和想象力。例如，培养学前儿童对音乐作品的欣赏能力和理解力，让他通过聆听、表演、创作等方式来表达自己对音乐作品的感受。此外，这类目标还包括培养学前儿童对乐器和其他音乐道具的使用能力和操作技能，让他们通过演奏乐器或使用其他道具来探索和表现音乐。

无论是以人为对象的目标还是以物为对象的目标，都需要根据学前儿童的身心发展和音乐教育的规律来制定，同时要注重个体差异，为每个学前儿童提供适合他们自己的学习内容和要求。这些目标不仅有助于学前儿童的音乐学习和音乐能力的发展，也为他们的全面发展和未来成长奠定了坚实的基础。

---

① 邓楠. 关于学前儿童音乐教育的思考 [J]. 黄河之声，2020（7）：139.

第三节　学前儿童音乐教育目标的内容

一、学前儿童音乐教育的总目标

（一）歌唱

1. 认知目标

①具备感知、理解歌曲歌词和曲调所传达的内容、情感和意义的能力，并懂得怎样进行创造性的歌唱表现。

②了解如何保护嗓音，并在歌唱时发出恰当、悦耳的声音。

③了解怎样通过歌唱与他人建立良好的交流与互动。

④理解集体歌唱表演中所需的合作与协调要求，并能在集体歌唱活动中与他人良好配合。

2. 情感与态度目标

①能够感受到参与各种歌唱活动的快乐，并积极追求这种快乐。

②能够体验到唱出美好声音的满足感，并努力追求体验这种满足感。

③能够体验与他人通过歌唱交流的乐趣，并积极追求这种乐趣。

④能够体验集体歌唱活动中，声音和谐与情感默契带来的快乐，并积极追求这种快乐。

3. 操作技能目标

①能够基本无误地对歌曲的歌词和曲调进行再现，咬字、吐字准确，呼吸自然。

②能够对声音和表情进行较为自然的运用，唱出悦耳动听的声音。

③能够对具有创新性的歌唱表现方式加以运用。

④在与他人交往时，能够自然地运用脸部表情和身体动作来增强歌唱的表现力。

⑤能够控制和调节自己的声音，使之与集体和谐统一。

（二）韵律活动

1. 认知目标

①能够感知并理解韵律动作所传达的内容、情感和意义，并能够创造性地将其表现出来。

②能够感知并理解韵律动作与音乐之间的关系，并能够使自己的动作与音乐协调一致。

③能够认识到道具在韵律动作表现活动中的重要性，并能够合理地运用简单的道具来增强表现力。

④能够理解与韵律活动相关的空间知识，并能够创造性地运用空间因素进行动作表现。

2. 情感与态度目标

①能够感受到参与各种韵律活动的快乐，并积极追求和体验这种快乐。

②能够体验到与音乐协调一致的韵律动作所带来的满足感，并努力追求这种满足感。

③能够主动关注各种动作表演中道具的使用，热衷于探索和创造性运用道具，并对这种探索和创造性运用感到满足。

④能够主动关注自身的身体造型以及身体移动过程中的空间因素，对于探索和运用空间知识充满热情，并满足于这种探索和创造性运用。

⑤能够积极体验与他人合作的动作表演活动，并努力追求在其中获得交往和合作的快乐。愿意与同伴共同参与活动，合作完成任务，并在互动中感受到彼此的默契。

3. 操作技能目标

①能够熟练地控制自己的身体，迅速根据自己的意愿启动和停止动作，流畅地完成各种韵律动作。

②能够灵活地运用身体动作进行创造性表现，能够模仿和再现观察到的动作和场景，同时也能够发挥想象力和创造力，表现自己独特的想法和感受。

③能够熟练使用简单的道具，并具备创造性地选择、制作和运用道具的能力。

④能够熟练掌握和应用简单的空间知识和技能，进行富有创造性的动作表现。

⑤能够自然地运用动作和表情与他人进行交往和合作，表现出良好的默契。

（三）打击乐演奏

1. 认知目标

①能够初步对各种常见打击乐器的音色进行辨别，并创造性地运用这些乐器的音色变化进行表现。

②能够对常见的简单节奏型加以掌握，并能创造性地运用这些节奏型的变化规律进行表现。

③懂得用适当和悦耳的音色进行演奏，以展现出美好的音乐效果。

④能够对集体演奏活动中需要的协调性进行感知和理解，并掌握如何使自己的演奏与集体和音乐相协调的方法。

⑤明白保护乐器的意义和相关的简单知识，以确保乐器的完好和演奏的顺利进行。

2. 情感与态度目标

①享受参与打击乐演奏的过程，并积极追求其中的乐趣。

②对探索乐器的演奏方法和音色变化充满兴趣，能够创造性地运用已掌握的节奏型进行表现。

③注重并努力创造优美、有表现力的音乐音响。

④关注音乐并与音乐保持协调，努力追求完美的配合。

⑤在集体演奏中，注重声音的和谐与情感的默契，并为之努力。

⑥珍视乐器，自觉遵守保护乐器的规定，确保乐器的完好无损。

3. 操作技能目标

①能够熟练地演奏多种常见的打击乐器，表现自如。

②能够运用乐器进行流畅的再现性和创造性表现，奏出和谐、悦耳、有感染力的音乐。

③具备快速、准确解读指挥手势的能力，能迅速调整自己的演奏。

④在集体演奏中，能主动调控自己的演奏，确保与整体乐队和音乐的协调一致。

⑤在乐器的使用、存放过程中，严格遵守保护乐器的相关规定，确保乐器的完好无损。

（四）音乐欣赏

1. 认知目标

①能够感知自然界与周围生活中各种声音的高低、长短与强弱的变化。

②能够建立起初步的音乐和舞蹈概念，掌握基础的音乐舞蹈知识，并能够运用这些概念和知识进行深入的感知、理解和表演。

③开始了解如何在音乐和舞蹈活动中获取各种艺术和非艺术的经验，以丰富自己的艺术感受和表现力。

2. 情感与态度目标

①能尊重、认同各民族及各种形式、风格的音乐作品，对各种不同音乐、舞蹈的形式和内容有比较广泛的爱好。

②享受并积极追求欣赏音乐及舞蹈作品的乐趣。

③乐于与他人分享自己在欣赏音乐和舞蹈表演过程中的快乐和感悟。

3. 操作技能目标

①在欣赏音乐和舞蹈表演时，会运用相关的概念和知识，以增强和深化自己的感知和理解。

②能主动欣赏音乐、观看表演，逐步养成认真倾听、大胆想象与表现等良好的学习习惯。

③初步积累一些简单的音乐知识与舞蹈语汇，并在具体的音乐活动中加以应用，能够再认与区分欣赏过的音乐作品，具有一定的音乐记忆力。

二、学前儿童音乐教育的年龄阶段（学年）目标

（一）0～1.5岁

①能够自发地关注周围的事物，并注意到移动的声音或物体。

②能够理解他人的声音、动作和面部表情所传达的意思，并做出积极的反应。

③喜欢和熟悉的人一起做与声音或动作相关的游戏，从中探索、创造，享受其中的乐趣。

④对音乐有着浓厚的兴趣，会自发地关注音乐，安静地倾听音乐，并表现出愉快的反应。

（二）1.5～3岁

1. 小托班

①热衷于倾听他人的话语、歌声和儿歌，能主动对周围的事物进行观察，并能够准确地识别出事物的显著特征。

②热衷于模仿他人说话、歌唱和儿歌诵唱，同时也能自由地发出各种噪音，并做出各种简单的动作。

③喜欢对物体进行摆弄，能用不同的方式对物体进行探索，并能够制造出各种不同的声音。

④对那些熟悉和喜爱的音乐，能自然而然地给予关注，并且喜欢随着音乐的节奏自由地做出动作、歌唱、念诵儿歌或者敲打物体。

⑤乐于用自己独特的噪音和动作来表达对事物的理解和感受，展现出独特的创造力和表现力。

⑥不仅喜欢独自表演音乐和享受音乐的乐趣，同时也喜欢与亲近的人共同表演和体验音乐的魅力。

2. 大托班

①通常对和谐、悦耳的音乐以及优美、有表现力的动作表现出浓厚的兴趣。

②有能力记住一些音乐和动作的片段，并对熟悉的音乐和动作展现出积极的反应。

③在参与他人的音乐和舞蹈表演活动时，能够愉快地倾听、观看并参与其中。

④开始注意在歌唱、做出动作或敲打物体时尽量跟随音乐的节奏。

⑤不仅喜欢模仿他人的声音和动作，也喜欢尝试创造出新的声音和动作，并从这种创造性活动中获得乐趣。

⑥开始意识到与共同参与活动的人保持协调一致的重要性，使自己的表演与他人相配合。

（三）3～6岁

1. 小班

（1）歌唱目标

①学会用正确的姿势和自然的声音进行歌唱，确保吐字清晰，并能够准确唱出曲调和节奏，音域在 $c^1 \sim g^1$。

②在学习歌唱的过程中，一句一句地练习，确保吐字清晰、节奏准确，并逐渐提高唱准曲调的能力。

③学会使自己的歌声与琴声或其他共同歌唱的人的声部相协调，初步掌握分小组接唱、对唱等技巧。

④在有伴奏的情况下，能够独立、完整地对熟悉的歌曲进行演唱，并注意保持声音的完整性和连贯性。

⑤开始能够理解并表现歌曲中的形象、内容和情感，能够初步感受歌曲的内涵。

⑥在教师的指导和帮助下，可以为熟悉、短小、工整、多重复的简单歌曲增编新的歌词，发挥创造力和想象力。

⑦既喜欢自己歌唱，也喜欢与同伴一起歌唱，并且能够注意使自己的歌声与集体相一致，展现出良好的合作精神。

⑧了解到不能长时间大声歌唱，懂得保护自己的嗓音和声带，具备良好的自我保护意识。

⑨能够学会几首简单的歌曲，丰富自己的音乐体验和审美感受。

（2）韵律活动目标

①能够基本按照音乐的节奏完成简单的上肢或下肢基本动作以及模仿动作。

②在音乐变化时，能够相应地调整自己的动作，与音乐保持同步。

③学习由二分音符、四分音符、八分音符构成的简单节奏型，并尝试用自己创编的动作来表现这些节奏型，展现出创造性和表现力。

④逐渐积累更多的简单模仿动作和基本动作，并学会一些简单的集体舞，提升自己的舞蹈技能和表现力。

⑤开始了解道具在韵律动作表演中的重要性，并喜欢在表演中使用简单的道具，增加表演的多样性和趣味性。

⑥在没有队形规定的情况下，能够自主选择便于活动的空间，移动时注意避免与他人发生碰撞，保证表演的安全性。

⑦愿意主动参加由教师发起的韵律活动，展现出对韵律活动的兴趣和热情。

（3）打击乐演奏目标

①学习打击乐器的基本演奏方法，并学会用适中的力度进行演奏，确保音色的平衡与和谐。

②了解乐器的名称，并初步学习辨别各种乐器的音色特征。在教师的指导下，初步体验创造性的变化演奏方案，感受其中的乐趣。

③能够独立地跟随熟悉的音乐节奏进行演奏，并在集体中与他人保持同步，共同完成简单的齐奏。

④初步学会按照指挥的指示开始和结束演奏，确保演奏的准确性和节奏感。

⑤享受打击乐演奏的乐趣，并积极参与集体的演奏活动，与他人共同创造美妙的音乐。

⑥了解打击乐演奏活动中应该遵守的规则，如正确取放乐器、避免随意玩弄乐器等，确保演奏的顺利进行。

⑦要在教师的指导下，集体发放、收取和分类收藏打击乐器，同时学习爱护乐器的相关知识。

⑧学会演奏一定的打击乐曲，提升自己的演奏技能和表现力，享受音乐带来的快乐。

（4）音乐欣赏目标

①能够初步对性质单纯、结构短小的歌曲和乐曲进行感受，理解其中的情感和内容，并在感受过程中产生外部反应。

②能够对进行曲、摇篮曲、舞曲的特征进行初步了解，探索不同类型的音乐风格和特点。

③在有对比的情况下，能够辨别音乐中明显的差别，如高低、快慢、强弱等，同时能够对音乐的拍子进行分辨，并能够敏锐地听出歌曲和乐曲的前奏、开始和结束部分。

④培养对周围事物形态、声音和运动状态的敏锐感知，喜欢用自己的体态和动作来表现它们，展现自己的创造力和表现力。

⑤喜欢倾听、观赏他人表演的音乐、舞蹈，并乐于进行模仿和学习，提升艺术修养和表现技能。

⑥初步了解音乐、舞蹈、文学、美术等艺术形式如何反映周围熟悉的事物，并注意到不同艺术形式在表现现实事物时的共同性和差异性，初步培养艺术鉴赏能力。

⑦能够在短时间内集中注意力，专注地倾听或观看自己喜欢的音乐或舞蹈表演，体验艺术的魅力。

⑧能够对简单的音乐、舞蹈作品进行欣赏，对不同艺术形式进行初步的欣赏和鉴别。

2. 中班

（1）歌唱目标

①能够以正确的姿势和自然的声音进行歌唱，音域在 $c^1 \sim g^1$，这是一个相对较低的音域。

②能够一句一句地歌唱，吐字清晰，节奏准确。在有伴奏的情况下，逐渐学会独立地唱准曲调，提升自己的歌唱技巧。

③在集体歌唱活动中,能够使自己的歌声与琴声或其他人的歌声相协调一致,并学会独立地接唱和对唱,初步具备团队合作意识。

④在歌唱过程中学会等待,并准确地表现歌曲的前奏、间奏和尾奏,能够把握歌曲整体结构和提升表现力。

⑤能够学习如何通过不同的速度、力度和音色变化来表现歌曲的形象、内容和情感,从而更生动地传达歌曲的情感,能够唱出不同节拍的感觉,增强对音乐节奏的感知。

⑥能够尝试为熟悉、短小、工整、多重复的简单歌曲增编新的歌词,并能够独立唱出新编的歌词曲调,初步培养创造力和音乐表达能力。

⑦喜欢自己歌唱,享受在集体中歌唱的快乐,同时也喜欢在大家面前独立表演,培养自信和表现力。

⑧能够知道在剧烈运动后不适宜立即歌唱,了解是为了保护嗓子和避免对身体造成伤害。

⑨能够学会唱几首简单的歌曲,对音乐作品有初步的了解。

（2）韵律活动目标

①能够按照音乐的节奏进行简单的上肢和下肢联合动作,能模仿动作和舞蹈动作,表现出身体的协调性和节奏感。

②能够根据音乐的变化调整自己的动作,适应不同的音乐节奏和风格。

③学习对熟悉的节奏型方法进行创造性的改变,并能够用自己想出的简单动作来表现这些节奏型,培养创造力和表现力。

④进一步对一些稍复杂的模仿动作进行积累,学习和掌握一些基本的舞蹈动作和集体舞,初步了解创编韵律动作组合的规律,提升舞蹈表演和创作能力。

⑤学会根据现有空间情况随时对自己的活动进行调节,在没有合作要求的情况下能够自主安排自己的动作。如果存在合作要求,能够兼顾合作伙伴和其他人的状况,配合团队动作。

⑥进一步体验指挥的乐趣,提高运用表情、动作、姿态与人沟通的能力,增强从事指挥活动的自信心。

（3）打击乐演奏目标

①进一步对一些打击乐器的基本奏法进行学习,同时还要对常用乐器的不同奏法进行探索,并学会控制适中的音量和追求美好的音色。

②对各种乐器的名称加以了解,并基本学会对其音色特征进行分辨。初步体

会各种演奏方案中音色配置的对比性规律，并在教师的指导下尝试集体对演奏方案进行设计。

③能够随熟悉的歌曲或乐曲进行演奏；能够在集体的齐奏或合奏中保持自己的演奏速度和节奏型，与整体保持一致。

④进一步学会按照指挥的开始、结束和变化演奏，提高演奏的协调性。

⑤喜欢参与打击乐演奏活动，并积极参与集体讨论演奏方案，培养对音乐的热爱和团队协作精神。

⑥学会演奏一定数量的打击乐曲，提升演奏技巧和表现力，享受音乐带来的快乐。

（4）音乐欣赏目标

①能够对结构短小、性质单纯的歌曲和器乐曲所表达的形象、内容、情感有所感受，并能够展开一定的想象和联想，做出积极的外部反应。

②在原有基础上进一步了解进行曲、摇篮曲、舞曲的特点，并能够准确对其特征进行描述。

③在对比的情况下，能够分辨音乐中的明显差异，如高低、快慢、强弱等，并能够准确对不同拍子的音乐进行区分，初步掌握乐段、乐句的开始和结束，以及前奏、间奏、尾奏的区别，初步理解音乐结构中的重复概念。

④养成积极倾听和观赏周围环境中各种事物的习惯，关注其形态、声音和运动状态，也乐于通过音乐和舞蹈表演创造性地对这些事物加以表现。

⑤愿意欣赏他人表演的音乐和舞蹈，并开始关注其中自己感兴趣的部分，积极参与并吸收经验。

⑥能够在一段时间内集中注意力，专注地倾听音乐和观看舞蹈表演。

⑦能够对一定数量的音乐和舞蹈作品进行欣赏，并能够在一定程度上回忆和辨认曾经欣赏过的作品。

3. 大班

（1）歌唱目标

①能够以正确的姿势和自然美好的声音进行歌唱，音域需要保持在 $c^1 \sim g^1$。

②能够独立地、正确地演唱熟悉的歌曲，在无伴奏的情况下表现出歌曲的节奏、旋律和歌词。

③能够按照不同的合作歌唱要求对自己的歌声进行控制和调节，并初步掌握领唱、齐唱、两声部轮唱等歌唱表演形式，能够在集体歌唱活动中逐渐形成默契感。

④热爱歌唱，喜欢单独、在集体中或以不同的合作表演形式进行歌唱。

⑤明白在空气污浊或天气恶劣的情况下不宜歌唱。

⑥学会唱一定数量的歌曲，以满足学习需求。

（2）韵律活动目标

①能够比较准确地根据音乐节奏做各种稍复杂的动作，包括基本动作、模仿动作和舞蹈动作组合，并且能够迅速地随着音乐的变化改变自己的动作。

②进一步学习如何通过各种简单的身体动作组合来表现歌曲或乐曲的前奏、间奏、尾奏，以及乐段、乐句的起止和重复变化，同时能够更好地表达相关的形象、内容和情感。

③进一步了解更多舞蹈动作语汇，了解并掌握创编韵律动作组合的规律，学会跳一些具有创造性的较为复杂的集体舞。

④进一步学习不同道具在不同动作表演中的作用差异，并有创造性地选择适合韵律活动的道具，并能够对这些道具进行熟练运用。

⑤能够以创造性的方式运用已学习的空间知识进行动作表演，并能够有效地对合作表演中的空间分配问题进行解决。

⑥喜欢随着歌曲、乐曲自由舞蹈，并积极参与教师或其他儿童发起的具有创造性的韵律活动。

（3）打击乐演奏目标

①进一步学习多种打击乐器的基本演奏技巧，包括探索同一种乐器的不同演奏方法，并追求音色和音量的表现力。

②了解各种乐器的名称，同时能够辨别它们的音色特征。学习分类音色，并在教师的指导下对一些简单的打击乐器进行制作。初步体验到不同演奏方案中音色、音量和节奏的表现规律，并初步学会对演奏方案进行自主设计。

③能够伴随熟悉的歌曲或乐曲独立运用一种以上的固定节奏型进行演奏。在集体齐奏或合奏中，应始终保持自己的声部，并能够有意识地与集体形成配合，使音色、音量和表情与集体契合。

④能够快速、准确地根据指挥的手势做出相应反应。

⑤乐于随音乐演奏打击乐器，能自己设计演奏方案，并能够积极参与展示该演奏方案。

⑥建立发放、收取和分类乐器的值日制度，培养对集体和乐器认真负责的积极态度。

⑦学会对一定数量的打击乐曲进行演奏。

（4）音乐欣赏目标

①能够精确地感受具有鲜明特性和简单结构的器乐作品，以及稍显复杂的艺术歌曲的内涵、主题和情感。在欣赏过程中，能够产生丰富多样的想象和联想，并展现出积极、个性化的外部反应。

②基于对各种音乐作品的广泛接触，能够对进行曲、摇篮曲、舞曲和劳动音乐的理解和认知做到进一步的丰富和深化。

③能够根据歌曲和乐曲的音域、节奏、力度和节拍等元素，直接判断其性质和变化，并掌握音乐的结构。同时，能够准确分辨乐段和乐句中的重复与变化关系。

④热衷于倾听和观赏周围环境中的各种事物，无论是它们的形态、声音还是运动状态，都喜欢运用音乐和舞蹈的方式表现它们。

⑤能够欣赏他人表演的音乐和舞蹈，并且乐于参与其中，吸收那些感兴趣的部分。同时，也乐于与他人分享自己的观点和感受。

⑥能够自信地运用不同的艺术手段来表达自己对音乐和舞蹈作品的感受，并能自觉地从中对各种艺术和非艺术的经验进行获取，以丰富自己的艺术表达。

⑦初步养成在欣赏音乐和舞蹈表演时保持专注的习惯，也能把情感自然地融入其中。

⑧欣赏一定数量的音乐和舞蹈作品，并且可以对自己欣赏过的片段进行重现。

三、学前儿童音乐教育的单元目标

（一）以时间为单元的音乐教育目标

以某幼儿园小班第一学期 10 月的音乐教育目标为例，说明以时间为单元的音乐教育目标。具体表述如下：

①掌握歌曲《我爱我的幼儿园》《苹果》《找朋友》的演唱技巧，尽量发音清晰，并具有一定的节奏感。

②在唱歌的同时，学会按照音乐的节奏一拍一拍地拍手或进行其他动作，并不断练习，尝试做出与他人不同的动作，体验创造和表达的乐趣。

③学习使用乐器，特别是碰铃和串铃的使用。在听到《我爱我的幼儿园》这首歌曲时，能够用碰铃和串铃跟随音乐的节奏一拍一拍地演奏，培养自己的节奏感和协作能力。

④学会跟随《这是小兵》的音乐节奏，一拍一拍地走步和模仿吹号、打鼓的

动作。同时，发挥创造力，用自己独特的动作来表现打鼓和吹号的动作，进一步体验创造和表达的乐趣。

⑤学习为歌曲《苹果》编写新的歌词。在教师的指导下，使用自己编写的歌词进行演唱，加深对歌曲情感的理解，并从中体验创造和表达的乐趣。

⑥为歌曲《找朋友》设计表演动作，并学会玩"找朋友"的游戏。通过这种互动方式，培养与他人的交往能力，体验友爱、互助和合作的愉快。

⑦欣赏歌曲《李小多分果果》，感受歌曲中所传达的亲切愉快的情感，理解歌词中所表达的友爱和谦让精神，培养安静倾听和观看的习惯，提升对音乐作品的理解和欣赏能力。

（二）以主题活动为单元的音乐教育目标

以中班第一学期主题活动"秋季的水果"中的音乐教育目标为例，说明以主题活动为单元的音乐教育目标。具体表述如下：

①在韵律活动"苹果的故事"中，学习如何跟随音乐自由地用动作展现苹果树从种子发芽到开花结果的全过程。同时，理解苹果树在太阳照耀、小雨浇洒、和风吹拂时的情感和表现，并尝试用动作表达出来。通过这种自由且个性化的创作，体验到创造和表达的乐趣。

②掌握音乐游戏"找苹果"的玩法，学习根据音乐节奏一拍一拍地对苹果进行传递。同时，根据音乐的强弱变化，找到藏匿苹果的人。通过参与游戏，培养听辨能力和与他人的交往能力，并享受这种游戏带来的乐趣。

③学习音乐剧《卖水果》，掌握《卖水果》这首歌曲的演唱技巧。在教师的指导下，尝试为歌曲创作新的歌词，并分角色进行对唱和表演。通过这种合作与互动的方式，培养交往和合作的能力，并享受这种表演带来的愉快。同时，学会安静地观看他人表演，并从他人的表演中学到优点和长处。

④学习节奏朗诵《苹果分给大家尝》，在朗诵的同时，学会使用打击乐器进行伴奏。重点学习朗诵词"摘苹果""洗苹果""切苹果""吃苹果"等，并为这些词句设计相应的节奏型。在集体的合作表演中，学习如何相互配合，培养团队合作和协调能力，并从中体验到合作和协调的乐趣。

四、学前儿童音乐教育的活动目标

对于学前儿童音乐教育的活动目标，这里通过案例进行分析。

案例一：小班音乐活动"螃蟹波尔卡"，其活动目标如下。

①感受音乐，运用图谱区分 A 段、B 段音乐的不同性质。

②尝试按音乐创编肢体动作。

案例二：中班韵律活动"小雨点和小青蛙"，其活动目标如下。

①初步熟悉乐曲的旋律和结构，体验乐曲亲切、柔和的意境。

②借助观察的经验，尝试用夸张的手法创编不同的下雨动作和青蛙的各种有趣动态。

③知道应团结友爱，分享快乐。

案例三：大班音乐活动"玩具兵进行曲"，其活动目标如下。

①熟悉乐曲旋律，了解乐曲 ABA 结构。

②能够按音乐节奏谱为乐曲配乐器并演奏。

③发展肢体表达能力，丰富学前儿童的肢体语言。

从案例中不难看出，具体的音乐活动目标要针对具体的活动结合学前儿童的年龄特点和实际水平来确定，在表述时，要站在学前儿童的角度来进行。

第三章　学前儿童歌唱活动设计

歌唱是人类表现自我最自然的方式之一。人们利用歌唱活动表达和交流思想感情，以及表达喜怒哀乐等情绪和各种愿望。在学前儿童生活中，歌唱作为音乐艺术的一种形式，扮演着不可或缺的角色。它能够让学前儿童在歌唱的过程中，感受到美的感染和熏陶，丰富他们的情感体验。此外，歌唱还有助于陶冶他们的情操，启迪他们的心智，并促进他们品格的完善。基于这些原因，学前儿童歌唱活动在学前儿童音乐教育活动中占据了重要的地位。本章则围绕学前儿童歌唱活动的内容、学前儿童唱歌能力的发展，以及学前儿童歌唱活动设计与指导等内容展开研究。

第一节　学前儿童歌唱活动的内容

一、学前儿童歌唱活动的形式

歌曲是音乐与文学相结合的一种综合艺术形式，歌唱形式有多种，不同的形式可以表现出不同的效果。在考虑学前儿童音乐活动的特点和参与人数的差异后，可以将歌唱形式划分为以下几类。

（一）独唱

独唱指的是一个人单独进行歌唱，通常会有伴奏音乐。

（二）齐唱

齐唱是指两个或更多的人同时演唱完全相同的曲调和歌词。

在齐唱中，所有演唱者需要在音乐表现的各个方面保持一致，包括歌曲的起始和结束、速度、音准、节奏、风格处理、力度与音量、发声方法等。这种一致性是齐唱的核心要求，能够展现出团队合作的默契。齐唱是学前儿童集体歌唱活动的最主要形式。

（三）接唱

接唱一般分为两种，包括个人对个人的接唱和小组对小组的接唱。常见的形式是半句或一句地接唱。

（四）对唱

对唱是歌唱的一种形式，包括个人与个人、小组与小组、个人与小组（或集体）之间的问答式歌唱。

（五）领唱齐唱

一个人或几个人演唱歌曲中比较主要的部分，集体演唱歌曲中配合的部分。

（六）轮唱

轮唱是两个小组（声部）按照一定的间隔先后演唱同一首歌曲，形成一种交替重叠的效果。例如，间隔两小节的轮唱《两只老虎》，间隔一小节的轮唱《闪烁的小星》。

（七）合唱

①在合唱中，一个声部通过哼鸣的方式演唱旋律，而另一个声部则按照相同的节奏朗诵歌词。

②一个声部演唱歌词，而另一个声部则使用相同的旋律演唱衬词。

③一个声部演唱歌词，而另一个声部在第一个声部休止或延长的地方演唱填充式的词曲，也可以采用一个声部演唱歌词，而另一个声部则以固定音型的方式演唱词曲或延长音的配置。

④两个声部一同启奏两首相互协调的曲调。

（八）歌曲表演

一边做身体动作表演一边歌唱。这些身体动作表演的形式可以是多种多样的。例如，可以具备清晰的节奏，或者完全没有节奏；可以是诠释歌词内容的，或者是表达歌曲情感的，或者仅仅是与歌曲节奏相配合的；可以是有空间移动的，也可以是在原地静止不动的；可以手脚配合也可以全身配合，还可以仅仅只由某个单一的身体部位来完成。

二、学前儿童歌唱活动的内容选择

歌唱的主要内容是歌曲。为学前儿童选择歌唱材料时，不能仅凭借他们的喜好来选择歌曲，而应该有所筛选，需要确保这些歌曲既符合学前儿童的年龄特点，又对他们的身心发展能够起到良好的促进作用。

歌曲是曲和词的结合体，因此在选择歌唱材料时，不仅要看重歌词内容，还要充分考虑曲调的搭配，以确保两者的完美结合。

（一）根据题材选择儿童歌曲

1. 以游戏娱乐为题材

游戏是幼儿园活动的主要形式，在学前儿童音乐教育中，集体教学活动往往是以游戏的形式展开的，这十分符合学前儿童天性好动的特点。在对学前儿童进行教育时，主要的教育方式就是游戏。

在歌唱教学活动中融入游戏，通过游戏学习、体验歌曲，学前儿童能获得愉快的情绪和情感体验，能激发对歌唱活动的兴趣，并能培养积极、主动的个性。

因此，学前儿童歌曲的内容中也经常融入游戏的因素，在游戏题材中发展学前儿童的歌唱能力。例如，《找朋友》《编花篮》《丢手绢》等音乐作品就是根据现实生活中的学前儿童游戏活动编创的学前儿童歌曲作品。

2. 以生活经验为题材

音乐教材应该与学前儿童的生活紧密相连，并具有民族特色，简洁而精致，符合学前儿童的接受能力，并能引发学前儿童的情感共鸣。

学前儿童的认知体验是离不开生活的，周围日常生活的场景、家庭生活、节日庆祝活动、爱国、同伴交往等题材的音乐作品能使学前儿童认识、体验生活，还可以通过歌曲更深入地感受生活。例如，《一分钱》《我爱我的幼儿园》《健康歌》等儿童歌曲不仅生动地描述了生活中的品德与习惯，还具有积极的教化意义，更是学前儿童生活认知的好范本。

3. 以童话故事为题材

学前儿童往往对童话故事表现出浓厚的兴趣，这是因为童话故事能够与学前儿童的认知发展水平相适应。在所谓的"原始思维过程"中，童话故事使学前儿童沉浸在幻想的世界中，通过象征性的语言和魔术般的手法，让学前儿童在童话世界可以战胜比自己更强大的对手，从而满足学前儿童的心理需求。虽然儿童故事由成年人所写，但这些成年人仍保持着一颗童心，也有自己儿时的回忆与存留的美好愿望，通过童话故事与幼小的学前儿童沟通，能拨动学前儿童的心弦。

童话故事通过艺术的手法展现实际生活，大多蕴藏着现实的逻辑。学前儿童能够在不同的童话故事里看到自己、同伴或父母的影子，从而在故事中理解他人并从他人的角度看待自己。在理解故事内容的过程中，多数学前儿童并非运用理智，而是通过善恶来同情或厌恶某个人物，并分出所谓的"好人"与"坏人"的。例如，通过改编自童话故事的歌曲，如《小兔子乖乖》和《拔萝卜》等，我们可以为学前儿童提供一种情感上的选择。这些歌曲以美好的故事情节鼓励儿童练习对社会道德的判断力，培养他们在面对困难时展现出勇气和毅力的能力。

相信童话的学前儿童可能会把童话故事所给予他的美好、感动、震撼实现为高雅、真诚、执着。因此，音乐中的童话故事也有助于学前儿童分辨是非，形成自己特有的人生观。

4. 以自然、社会为题材

学前儿童歌唱作品的题材也经常选择大自然的美景和社会劳动等，如春风、落叶、风、雨、雷、电等自然现象都能直接作为歌曲的表现内容，这对帮助学前儿童理解大自然大有帮助。还有一部分歌曲中所塑造的那一幅幅栩栩如生的动物肖像画也令人拍案叫绝，如小花狗、两只小象、大公鸡、袋鼠等，都传神地刻画了动物的独特个性和习性，每段刻画不同动物的音乐都可以用到学前儿童的歌曲中。

5. 以品德教育为题材

学前儿童歌曲要引领学前儿童做力所能及的事情，寓歌曲于学前儿童的思想品德教育中，积极向上的歌曲能引领学前儿童的健康成长。有的学前儿童在《路边小娃娃跌倒了》《一分钱》《我的好妈妈》等歌曲中，学会了帮助他人，学会了拾金不昧，学会了关心妈妈；有的学前儿童在《我不上你的当》《我爱我的幼儿园》《红绿灯》等歌曲中，懂得了自我保护，懂得了热爱幼儿园，懂得了遵守交通规则；还有的学前儿童在《幼儿园里好事多》《排排坐》等歌曲中，学会了为集体做事情，学会了分享。有趣的儿童歌曲给学前儿童的生活带来了快乐，有教育意义的儿童歌曲激励了学前儿童积极向上的情绪。

（二）根据歌词内容选择儿童歌曲

1. 简单有趣

在为学前儿童选择歌曲时，应注重歌曲的趣味性、易记性，应考虑到学前儿童的理解和熟悉程度。由于学前儿童尚未积累丰富的生活经验，理解能力也十分有限，他们通常只对那些能够引起共鸣、熟悉且易于理解的歌词感兴趣。动植物、自然现象、拟声词、交通工具、押韵的诗句、学前儿童自身的身体部位等元素，都可能成为学前儿童喜爱的歌曲主题。例如，《讲卫生》描写的是学前儿童爱卫生的生活习惯，而且句子押韵，歌词容易记住，能够引起学前儿童的兴趣。

2. 歌词重复，有发展余地

歌词多次重复并且结构简单，学前儿童会对此感觉十分熟悉，更容易记住。例如，《我爱我的小动物》，每段歌词只需改一改动物名称及叫声。这样的歌词不仅有重复性，还可以不断增加新的段数，有发展余地，教师可启发学前儿童自己想出要增添的歌词，这既能激发学前儿童学唱歌的积极性，又能培养学前儿童的创造性。

3. 贴合儿童天性

在选择歌曲时，还应尽量注意歌词的内容宜于用动作表现学前儿童活泼好动的天性。学前儿童在进行歌唱活动时，感情外露会很明显，有时会边做动作边唱歌，这是他们自然直接的表现。这种活动不仅满足了学前儿童好动的天性，还锻炼了他们身体的协调性，并且有利于促进学前儿童的身心和谐发展。

4. 易于动作表达

教师应尽量注意歌词内容的可表达性，边唱边做动作的歌唱活动能自然而直接地发展学前儿童的肢体动作能力，学前儿童在对音乐感知的过程中也往往表现出自然的动作摇摆。选择适宜于肢体动作表达的歌词内容，不仅有利于学前儿童更好地记忆、理解歌词内容，还能充分地发展学前儿童的动作协调能力，加强对歌曲情感的表达。

（三）根据歌曲曲调选择儿童歌曲

1. 音域不宜太宽

一般 2～3 岁的学前儿童适合的音域范围在 $c^1 \sim e^1$，3～4 岁的学前儿童适合的音域范围在 $c^1 \sim a^1$，4～5 岁的学前儿童适合的音域范围在 $c^1 \sim b^1$，5～6 岁的学前儿童适合的音域范围在 $c^1 \sim c^2$。[①]

总的来说，所选歌曲的音域应受到上述限制，尽管偶尔会有一些音域超出这个范围，但只要这些音不是持续时间较长且出现的次数不多，还是可以接受的。

---

① 郭亦勤，王麒. 学前儿童艺术教育活动指导 [M]. 上海：复旦大学出版社，2014.

例如，《学做解放军》这首歌曲的音域较宽，达到了九度，但主要旋律在 $f^1 \sim c^2$ 之间进行，最高音和最低音出现的次数并不多，时间不长，一带而过，所以此类歌曲也可选为大班歌唱教材。

2. 节奏节拍比较简单

节奏过于复杂的歌曲并不适合学前儿童演唱。因此，在为 4 岁以前的学前儿童选择歌曲时，建议曲调中的节奏以四分音符或八分音符为主，同时也可以考虑包含二分音符的节奏。当为 4 ~ 6 岁的学前儿童选择歌曲时，可以选择一些节奏中包含附点音符、切分音以及少量的十六分音符的歌曲。

当为小于 4 岁的学前儿童选择歌曲时，节拍最好以 $\frac{2}{4}$ 拍和 $\frac{4}{4}$ 拍为主，偶尔也可以选择一些 $\frac{4}{4}$ 拍的歌曲。在为年龄范围在 4 ~ 6 岁的学前儿童选择歌曲时，除了 $\frac{2}{4}$ 拍、$\frac{4}{4}$ 拍，还可以选用 $\frac{3}{4}$ 拍或少量 $\frac{6}{8}$ 拍的歌曲。另外，还可选择一些"弱起"节奏的歌曲。

3. 速度合适

在为学前儿童挑选歌曲时，需要特别关注歌曲的播放速度。过快的节奏并不适合他们，一般而言，中速或中速稍慢、稍快的歌曲会更为适宜。除选择轻快的歌曲外，还要注重选择节奏稍慢且曲风安静的歌曲，以帮助他们平复情绪，培养良好的性情。随着年龄的增长，年龄在 5 ~ 6 岁的学前儿童逐渐展现出自控能力。在选择歌曲时，可以考虑节奏稍快或稍慢的歌曲，甚至可以尝试一些包含速度变化的曲目。

4. 旋律平稳

在为学前儿童选择歌曲时，应避免选择旋律起伏过大的歌曲。通常情况下，学前儿童更能掌握的是下行三度（或更小）的音程，其次是四度、五度和六度音程。依照学前儿童不同阶段的年龄特点，小班的学前儿童更适合选择音程为三度的歌曲，中、大班的学前儿童可以选择旋律稍显复杂的歌曲。这些歌曲可以适当包含一些三度以上的音程跳进，但为了避免给他们的音乐感知带来过大的负担，应避免连续的大音程跳进。

5. 结构短小工整

在为学前儿童选择歌曲时，乐句不应过长。在速度中等的情况下，为 2 拍子或 4 拍子的歌曲选择合适的乐句长度，通常是每句 4 拍。对于 3 拍子的歌曲，一般建议选择每句 6 拍的长度。在速度较快的情况下，5～6 岁的学前儿童偶尔也可以尝试唱一些包含稍长句子的歌曲。总之，应该为学前儿童选择乐句短小精悍的歌曲，他们不适合唱结构过于复杂的歌曲。为小于 4 岁的学前儿童选择的歌曲，应该以结构工整、简单明了为主。换言之，这些歌曲的乐句长度应相等，节奏上应相同或相似，并且通常不包含间奏、尾奏等附加元素。为 5～6 岁的学前儿童选择歌曲时，曲目可以包含间奏和尾奏，并且可以偶尔演唱一些结构稍显复杂的乐句，但总体上仍应以工整为主。4 岁以下的学前儿童所演唱的曲目，大多应为一段体或分节歌的形式。5～6 岁的学前儿童可以偶尔尝试简单的两段体或三段体歌曲，但主要选择还是一段体。

6. 词曲关系较单纯

学前儿童不适合演唱歌词和曲调关系太过复杂的歌曲。

对于 4 岁以下的学前儿童，他们所唱的歌曲应是简单的一字一音形式。随着年龄的增长，4 岁以上的学前儿童可以逐渐学习更为复杂的歌词与曲调关系，如一字对两音的情况。总体而言，为学前儿童选择的歌曲在歌词与曲调的关系上，应主要以一字一音的对应为主，保持简单能让学前儿童学习起来相对容易。

第二节　学前儿童歌唱能力的发展

歌唱是一种复杂的艺术形式，歌唱时，呼吸器官、发音器官、共鸣器官、监听器官等在大脑控制下协同工作。掌握正确的呼吸方式对提高歌唱能力至关重要。发音器官包括喉、声带，调整它们的位置和形状可以改变声音的音色和音质。共鸣器官，如口腔、头腔和胸腔可以放大声音，使歌声更丰富。通过听觉反馈和大脑控制，可以确保歌声的表现力和感染力。唱歌不仅是生理活动，也是心理活动，需要理解歌词含义，回忆经历，再现情绪波动和激发内心情感。尽管人类天生具备一套精良的歌唱器官，但歌唱能力是在后天的学习中逐渐发展和提升的。接下来，从以下几个方面来描述学前儿童歌唱能力的发展。

一、歌词方面

婴儿从降生到 4 个月，偶尔能发出一些"咕咕""咯咯""唉依"等咿咿呀呀的学语声和试图通过自己的动作去制造一些有趣的声音。

随着身体生长，6～9 个月的婴儿不断地练习发出各种声音。

到了 1.5 岁，学前儿童便开始准备正式学唱，歌唱和说话逐步从嗓音游戏中分化出来。

2 岁以后，学前儿童能够尝试完整地唱一些歌曲片段或短小的歌曲。然而，他们对歌词的理解受到年龄的限制，听力和发音技巧也不够成熟，因此发音错误的情况较为常见。

3～4 岁的学前儿童已经具备了较好的语言能力，能够较好地掌握简短的句子或较长歌曲中的部分片段。然而，他们在理解歌词含义方面仍然存在一定的困难。例如，在唱歌时，他们可能会遇到记不住或不熟悉的字词，这些字词会被他们忽略、跳过，也可能发音错误或用不熟悉的语音代替不熟悉的歌词。

4～5 岁的学前儿童在掌握歌词的能力上有了明显的进步，他们通常能够准确、完整地唱出熟悉的歌曲中的歌词，唱错字、发错音的情况相对较少。

5～6 岁的学前儿童随着语言能力的进一步提升，能更有效地记忆更复杂、更长的歌词，对歌词含义的理解能力也显著提升，他们在吐字发音方面表现得更加出色和完美。

二、音域方面

2 岁以前，学前儿童往往不能够完整地唱歌，因此音域发展问题尚未得到充分讨论。

在 2 岁之后，学前儿童通常能够唱出 3～4 个音域的音，大约在 $c^1 \sim g^1$ 的范围之内，随后，他们渐渐能够演唱有更宽音域的歌曲。在 3～4 岁学前儿童的歌唱中，音域通常为 $c^1 \sim a^1$（即 C 调的 1～6）。其中唱起来最为舒适和轻松的是在 $d^1 \sim g^1$（即 C 调的 2～5）的范围内。然而，有些学前儿童的音域发展存在偏差，特别是那些音域较窄的 3 岁学前儿童，他们可能只能唱出大约 3 个音符。

随着年龄的增长，4～5 岁学前儿童的音域开始有了明显的扩展，通常能够达到 $c^1 \sim b^1$（即 C 调的 1～7）。然而，在具体的歌曲表现和一些学前儿童个体之间，仍然存在较大的差异，在 5 岁前没有太大的必要纠结学前儿童的音准问题。

5～6 岁学前儿童在进行歌唱表演时，其音域基本能够达到 $c^1 \sim c^2$（即 C 调的 1～i），也有个别学前儿童表现出更为宽广的音域。

由于学前儿童的音域发展存在着个体差异，在音乐集体教育活动中，应该重点关注如何帮助学前儿童唱准 $c^1 \sim c^2$ 这个音域范围内的音。

三、旋律方面

3 岁以前，学前儿童的歌唱一般被称为"近似歌唱"，即他们的音准较差，因此唱出的旋律只能大概接近原来的曲调。

3～4 岁学前儿童在旋律的感知方面还存在明显的差异性和不确定性，走音的现象比较严重。有很大一部分学前儿童不能准确地唱出歌曲旋律，在没有乐器伴奏或者学前儿童独自唱歌的时候走音、没调的情况更加严重，这也可能跟选择的歌曲太难有关。

随着年龄的增长，4～5 岁学前儿童的旋律感知和再认识能力得到提高，能更好地理解音乐节奏和旋律，准确把握能力也有所进步。大多数学前儿童能唱出旋律合适的歌曲。

5～6 岁学前儿童在旋律方面的能力有了明显的提升，特别是在音准方面取得了较大的进步。他们不仅能准确地唱出旋律的变化和递进，而且对级进音、三级跳音或音域范围内的四五度跳音也能轻松应对，不会觉得困难重重。

四、节奏方面

节奏是学前儿童音乐活动的重点部分。

在 3 岁之前，学前儿童已经对节奏有了初步的意识，但这种意识还较为模糊。大多数情况下，这种节奏意识是与歌词中的节奏息息相关的。在开始学习之前，可以先将歌词按照节奏进行朗读。无论是朗读环节还是歌唱环节都应配合简单的动作。

3～4 岁学前儿童已经能够比较合拍地歌唱，容易掌握和感受日常生活中常见的节奏，即由四分音符和八分音符构成的歌曲节奏。但因为这个年龄段的学前儿童肺活量较小，呼吸较浅，他们在歌唱时对气息的控制能力还有待提高，所以他们往往无法根据乐句的需要进行适当的换气。

随着学前儿童听觉分化能力的逐步增强，4～5 岁的学前儿童在歌曲节奏的把握和表现能力方面有了显著的发展。除了演唱 $\frac{2}{4}$ 拍和 $\frac{4}{4}$ 拍的歌曲，4～5 岁的学前儿童还能初步理解和掌握 $\frac{4}{4}$ 拍的歌曲节奏。他们不仅能够掌握四分音符、八分音符的歌曲节奏，而且能较为准确地演绎二分音符的节奏，能够处理带有附点音符的复杂节奏。5～6 岁的学前儿童已经能够演唱旋律和节奏更为多样化的歌曲，除了能够精准演绎 $\frac{2}{4}$ 拍和 $\frac{4}{4}$ 拍的歌曲节奏，他们对其他复杂的节奏类型也有了深入的理解和掌握，如三拍子歌曲的节奏以及弱起节奏。此外，他们还能熟练地演唱带附点音符和切分音节奏歌曲。

五、呼吸方面

在 3 岁之前，学前儿童的肺活量相对较小，导致他们的呼吸比较短促。在歌唱时，他们常常在一句歌词没唱完的时候就需要换气，甚至有些学前儿童是一字一换气，一字一顿地歌唱。3～4 岁的学前儿童的肺活量相对较小，呼吸较浅，气息控制能力尚未完全发展，因此，在歌唱时他们往往无法根据乐句的需要进行换气，常因换气不当中断句子或词义。例如，在歌唱时，他们经常会出现一字一顿，一句歌词没唱完就换气，在强拍后面或时值较长的音后面自由换气等现象。

4～5 岁的学前儿童在控制气息方面有了显著的进步，他们通常能够在教师的指导下，逐步学会根据情绪和乐句的要求进行适当的换气，从而避免了中断句子或词义的现象。在前奏和间奏方面，学前儿童已经有了初步的关注。

5～6 岁的学前儿童在气息控制方面较之前有了更大的进步，他们能够根据乐曲的情绪要求更为自然地换气。

六、协调一致方面

3 岁以前的学前儿童因为缺乏协调一致的意识和能力，所以他们在与成年人共同歌唱时，多数都是成年人有意识地与他们相一致。在集体歌唱时，3 岁的学前儿童还不会相互配合，到了 3 岁后期，学前儿童基本上能与集体相一致，能在集体歌唱时同时开始和结束，初步体会到集体歌唱活动中协调一致的快乐。

4～5 岁的学前儿童在唱歌时协调能力有所提高，能懂得在速度、力度等方面与集体协调一致，并能协调地进行分唱、齐唱等。5～6 岁的学前儿童歌唱协调能力大大加强，不仅能够在速度、力度等方面与集体协调一致，在音色方面也能够做到与集体协调一致。学前儿童对各种演唱形式开始产生浓厚的兴趣，他们创造性歌唱的意识显著增强。

总的来说，学前儿童随着年龄的增长和歌唱活动经验的日益累积，他们对歌唱活动的积极态度和初步的兴趣爱好逐渐增强并得以巩固。学前儿童的歌唱技能也在不断地提升。对歌曲结构的感受也日趋合理和完善。他们能够从音高轮廓漂浮不定到准确地再现音高，音域从窄到宽，节奏从单调、散漫到丰富而有组织，调式感从模糊不定到准确。随着年龄的增长、环境的变化、教育的引导以及各种内外部因素的共同作用，个体的各方面能力和表现逐渐朝着更合理和完善的方向发展。

第三节　学前儿童歌唱活动设计与指导

学前儿童歌唱活动可以培养学前儿童正确的歌唱姿势、发声方法、呼吸方法，发展他们用自然的声音来演唱歌曲，不喊唱、不压唱，指导学前儿童从小保护嗓子，促使他们追求歌声的优美和自然。教师设计、组织学前儿童歌唱活动时要注意营造充满鼓励、赞美的气氛，帮助学前儿童树立歌唱的自信。在教学中要关注不同能力的学前儿童，注重把歌唱与动作、表演、游戏等结合起来。

一、学前儿童歌唱活动的设计

（一）学前儿童歌唱活动的设计原则

歌唱活动要遵循的基本准则，就是学前儿童歌唱活动设计的原则。它既是某种音乐教育理论观点的体现，也是学前儿童歌唱活动客观规律的反映。对于教师而言，在组织幼儿园的音乐歌唱活动之前，设计活动是一项非常重要的工作。为了确保活动的质量以及学前儿童的全面发展，有必要在设计音乐歌唱活动的过程中遵循以下原则。

1. 发展性原则

在设计学前儿童的歌唱活动时，教师应遵循发展性原则，充分了解学前儿童的原有基础和能力水平，并以这个基础和能力为基准致力于促进他们的身心全面发展。

学前儿童的音乐教育，必须充分考虑学前儿童的发展水平和已有经验，确保教育活动与他们的能力、水平相匹配。无论是制定活动目标还是选择活动内容和形式，都应以学前儿童的全面发展为中心。具体而言，要保证歌唱活动目标的制定、活动方法的选择、活动内容的设计都符合学前儿童的发展阶段；根据学前儿童的认知发展规律和学习特点，选择适合他们的学习方式；必须确保教材的结构和顺序与学前儿童的发展阶段相匹配，通过小步递进的方式，逐步推进教学内容，让每个学前儿童都能在原有的基础和水平上得到有效发展。

2. 互动性原则

学前儿童歌唱活动的互动性原则是指在音乐活动设计中采用合理且恰当的师幼互动方式，以真正体现以教师为主导、以学前儿童为主体的教育原则。

学前儿童的歌唱活动是通过教师、教育信息及学前儿童之间的相互作用展开的。在歌唱活动过程中，从教师角度来看，教师的行为是一种有目的、有计划、有意识的主动行为，旨在通过歌唱活动对学前儿童施加教育影响以促进学前儿童的发展。从学前儿童角度来看，学习行为也是一种主动行为，学前儿童的发展是学前儿童主动与活动对象相互作用的结果。

3. 审美性原则

在学前儿童歌唱活动设计中，审美性原则至关重要。这意味着要充分考虑学前儿童的审美特点，把激发他们的审美情感和培养审美感知作为主要目标。在整个歌唱活动中，无论是音乐的欣赏、表演还是创造，都应保持审美的特殊性质。

对于学前儿童来说，音乐教育与其他学科的学习有所不同。在音乐学习活动中，学前儿童不但能学到一定的知识技能，培养自身的能力，还能被引领进入一个美的世界。音乐的审美的基本特性是歌唱活动必不可少的特殊性质。这种性质是确保歌唱教育目标能有效达成的必要条件，也是歌唱教育在全部教育中的独特和优势之处。富有审美性的歌唱活动，不仅能使学前儿童的情感世界变得更加丰富，同时也能增强学前儿童的独创性，发展学前儿童创造美的能力。因此，在歌唱活动设计中，审美性原则应受到重视。

4. 整合性原则

在歌唱活动设计中，整合性原则就是将不同领域的音乐内容以及各种不同的音乐学习方法看作一个互相联系且不可分割的整体。

尽管在学前儿童的歌唱活动中，学前儿童主要关注和吸收的是音乐方面的知识，但其他非音乐信息同样重要。歌唱活动不仅要培养学前儿童的音乐素养和能力，更要将其作为全面发展和构建完整人格的一部分，以促进学前儿童的全面发展。

（二）学前儿童歌唱活动设计流程和方法

在歌唱活动中，应根据歌曲主题、风格、性质和内容，以及不同教育对象的年龄特点，选择适合的活动形式和流程。下面所推荐的歌唱活动流程是多年来人们在歌唱教育实践中积累的经验，教师应结合学前儿童的实际情况灵活运用，并创造性地予以改进。

1. 基本步骤

以下是根据以往学前儿童歌唱活动总结出来的经验，是开展歌唱教学活动最基本的步骤。

（1）教师熟悉、分析教材

学前儿童歌唱活动开始前，教师必须熟悉歌曲，分析歌曲的性质及情感特点，针对学前儿童的实际水平，准确找出歌曲中的重点、难点，并挖掘歌曲中促进学前儿童知识经验及优良素质发展的核心点。最后，反复练习歌曲，熟练背唱，做好歌唱的感情处理，正确地表达歌曲的性质、特点和音乐形象。

（2）课前导入

导入环节是集体音乐教育中，学前儿童接触一首新歌的重要环节。这是歌唱教学系列活动中的第一层次，能够帮助学前儿童理解歌曲的情境。导入的方式有很多种，关键在于教师如何灵活运用并精心设计。通过正确应用新歌导入模式，教师可以将原本繁重的教学任务变得轻松有趣，提高教学效率。同时，学前儿童也能更好地理解和掌握新歌曲，感受到歌唱活动的乐趣。

①动作导入。这种新歌导入模式特别适用于歌词重复性高、内容简单，易于通过肢体动作来表达的歌曲。对于学前儿童来说，将音乐与动作相结合是他们最易于接受的学习方式。采用动作导入的方式主要有三个目的：增强歌曲的趣味性，表达歌曲的内容，强调歌曲的结构，让学前儿童更好地理解歌词含义。

②歌词创编导入。适合歌词创编导入的歌曲应具备以下特点：歌曲内容简单明了，重复性强，歌词语法结构单纯、清晰。同时，歌曲中应包含一些语言游戏元素，能够激发学前儿童的学习兴趣和创造力。

例如，教学歌曲《打电话》时，教师就可以边做打电话动作，边唱第一段歌词，在学前儿童熟悉歌曲后，引导学前儿童说一说，除了告诉自己的好朋友自己在幼儿园，还能告诉他们自己在哪里？当他们回答了"动物园""公园""游乐场"等的时候，教师将他们的这些回答创编到歌词中，并邀请学前儿童尝试进行新词的直接填唱。

③情境表演导入。适合情境表演导入的歌曲，其歌词内容应该能够直观地展现出一些简单的事件或情景，让学前儿童能够很容易地理解其中的情境，并且能用自己的语言表述出来。

例如，教学歌曲《一分钱》时，请一位学前儿童扮演小朋友，教师扮演警察，将小朋友在马路上捡到钱并交给警察的过程表演出来。让学前儿童通过欣赏这一情境来了解歌词内容。

④故事讲述导入。适合故事讲述导入的歌曲，其歌词内容应侧重于详细地描述出事件和情景的细节。这种歌曲更适合使用讲故事的方式，将歌词内容娓娓道来，帮助学前儿童更好地理解和感受歌曲。

教师可以将《粗心的小画家》歌词改编成故事，让学前儿童加深对歌词的印象。"今天我们带来了一个小朋友，他的名字叫丁丁，平时他最喜欢画画了，彩色铅笔非常多，他自认为很能干，见人就称自己是小画家，什么东西都会画。可是这个小画家有个缺点，他可粗心了。我们一起来瞧瞧他的画吧。画只螃蟹四条腿，画只鸭子小尖嘴，画只小兔圆耳朵，画只大马没尾巴。这样粗心的小画家引来了大家的嘲笑，我们可不能学他呀。你喜欢这样的小画家吗？"最后，教师可以让学前儿童将这个故事改编成一首歌曲。

⑤歌词朗诵导入。适合歌词朗诵导入的歌曲，其歌词内容通常更为细致和复杂，词语和逻辑顺序需要仔细推敲。这种歌曲不太适合通过直觉或整体的方式来理解，而是需要通过歌词朗诵的方式，逐句逐段地解析和品味。

教师在引导学前儿童说出桌子、椅子从哪里来后，完整朗诵一遍《小桌椅》的歌词来激发学前儿童的兴趣。随后教师激励学前儿童朗诵歌词，同时教师用琴声为学前儿童的朗诵提供伴奏。在朗诵的时候，为了增加趣味性，教师可以改变朗诵的节奏，或是边拍节奏边朗诵，激发学前儿童的兴趣。

⑥游戏导入。游戏导入适用于传统音乐游戏中的歌曲，这些歌曲通常在游戏中伴随着游戏过程边玩边唱。歌曲内容多为游戏中的动作、人际关系、游戏方式或规则等。

学唱《套圈》歌曲前，教师请三名学前儿童组成小组，教他们玩套圈的游戏。在玩游戏的过程中，教师再配上套圈音乐，让学前儿童在游戏的过程中熟悉歌曲的旋律、节奏、歌词。

⑦填充参与导入。填充参与导入主要适用于那些歌词或曲调动机简单却具有鲜明特点的歌曲，这些动机通常会不断地重复出现。《在农场里》这首曲子里出现的动物有猪、牛、鸭。教师可以先与学前儿童讨论这些动物的叫声，随后完整地范唱歌曲，并在歌曲里出现动物叫声的地方出示图片，引导学前儿童根据歌曲的旋律唱出相应的动物叫声。

⑧副歌前置导入。副歌前置导入适用于带有副歌的、比较大型的歌曲作品。

学唱《让座》歌曲前，教师先让学前儿童完整欣赏歌曲，先让学前儿童理解并学会演唱副歌部分"我把座位让给她"和"比起雷锋叔叔差远啦"的两句歌词，再由教师完整演唱歌曲，邀请学前儿童参与演唱这两句副歌部分，从而达到学会完整歌曲的目的。

⑨直观形象导入。直观形象导入主要适用于那些歌词含义对学前儿童来说不够明确，并且歌词的先后顺序相对容易弄混的歌曲。

例如，歌曲《合拢放开》最后的歌词"这是眼睛，这是鼻子，这是小嘴巴"，这对于许多学前儿童来说很容易忘了顺序。这时候教师可以将眼睛、鼻子、嘴巴的图片按顺序做成PPT，用这样的形式提示学前儿童歌词的顺序，既直观又形象。

⑩欣赏导入。欣赏导入主要适用于那些优秀的中外儿童歌曲、戏曲、童谣、民歌等作品，以及那些歌词较长、唱腔较独特、旋律较复杂的歌曲等。

以歌曲《锄草》为例，这是一首地方特色鲜明的河南豫剧。其曲调旋律独具一格，特别是儿化音、后鼻音重的运用，极具代表性。然而，这首歌曲的唱腔难度较高，学前儿童很难掌握，活动的重点是放在引导学前儿童欣赏豫剧韵味上。

上面一共探讨了10种新歌导入与新授歌曲的教学模式。需要强调的是，这些方法都是为了满足特定的教学需求而设计的。

（3）范唱

范唱是教师把新歌曲正式介绍给学前儿童的过程。教师的范唱不仅应有正确的唱歌技巧，如正确的姿势、呼吸，清楚的吐字，准确的旋律与节奏，适当的表情等，还应当为学前儿童树立良好的榜样，并且怀着对学前儿童、对歌曲的真挚感情来演唱，使学前儿童真正受到音乐艺术的感染。

（4）学唱新歌

学唱新歌的过程中总会有教师伴奏，歌唱活动中的伴奏应与歌唱活动本身融为一体。因此，教师在活动前要做充分的弹唱练习，即使是熟悉的歌曲也要确保熟练弹唱，这里并不提倡自我陶醉、脱离歌唱活动的"高技术"伴奏，教师在歌唱活动中应妥善处理伴奏的地位。

但是，伴奏并不总是处于伴随的地位，尤其是在歌曲的前奏、间奏、尾奏中，因为没有歌唱者的限制，伴奏能够依照音乐的需要自由发挥，以发挥其在歌曲中的烘托、引领、补充的作用，特别是前奏，它是歌曲正式开始之前的一段钢琴演奏，它预示了歌曲的风格特征、音乐形象和主题内容，并为歌唱者提供音高、速度、情绪、节拍、调式等方面的提示。歌曲前奏重，就是要重重地唱；前奏轻，暗示着轻轻地唱；前奏慢，则要求慢慢地唱；前奏快，就是说要快快地唱。教师弹奏时还需要注意学前儿童年龄小，知识经验不够丰富。因此，在学唱新歌时，学前儿童需要借助教师的体态、动作、神态、表情、口型变化以及教具的演示来理解、学习和记忆歌词。

学前儿童学唱新歌时，一般采用整体学唱法。幼儿在感受、欣赏的基础上，整体学唱，能把握歌曲的整体美，把握歌曲的整体脉络。演唱歌曲是学前儿童用声音来表达对歌曲的理解的一种方式，是学前儿童表达自己情感的一种方式。教师在让学前儿童练唱时可安排 5 遍左右的练习。进行学唱时，教师每一遍都要提出新的要求。

传统的歌唱活动，是以教师的"教唱"和学前儿童单纯的"学唱"为主的方法，它注重的是让学前儿童学会歌曲内容，满足于学前儿童会唱几首歌，教学方法单一。反思这样的活动过程，学前儿童被教师牵着鼻子走，没有任何时间、空间可以自由地表达或创造。当然，对于传统的一些音乐教学方法也不能全盘丢弃，但如果只是让学前儿童一遍又一遍地大声模唱，就会导致学前儿童因学习内容困难过大，又缺乏必要的自我控制能力，而出现注意力分散或机械发音等不良结果。整体学唱法应与分句学唱法相结合，灵活运用。整体学唱法是教师完整地教唱新歌，学前儿童完整地学唱；教师唱一句，学前儿童唱一句的分句学唱法适宜解决难点。

（5）复习歌曲

学习歌曲的过程离不开复习，对歌曲的复习不是单调机械的，而是一个继续学习、不断提高的过程。

复习歌曲时可以采取全体唱、部分学前儿童唱、单独唱或者将其互相结合的组织形式。全体唱可以营造一种欢乐的气氛，带动学前儿童的情绪；部分学前儿童唱可以使其养成倾听的习惯，也可以满足学前儿童表现自己的欲望；单独唱可以让学前儿童在他人面前大胆地表现自己。

复习歌曲的方法很多，可以边唱边表演、变换演唱形式、边用教具边唱、做游戏、利用绘画和为歌曲伴奏等。在实际教学中教师可以根据歌曲特点适当选择。

2. 创造性方法

随着人们教育观念的进步和教育目标体系的不断完善，发展学前儿童创造性和创造精神已经成为现在最受重视的目标之一。教师示范、学前儿童模仿的传统教学方法已经被打破，一些非正规、非严格模仿的歌唱活动被逐步应用。这些活动最初是由学前儿童的自发性演唱形成的，它们表现出学前儿童对音乐的积极态度和倾向。在学前儿童歌唱教学活动中的探索与创造音乐的意识和技能方面，这些活动也具有非常重要的价值。创造性歌唱教学常见形式包括创编新歌词、创编新的表演动作、即兴歌唱等。

（1）创编新歌词

在创编新歌词时，教师应当选择那些结构简单且重复性较高的歌曲，在教授过程中，教师可以只教授一段歌词作为样板，同时还要营造良好的创作气氛，保证大多数学前儿童都能有机会参与，最后教师要适时引导和鼓励学前儿童保证歌词的独创性和审美性，让学前儿童乐在其中并且有意犹未尽之感。

（2）创编新的表演动作

在创编表演动作的教学中，需要区分教师引导创编活动和学前儿童即兴创编活动。此外，还需要注意区分情节性动作、情感性动作和结构性动作，创编的动作数量可以保障活动的顺利完成即可。教师要用引导性的提问和提建议的方式帮助学前儿童拓展创编思路，最后要适时肯定和赞美学前儿童，给他们留下美好的印象。

即兴创编活动强调学前儿童的主体性，教师则扮演着引导者的角色，他们可以根据学前儿童的创编结果提供一些建设性的意见或建议；引导创编活动则以教师为主，教师的这种引导在学前儿童的创编活动前并不直接提出，在学前儿童创编完成后，教师可以实时调整原有的计划。

结构性动作创编是通过创编展现特定的结构，如段落、句子的重复变化；情节性动作创编则是为了展现歌词内容中的人物和故事情节；情感性创编是为了展现歌曲的主要情绪、情感氛围。突出重点进行辅导可以帮助学前儿童掌握不同的表达方式。

在创编活动中，不用刻意追求过多的新动作，只要出现了合适的动作，就意味着该动作的创编已经达到预期效果，可以宣布完成。

多余动作的不断出现会分散学前儿童的注意力，让他们失去完整享受成果的乐趣。在创编活动开始前，教师需要预先创编一个样本，作为学前儿童创编的参考和指导。然而，这个样本不应该成为限制学前儿童创编思路的框架。教师应该通过引导性的提问和改善性的建议来丰富学前儿童的创编思路，同时吸收学前儿童的意见来丰富自己的教学。

（3）即兴歌唱

即兴歌唱指的是通过唱歌或者类似唱歌的方式来展开对话、讲述故事或进行其他语言游戏活动的一种表现形式。这种活动的核心原则是为学前儿童营造一个轻松自在的环境，即使没有音乐也可以。

在学前儿童音乐教育活动中，即兴歌唱有多种形式，其中最常见的有以下几种：近似旋律的歌唱、同音歌唱、模音歌唱、置换词曲、真正意义的即兴歌唱。

近似旋律的歌唱类似于怪腔怪调的朗诵；同音歌唱是指将一个或者几个句子中的每个字都用同一个任意的音高演唱；模音歌唱是由教师或者学前儿童先唱出一句有明确旋律的歌词，然后由其他学前儿童即兴创编歌词并且填入该旋律，将其唱出来；置换词曲是指将结构类似的歌曲、戏曲或者诗歌重新组合；真正意义的即兴歌唱在歌词和旋律上都更有自由创作的意味。

创造性活动对于习惯了模式化音乐教学活动的教师来说不太容易，因为具有一定的挑战性。

二、学前儿童歌唱活动设计的注意事项

教师在组织学前儿童歌唱活动时，要帮助学前儿童建立良好的常规，掌握歌唱的知识技能。其中，在整个歌唱活动的过程中，有三点重要的注意事项是要严格遵守的。

（一）帮助学前儿童掌握正确的歌唱姿势、发声方法

演唱时要注意保持正确的演唱姿势，具体要求如下：保持身体和头部正直，眼睛应平视前方，肩膀应放松，两臂自然下垂或轻轻放在腿上，避免倚靠椅子或抱胸。演唱时做到自然呼吸，不拼命抬头、不耸肩，嘴巴自然张开，下巴自然放松，不使劲叫喊，在乐句之间换气，一般不在句子中间换气。

（二）培养良好的倾听习惯和合作技能

教师应注重培养学前儿童对自身和他人歌声的倾听习惯，确保合唱过程中不出现超前或滞后的情况，避免个别声音突出。在轮流演唱时，学前儿童需与他人保持一致，确保配合演唱时能准确、和谐地与其他声音衔接。

同时，要努力保持不同声部之间的平衡，包括音色、节奏、音量的协调，并且要注重内心情感体验、面部表情和声音表达等方面的沟通与协调。此外，演唱者还需要注重肢体动作、眼神交流和表情等细节。

（三）培养学前儿童从小保护嗓音的意识

在学前儿童集体活动中，学前儿童往往会表现出高声喧哗的行为，甚至有时会大声哭喊。此外，他们在唱歌时也往往会发出过大的声音。这种行为使他们不能清晰地听到自己的歌声，没有办法精准调节声音的音准和音色。这种状况如果长期持续，会对他们的嗓音保护和身心健康产生不利影响。

因此，应该从小培养学前儿童用自然声音讲话和歌唱的习惯，要避免过度歌唱和长时间大喊大叫，特别是在剧烈运动时。同时，也要避免在污浊的空气环境中歌唱；不在喉部不健康的时候歌唱，感到不舒服时要学会暂停、休息或自我调整等。

为了保护学前儿童的嗓音，除教导他们正确使用嗓音外，还需要注重培养他们的身体素质，并预防呼吸道疾病。此外，培养学前儿童良好的行为习惯和开朗的性格也是非常重要的。更重要的是，要让学前儿童从小意识到嗓音的重要性，养成爱护嗓音的好习惯，以保持其长期健康。

三、学前儿童歌唱活动设计与指导案例

以歌唱活动《大猫小猫》（小班）为例。

（一）活动目标

①初步学唱歌曲，能借助课件理解歌词，尝试用声音来表现两段歌曲之间声音力度的差异。

②在游戏情境中探索动作幅度大小与声音力度强弱之间的关系。

（二）活动准备

经验准备：学前儿童对生活中的声音加以熟悉，并能倾听出声音的大小区别。

物质准备：音乐、课件、自制礼物瓶子（用废旧果奶瓶制作，一个大的、若干个小的）、老鼠图片。

（三）活动重点、难点

重点：感受第一段与第二段声音力度的差异。

难点：用自制的乐器来表现两段之间声音力度的区别。

（四）活动过程

1. 导入

（1）教师请学前儿童听几种声音并进行辨别和模仿。

教师：听一听，这是什么声音？（公鸡叫）

教师：公鸡叫，天亮了，把谁叫醒了？（小宝宝的笑声）

（2）利用课件导入情节

教师：小宝宝今天很高兴，有位客人要来了，你们看是谁啊？

2. 基本部分

（1）理解歌词内容

①出示有大猫图片的课件，进行歌曲第一段的学习。

教师：这是一只什么样的猫？我们听一听。（播放歌曲第一段）

教师：这是一只什么样的猫？大猫还是小猫？

教师：它的声音怎么样？是大还是小？

教师：它是怎样唱歌的？

教师：大猫叫的最后一声是长长的，还是短短的？

②教师小结，利用课件对第一段歌词进行梳理。

教师：大猫唱得真好听，我们再听一遍。

（2）对比学习第二段

①出示有小猫形象的课件，启发学前儿童学习第二段歌词。

教师：又来了一位客人，看看是谁啊？（出示有小猫形象的课件）

教师：是小猫吗？我们把刚才的大猫请出来比一比吧！（出示有大猫形象的课件）

教师：想一想小猫会怎样唱歌？声音大还是小？那我们来听一听吧！（播放小猫音乐的同时出示有小猫形象的课件）

②教师小结，利用课件对第二段歌词进行梳理。

（3）借助教具，巩固学习内容

①启发儿童把两段歌词连起来进行练习。

教师：是大猫先唱歌，还是小猫先唱歌？

教师：我们把大猫和小猫一起请出来。（播放有大猫和小猫形象的课件，学前儿童尝试用不同力度的声音、不同幅度的动作表现出大猫、小猫）

②启发学前儿童用自制乐器发出大小不同的声音。

教师：小朋友为小猫准备了礼物，怎样让礼物瓶子发出声音？谁想试一试？（请一名学前儿童进行尝试）

教师：想一想怎样让礼物瓶子发出大猫的声音？谁想试试看？（请个别学前儿童进行尝试）

教师：想一想怎样让礼物瓶子发出小猫的声音？谁来试试？（请个别学前儿童进行尝试）

③教师小结，帮助学前儿童梳理经验。

教师小结：大猫唱歌的声音大，小猫唱歌的声音小。我们和礼物瓶子一起来唱出大猫和小猫的歌。（教师请学前儿童根据刚才探索的声音进行演唱）

（4）启发学前儿童更深入地探索学习

①通过提问，启发学前儿童发现自制乐器。

教师：你们为小猫准备礼物了吗？找一找桌子上有没有可以发出声音的礼物？

教师：一起试着发出大猫的声音，再试试小猫的。

②分角色，再次演唱歌曲。

教师：我来当大猫，唱大猫的歌，你们当小猫，唱小猫的歌。

教师：谁还想当大猫？

3. 结束部分

（1）进行放松练习

教师：小猫的本领是什么？（抓老鼠）今天我们向小猫学习这个本领吧？

带领学前儿童跳舞"淘气猫"，进行放松。

（2）游戏：捉老鼠

教师：老鼠在哪儿呢？小朋友们找一找它。

出示藏起来的老鼠图片，学前儿童随着追出教室，自然结束。

4. 活动延伸

①在表演区提供各种大小不同的动物图片进行歌曲创编活动。例如，大狗、小狗、大牛、小牛。

②在第二课时引导学前儿童进行角色扮演及找朋友游戏。例如，大猫找小猫、大狗找小狗等。

第四章　学前儿童韵律活动设计

在学前教育中，韵律活动是非常重要的一环。通过参与韵律活动，可以锻炼学前儿童身体的协调性和灵活性，培养他们的音乐感知和节奏感，同时也有助于提升他们的语言表达和沟通能力。韵律活动不仅能够激发学前儿童的想象力和创造力，还可以帮助他们树立自信心和建立自我认知。本章围绕学前儿童韵律活动的内容、学前儿童韵律能力的发展、学前儿童韵律活动设计与指导等内容展开研究。

第一节　学前儿童韵律活动的内容

学前儿童音乐教育中的韵律活动是指随音乐而进行的各种有节奏的身体动作，一般包括律动、舞蹈及其他节奏活动三个方面。

一、律动

律动是指在音乐伴奏下进行的韵律活动，按照音乐的性质、节拍、速度等规律反复地做一个动作或一组动作。律动是一种身体反应和音乐节奏的结合，可以帮助学前儿童感受音乐的韵律和节拍，培养他们的音乐感和舞蹈基础。

在学前儿童音乐教育中，律动是一个非常重要的教学内容。通过律动活动，学前儿童可以更好地理解音乐的节奏和韵律，提高自己的身体协调能力和表现能力。同时，律动活动还可以激发学前儿童的学习兴趣和积极性，让他们在快乐的氛围中学习音乐知识。

（一）韵律动作及其组合

1. 韵律动作

一般来讲，可以将学前儿童音乐教育活动中采用的韵律动作分为基本动作、模仿动作和舞蹈动作。

基本动作是指学前儿童在反射动作的基础上发展起来的生活动作，如走、跑、跳、摇头、点头、屈膝、招手、抓握等。这些动作是学前儿童在日常生活中经常做的一些动作，也是他们在身体发育过程中自然发展的结果。在学前儿童音乐教育中，教师可以利用这些基本动作来帮助学前儿童感受音乐的节奏和韵律，培养他们的身体协调能力和音乐感。

模仿动作是指学前儿童在表现特定事物的外在形态和运动状态时所用的身体动作，如鸟飞、鱼游、下雨、树长等。这些动作能够激发学前儿童的好奇心和想象力，帮助他们更好地理解和感受音乐的性质和内容。在学前儿童音乐教育中，模仿动作也是一个非常重要的教学内容。通过模仿动作，学前儿童可以学习用身体动作来表现音乐，提高自己的身体协调能力和表现能力。同时，模仿动作还可以帮助学前儿童理解音乐的形象和意境，培养他们的音乐感和审美能力。

以上这两种动作是 3 ～ 5 岁学前儿童韵律活动的主要学习内容。

舞蹈动作是指经过多年的演化和进步，已经程式化了的艺术表演动作。这类动作多适合于 5 ～ 6 岁学前儿童的学习。

幼儿园各年龄段儿童学习的舞蹈动作主要是一些基本舞步，如 3 ～ 4 岁学习小碎步、小跑步，4 ～ 5 岁学习蹦跳步、垫步、踵趾小跑步、侧点步，5 ～ 6 岁学习进退步、溜冰步、交替步、跑跳步、秧歌十字步等。

学前儿童臂和手的舞蹈动作很少专门学习。常见的臂的动作是摆动和画圈，常见的臂的姿态是平举、上举、下垂和屈肘。幼儿园一般在中班学习"手腕转动"，在大班学习"提压腕"。

2. 韵律动作组合

学前儿童音乐教育活动中采用的韵律动作组合一般分为以下两种。

（1）身体节奏动作组合

这是一种近年来从国外引进的韵律活动，其动作组合相对简单，主要包括击打和顿踏动作。这些动作通常可以发出声音，如击掌、捻指以及用不同方式踏脚等。尽管这些动作并不具有象征性含义，但它们非常注重动作和音色变化的组织结构。

（2）律动模仿动作组合

律动模仿动作组合中的动作多为模仿动作。这种组合一般也注意动作的组织结构，但更注意对模仿对象的表现。例如，种子睡觉，种子发芽，幼芽长成大树，大树开花结果，小姑娘起床梳洗，小姑娘去果园劳动等。

（二）韵律活动类型和表演形式

1. 韵律活动类型

①学前儿童的律动动作主要来源于两个方面：一方面是他们基于反射动作发展出来的一般动作，如拍手、点头等；另一方面则是他们模仿周围事物的外形或运动状态创造出来的动作，如小蚂蚁搬东西等。这些动作都是学前儿童通过观察和模仿自然世界而创造出来的，体现了他们的想象力和创造力。律动活动可以培养学前儿童的观察力、模仿能力和创造力，促进他们的身体和心理发展。

②舞蹈动作主要来自学前儿童的模仿学习：一是在幼儿园中向教师或其他学前儿童习得；二是从社区文化活动的现场或从大众传播中习得。这些动作都是人类身体艺术造型实践的结晶，即使学前儿童在习得这些动作的过程中，有许多自己的"篡改"或"发展"，但其"根基"还是通过模仿获得的。这就是舞蹈与律动的最大不同之处。需要注意的是，随着学前儿童的日益成长，这两者的界限也日益模糊。所以，一般所说的律动，是特指更加简单、更加原始的学前儿童所从事的身体艺术造型活动。在幼儿园中，舞蹈又可以划分为自娱舞蹈、集体舞蹈和表演舞蹈等。其中，自娱舞蹈的教育重点在于自娱自乐，集体舞蹈的教育重点在于适应空间变化和人际交流合作，表演舞蹈的教育重点在于发展表现欲望和表现能力。

③歌曲表演在幼儿园中特指伴随歌唱进行的身体表现活动。本来，歌唱与动作表演在此是一体，不可分割的，但教师为了更好地把握教学的重点、难点，也可以这样表述：从歌唱教学的角度说，重点在"动作伴随歌唱"；从韵律活动教学的角度说，重点在"歌唱伴随动作"。

④动作表演游戏也是一种人类早期以及学前儿童早期未经分化的活动。这种活动一方面兼有运动身体、表演娱乐他人和游戏娱乐自己的性质；另一方面又兼有学习音乐、学习运动和学习游戏的性质。

2. 韵律活动表演形式

①独舞是指一个人独立地做韵律动作，包括独立表演，也包括多人一起表演，但各自独立活动，相互间不发生交流或配合关系。独舞是一种个体的艺术形式，它需要表演者具备较高的身体协调能力和表现能力，同时也需要表演者具备独特的创造力和想象力。在独舞中，表演者可以通过身体动作、姿态、表情等来表达自己的情感和思想，展现出独特的艺术魅力。在学前儿童音乐教育中，独舞也是一项非常有意义的活动。通过独舞，学前儿童可以学习用身体动作来表达

自己的情感和思想，提高自己的身体协调能力和表现能力。同时，独舞还可以帮助学前儿童增强自信心和自尊心，让他们在快乐的氛围中展示自己的个性和独特魅力。

②双人舞、三人舞在幼儿园主要是指一种小型的结伴舞，这种结伴舞通常由两个人自由结伴，相互配合地做韵律动作，有时也指三个人或三个人以上的小型组合形式。

③群舞是指多人按比较严格的队形和动作规定一起跳舞。在幼儿园中，大部分的表演舞和集体舞都采用这种形式。

④领舞群舞是指以单独舞者为主，以集体舞者为辅的一种合作表演方式。其中的主导、辅助关系是规定好的，必须遵照执行。在幼儿园中只有少数的表演舞和集体舞采用这种形式。

二、舞蹈

舞蹈是动作的艺术，是通过音乐和动作塑造具体形象，表现一定主题，反映社会生活、抒发感情的一种视觉表演艺术。[①]

学前儿童常见的舞蹈形式有以下五种。

（一）集体舞

在集体舞组合中，舞蹈动作是主要的构成部分。这种组合注重动作的组织结构，更重要的是强调队形在空间中的变化以及舞伴之间的配合与交流。为了达到整体效果，反复进行简单且少量的同一动作是十分常见的结构手法。这种手法能够保证整个舞蹈的流畅性和节奏感，同时也有助于舞者更好地掌握舞蹈技巧和动作。

（二）邀请舞

邀请舞是集体舞的一种变形，通常一部分人先作为邀请者，与被邀请者跳完一遍，然后双方互换角色继续跳舞。这是学前儿童最喜爱的一种舞蹈形式。

（三）小歌舞或童话歌舞

小歌舞或童话歌舞是一种具有较强综合性的舞蹈形式，它包含一定的情节，并由几个角色来演绎。这种舞蹈形式巧妙地融合了说、唱、跳等多种音乐活动，通过歌舞的形式来展现。通过这种表演形式，观众不仅能够欣赏到美妙的舞蹈和

---

① 董权. 分析舞蹈表演中艺术形象的塑造 [J]. 今日财富，2019（5）：171.

音乐，还能深入感受到情节的起伏和角色的情感变化。这是一种极具生命力的学前儿童音乐活动形式。

（四）自己创编的舞蹈

学前儿童在已经掌握基本舞步、舞蹈动作的前提下，根据对音乐情绪、性质的感受，随音乐自己创造性地想出各种舞蹈动作，以表达自己对音乐作品的理解。

（五）表演舞

表演舞又称情绪舞，人数有限，一般几人至十几人，可以有简单的队形变化。这种舞蹈适合在各种场合进行表演，如节日庆典、晚会、比赛等，能给观众带来独特的视觉和艺术享受。表演舞不仅展现了个人的舞蹈技巧和表演能力，也是对音乐、舞蹈和艺术的独特理解和创新。

三、其他节奏活动

其他节奏活动主要是对学前儿童的节奏感进行训练的活动[①]，主要包括以下几种。

（一）语言节奏活动

人类的语言本身包含了丰富、微妙的节奏，可以说语言是音乐节奏的一个主要来源。对于学前儿童来说，从语言节奏入手学习、掌握节奏是一种既容易又富有生命力的方式。最简单、最具有节奏性，同时也最容易被学前儿童喜爱和掌握的语言节奏，就是人名节奏。通过探索和研究人名节奏，学前儿童不仅能够更好地理解和掌握语言节奏，还能激发他们的创造力和想象力，为未来的音乐学习打下坚实的基础。

从熟悉的小朋友的名字中，可以派生出由四分音符、八分音符组成的，最短小的 $\frac{2}{4}$ 拍的节奏单元。由此逐渐发展为 $\frac{3}{4}$ 拍、$\frac{4}{4}$ 拍，从节奏上增加二分音符、附点四分音符、附点八分音符、切分音，并进行多声部的节奏练习。有些节奏对学前儿童来说是有一定难度的，但是借助"名字称呼"这一特殊方式来训练，不仅能使学前儿童提高对节奏训练的兴趣，还会大大降低难度。

人名节奏练习可以成为学前儿童语言节奏练习的起点，而一些节奏鲜明、朗朗上口的儿歌也是语言节奏练习的上好材料。例如，儿歌《七个阿姨来摘果》："一二三四五六七，七六五四三二一，七个阿姨来摘果，七个花篮手中提，七个

---

① 张红玉，罗淑娟. 音乐教学活动促进有效教学的意义 [J]. 北方文学，2011（5）：148.

果子摆七样，苹果、桃子、石榴、柿子、李子、栗子、梨。"

这首儿歌可以用多种方式来练习节奏。

①通过手拍固定拍，同时口诵儿歌，以培养节奏感和口诵的协调性。

②通过手拍语言节奏与口诵儿歌，进一步加深对儿歌节奏和韵律的理解。

③将手拍固定拍和手拍语言节奏与口诵儿歌相结合，进行两声部的练习。通过这种方式，可以培养多声部听觉和协作能力。

④以"轮唱"的形式分组朗诵儿歌，可以锻炼学前儿童的交替呼吸和协作能力。在轮唱过程中，既能够同时结束，也能够不同时结束，以增加练习的多样性和趣味性。

⑤手拍固定拍或节奏，口诵儿歌，到最后一句时，由学前儿童分成两组轮流说出果子的名称，最后到"梨"时两组同时说，要求协调、整齐。

（二）人体节奏活动

人体就像一个自然的音乐工具，能够创造出许多迷人的声音，如拍手、拍腿、踏脚、捻指、弹舌和口诵等。可以一边唱歌，一边通过这些动作展示人体的节奏感。

除了节奏模仿和应答，还可以进行其他人体节奏动作训练，以提高学前儿童的节奏感知和表达能力。例如，可以使用各种不同的动作和声音组合，如拍手、拍腿、踏脚、捻指、弹舌、口诵等，来创造独特的节奏模式。这种创造性的练习可以帮助学前儿童更好地理解节奏的概念，并培养他们的音乐创造力。此外，还可以通过一些游戏和活动来锻炼学前儿童的节奏感，如跳舞、敲打乐器等。这些人体节奏动作同样可以结合起来进行多声部的节奏训练。

第二节　学前儿童韵律能力的发展

一、身体动作能力的发展

研究表明，学前儿童随意的身体动作发展遵循一定的顺序：先发展躯干、四肢的大动作，再发展手部、脚部以及关节等部位的精细动作；先发展"非移位动作"，再发展"移位动作"；先进行"单纯动作"的发展，再进行"联合动作"的发展。

婴儿期的动作发展呈现从整体到局部，从粗大动作到精细动作，从不随意发展到随意发展的特点。

0～1岁婴儿的动作发展顺序为抬头、俯卧、翻身、坐、爬、站、走。

2岁左右的学前儿童能够爬、走、滑、滚、拍、推、拉，可以做一些较精细的动作，如敲小鼓、扔小球等。

3岁的学前儿童，已经基本上可以做到拍手、摇动手臂、用手指身体部位这样的小幅度动作。基于良好教育的影响，学前儿童可以逐步学会更自如地运用手、臂、躯干来做各种单纯动作，可以做出一些简单的联合动作，如边拍手边点头、边拍手边摇动身体等。

到了3岁末期，学前儿童已经可以较为自由地进行一些单纯的连续移动动作，如走路、小碎步、小跑步等，并出现了上下肢联合的简单复合动作，如边走路边吹号，边走小碎步边学鱼游、开飞机等。

4～6岁的学前儿童基于良好教育的影响，身体动作有了较大程度的发展。学前儿童不仅能够做较精细的手部、脚部动作，而且能够做比较复杂且更加协调的联合动作，还能够学会较复杂的连续移动动作，如垫步、华尔兹步、进退步、弹簧步、秧歌十字步等。

到了6岁末期，部分学前儿童，特别是女性学前儿童，还会主动追求动作姿态的美。

二、节奏感能力的发展

节奏感能力的发展是学前儿童韵律活动能力发展的重要方面。人类天生就有感受节奏的本能。例如，新生儿的生活被各种节奏包围：平时，妈妈对他讲的话里有长音和短音；拍着婴儿入睡和在他清醒时玩拍手游戏，有不同的节奏；用发声的玩具和他玩时，能摇出不同的节奏。又如，机体的生理活动，如心跳、呼吸等也具有一定的节奏。实际上，只要细心帮助婴幼儿感受，生活中许多自然现象、动植物的生活、人类的劳动中都充满了节奏。在成年人的教育下，婴幼儿自身活动中的节奏感可以有很大的发展。

（一）婴幼儿自身活动中，节奏感的发展过程

①5～7个月能够拿玩具对敲或无意识地敲打。

②8～24个月大的孩子开始有意识地敲打并创造出一些无规律的节奏。

③大约3岁时，学前儿童开始注意自己的动作，如拍手、走步等，并与音乐的节拍相匹配。

④到了4岁以后，学前儿童能够更加自如地随着音乐做出简单的模仿动作和舞蹈动作，并能够重复别人的节奏型或自己对简单的节奏型进行创造。这种能力

的发展是逐步的，需要家长和教师耐心地引导，帮助学前儿童逐渐提高他们的音乐感知和表达能力。

（二）在教师的培养教育下，学前儿童节奏感的发展过程

以学前儿童听音乐拍手这一动作为例，学前儿童会经历以下三个发展阶段。

第一阶段：不合拍，音乐只起到背景的作用。在这一阶段，学前儿童还不能真正听从音乐的节拍来做出动作，他们通常会将音乐视为一个要求他们做出特定动作的"信号"。因此，他们的动作与音乐节拍常常不协调，这表明他们还没有真正理解音乐的节奏和拍子。与用语言说出"拍手"这一词的作用差不多，这时音乐只不过起着一种指示的作用。学前儿童听见了琴声就知道该拍手了，于是连续不断地、比较快速地拍手，动作既不合拍也不匀速，如客人来了表示欢迎，看了节目后表示感谢，或对某个小朋友的行为表示赞赏时所做的拍手动作。这时虽然大家听的是同一曲调，但各人拍手的速度却不一样，听起来此起彼伏，相当混乱。其中，也会有个别学前儿童由于在家中或托儿所中接受过音乐教育，节奏感较好，有时能有合拍的动作。

第二阶段：在教师的耐心指导下，学前儿童逐渐学会了关注音乐，并尽量使自己的动作与音乐节拍相吻合。他们开始懂得倾听音乐的节奏，并尝试控制自己的动作速度，以适应音乐的节拍。有些学前儿童能够每两拍完成一次拍手，而有些学前儿童则可以每拍或半拍完成一次。虽然他们已经有了初步的节拍意识，并且开始尝试使自己的动作与音乐合拍，但在整个过程中，他们无法始终保持稳定的节拍感。往往可以观察到，他们在开始时能够很好地合拍，但随着时间的推移，节拍感逐渐消失，动作变得不再与音乐同步。

第三阶段：动作自如、合拍。当学前儿童进入这一阶段时，他们逐渐不再需要高度集中注意力。随着动作协调性的提高，他们的动作变得更为流畅，不再那么僵硬，变得比较自如、有弹性，表情也显得轻松很多。有的学前儿童还能在拍手的过程中，停止拍手动作去进行一些其他的活动，如因鼻子忽然发痒而去摸摸鼻子，或是因为自己的衣服翘起来而去整理衣角，或是发现手绢没有塞好，伸手把它塞入口袋等，当他们做完这些事情再回过头来拍手时，仍能合上拍子。但有个别学前儿童还要进行相当一段时间的训练才能达到这一步。即使是拍手能合拍的学前儿童，若要他们听音乐合拍地做一些需要手脚协调的动作，也是有一定困难的。大脑对肌肉动作的控制能力和平衡能力达到一定水平才能实现比较自然、协调地随着音乐做出上下肢动作。

另外，对年龄小一些的学前儿童来说，乐曲的速度快慢也是影响他们动作能否合拍的一大因素。乐曲速度过快或过慢，会使原来能够动作合拍的学前儿童也难以适应。这一现象的发生除因学前儿童音乐经验不多之外，与学前儿童控制、调节动作的能力还不够完善有关。

总之，随着学前儿童年龄的增长，以及大脑控制动作能力的发展，学前儿童如果经常随音乐进行活动，他们的节奏感就会随之发展，但仍会存在个体差异。

三、合作协调能力的发展

韵律活动能力中的合作协调能力是指运用动作与他人配合、沟通、共享活动空间等的能力。

在韵律活动中，3岁前的学前儿童的合作协调能力好比一颗尚未发芽的种子。3岁的学前儿童进入幼儿园后，基于良好教育的影响，可以很快形成"找个伙伴一起跳舞"的意识，他们逐步学会运用表情与体态，邀请或说服同伴一起跳舞，并可以初步学会在移动中不与他人相撞。3岁末期的学前儿童还可以学会两人甚至更多人一起合作表演。

4～6岁的学前儿童基于良好教育的影响，能够获得更多合作表演的机会，学前儿童的合作协调意识更加明确，合作协调技能也更加熟练、复杂。例如，学前儿童可以迅速找到共舞的伙伴，接纳没有舞伴的儿童，学会小组合作创编表演动作等。

四、创造性表现能力的发展

韵律活动中的创造性表现活动是指学前儿童运用身体动作创造性地对自己的生活经验和思想情感进行表现的活动。

3岁前的学前儿童已具备一些运用动作进行表达交流的经验，但尚未形成用动作表现创造性艺术的意识。

3岁的学前儿童基于良好教育的影响，初步获得了用身体动作表现创造性艺术的积极体验，开始主动追求创造性表现的机会。到了3岁末期，学前儿童已经学会将自己身边熟悉的日常物品或熟悉的动物、植物、玩具、用品等用动作加以表现，并创造性地运用动作表现自己对音乐的联想与想象等。例如，听到轻快的跳跃音乐就能够主动地表现小兔跳，听到缓慢低沉的音乐就能够用身体动作来表现大象、熊等动物，听到进行曲就能够学解放军走路，听到缓慢轻柔的摇篮曲就能够学妈妈摇着宝宝的动作等。

4～6岁的学前儿童基于良好教育的影响，不仅可以获得更多创造性表现的经验，而且可以使用较丰富的动作语汇和较为复杂的表现方式，其动作表现的积极性和表现力也越来越强。例如，同样是鸟儿飞，他们能够按照动作区分是鸟儿在晴朗的天空飞翔还是在暴风雨中飞翔；他们创编的巫婆与魔术师的形象，有的是优雅的，有的是可怕的，有的是魔法无边的。

第三节　学前儿童韵律活动设计与指导

一、学前儿童韵律活动的选材

（一）律动方面

律动不是简单的模仿动作，而是要随着音乐的节奏进行合拍的动作，教师在对律动教材进行选择时要充分考虑学前儿童的特点，不仅要考虑学前儿童动作发展的水平，还要考虑该年龄段学前儿童能否接受和理解所选用的音乐，即动作与音乐应紧密结合。

1. 动作方面

3～4岁的学前儿童已经能随着音乐的节拍（不合拍）晃动身体或手臂，但他们晃动的速度往往是随意的，不是依照音乐的速度来做动作的。此年龄段的学前儿童小肌肉动作、联合性动作发展得还不好，因此选用的动作要简单、变化少，最好手脚不要同时做动作，如打鼓。以后可以逐渐过渡到手脚同时做的动作，如拍手、点头，开始只是让学前儿童坐在椅子上，只做手的动作，然后过渡到边走边拍手的上下肢配合的动作。

4～5岁的学前儿童的动作能力得到初步发展，动作也比以前灵活、协调，而且基本上能随音乐的节奏做动作。这时可以让他们做一些稍复杂的动作，如转动手腕、踮步、在音乐的伴奏下变换队形（横排、纵排）等。

5～6岁的学前儿童的控制能力和节奏感都有所发展，动作已经基本上能和音乐一致，大部分学前儿童能听出音乐的基本节拍，做动作时能根据音乐节拍的速度来变换自己动作的速度。这时他们的动作可以相应复杂些，如手腕绕花加上踏点步、交替步等舞步。手脚的配合动作可以较复杂且美观，动作的方向变化也可以较多，上下肢节拍可以不一样，从而进一步培养学前儿童对音乐的感受能力及动作的协调性。

2. 音乐方面

音乐是学前儿童动作的信号和依据。学前儿童的动作要根据音乐的节拍和节奏来进行，因此在选用音乐时，要多选用一些节奏鲜明、形象性强、旋律流畅优美，能激发儿童活动愿望的音乐。小班的学前儿童缺乏快速动作的能力，而且很喜欢一边哼唱一边做动作，所以对小班或水平低的班级，应选用速度较慢、曲调便于哼唱的音乐。开始尽量让音乐去适应他们的节奏，逐步使他们感受、理解，慢慢转化为能使他们主动将动作合上音乐的节拍，如随着歌曲《打电话》（二拍子）的音乐拍手、晃动身体。

教师还可以选择一些性质相同的音乐交替播放，提高学前儿童对音乐的感受能力和兴趣，使学前儿童听到同类音乐就会做出相同动作的反应。例如，可以把《打电话》的音乐换成其他二拍子的、中速的音乐，学前儿童仍做听音乐拍手、晃动身体的动作。

中大班的学前儿童已经初步掌握了区分、欣赏音乐的能力和经验，在教学中教师可以改换不同性质的音乐，逐步使学前儿童能按音乐的节奏、节拍的特点、速度、力度的变化做出相应的动作，如教师弹奏或播放音乐时，要求学前儿童听二拍子音乐做"踏点步"，听三拍子音乐做"三步"，听四拍子音乐做"前踢步"。然后轮流播放二拍子、三拍子、四拍子的音乐，检查学前儿童能否及时改变动作。

（二）舞蹈方面

舞蹈是形体的艺术，学前儿童学习舞蹈的目的是用动作来表达自己对音乐作品的感受，抒发内心情感，获得美的享受。因此，舞蹈教材的选择要根据学前儿童舞蹈教学大纲，从学前儿童的年龄特征、心理特征、实际接受水平出发，选择有教育意义的、内容丰富多彩的学前儿童舞蹈。

1. 满足学前儿童的兴趣需要

身体动作是体验音乐节奏最好的媒介，学前儿童对律动是充满兴趣的。在开展学前儿童音乐韵律互动时，创设适合他们的故事情境是非常重要的。这样可以让他们感受到身临其境的乐趣，激发他们参与韵律活动的兴趣。学前儿童的注意力和兴趣是易变的，因此，通过给他们创造生动有趣的情境，可以吸引他们的注意力，增加他们的参与度。例如，在音乐韵律互动中，可以讲述一个有趣的故事，让学前儿童扮演故事中的角色，通过动作和舞蹈与故事情节相呼应。这样做不仅可以激发学前儿童的想象力和创造力，还可以让他们更加主动地投入活动中。

此外，学前儿童对于夸张、搞笑的动作有着特别的兴趣。在韵律活动中适当运用夸张、搞笑的动作，可以带给他们更多的乐趣和快乐。例如，可以要求他们做出夸张的手势、表情或舞动身体的动作，通过加入这种娱乐性的元素，学前儿童能够在参与韵律活动时更加愉快和投入。

2. 考虑学前儿童的动作发展水平

学前儿童的动作发展一般符合以下三条规律。

第一条规律是从大的整体动作到小的惊奇动作。学前儿童的动作发展一开始以整体的大肌肉群动作为主，如走、跑、跳等。随着动作发展，他们会逐渐熟练地掌握小的精细动作，如拍手、拍腿、点头等。惊奇动作指的是一些较为复杂或需要更多协调和控制的动作，如跳绳、击鼓等。这些小的惊奇动作可以提供新鲜感和挑战，促进学前儿童的动作发展和身体控制能力的提高。

第二条规律是从单纯动作到复合动作。学前儿童的动作发展开始是通过单一、简单的动作来表达自己的，如走或跑。随着年龄的增长和运动技能的发展，他们逐渐学会组合多个动作，形成复合动作，如跳跃加手舞动、行走加拍手等。复合动作的表达能力更为丰富，也能够锻炼学前儿童的协调性和动作控制能力。

第三条规律是从不移动动作到移动动作。学前儿童的动作发展一开始主要是在固定的地点进行，如站立、蹲坐等。随着动作发展，他们开始尝试进行移动动作，如走路、奔跑、跳跃等。移动动作能够提高学前儿童的身体控制能力和增强学前儿童的空间意识，并且为他们提供更多体验和学习的机会。

3. 符合学前儿童的年龄特点

在韵律活动中，5～6岁的学前儿童主要学习模仿动作和舞蹈动作。他们特别喜欢富有民族特色的中外舞蹈动作。此外，这一阶段的学前儿童开始享受与同伴一起律动的快乐，并努力创造独特的动作，他们的合作和协调意识也日益增强。这意味着他们开始能够更好地理解和协调自己的身体动作，并且能够根据音乐的节奏和韵律来创编动作。在这个年龄段，学前儿童创编动作的能力进一步提高，他们可以更加自如地表达自己的想法和创意。通过律动活动，学前儿童可以学习如何与他人合作，共同进行一个完整的表演。这有助于培养他们的团队合作和协调能力，为他们未来的学习和生活打下坚实的基础。

二、学前儿童韵律活动的设计

（一）学前儿童韵律活动的具体设计

1. 从"队形"开始的设计

学前儿童通过学习舞蹈队形，可以发展空间概念和人际交往能力。从基础队形开始的集体舞蹈教学设计可以帮助他们快速了解舞蹈的整体结构和轮廓，形成整体感和与同伴共舞的集体感。为了使学前儿童能够专注于空间变化和人际交往，这种导入方法通常选择包含简单基本动作的舞蹈作品。

范例：《家庭之舞》（大班）。

队形：第一段音乐（4个乐句），"面向圈（单圆）上"（即每个学前儿童面对前方舞伴的后脑勺），按顺时针方向向前走动。第二段音乐（4个乐句），"面向圆心"，一个乐句向内前进，一个乐句向外退出。

重复：一个乐句向内前进，一个乐句向外退出。

程序：教师展示并引导学前儿童完整地走一遍队形变化路线；教师哼唱音乐伴奏，学前儿童在音乐的引导下按照队形变化路线行动，注意音乐的节奏与队形的变化相匹配；学前儿童在音乐的引导下按照队形变化路线行动，并在第一段音乐处加上特定的肢体姿态；教师指导学前儿童练习第二段的上肢动作，并在学前儿童熟悉之后加上教师哼唱的伴奏曲进行练习；教师指导学前儿童练习第二段的上下肢协调动作，并在学前儿童熟悉之后加上教师哼唱的伴奏曲进行练习；学前儿童按照完整的队形变化路线进行舞蹈表演，教师在一旁哼唱伴奏曲进行指导和支持。在学前儿童熟练掌握基本动作后，可以逐渐增加更多复杂的动作和变化，如躯干的变化、肢体的复杂动作等。

2. 从"动作"开始的设计

动作学习是韵律活动的重要组成部分。通过学习不同的动作，学前儿童能够积累并且掌握更加丰富多样的动作语汇。这不仅可以帮助他们在韵律活动中更好地表达自己，还可以促进他们在其他学习领域中的模仿能力、迁移能力、探索能力和创造能力的发展。

（1）从"动作观察"开始

观察是学习动作的起点，不仅限于观察教师示范。从更广泛的角度出发，学前儿童可以通过观察直观教具、影像制品、舞蹈作品等多种方式开始动作学习，甚至可以在观察儿童同伴、回忆经验、欣赏美术或文学作品后进行动作表述交流。

观察对象和来源的丰富多样性，可以拓宽学前儿童的思路，激发他们的创造力，全面促进他们的动作学习。

（2）从"动作模仿"开始

在传统的动作模仿学习中，学前儿童模仿的对象主要是教师。在学前阶段，儿童不仅可以模仿教师的行为，还可以模仿同伴和社会生活中其他人的活动。此外，他们还可以从周围的社会环境和自然环境中获得灵感。这些多样的来源为学前儿童提供了丰富的模仿对象，有助于他们发展和学习不同的行为模式。

范例：《踏步邀请舞》（中班）。

队形：在一个圆形的空间中，学前儿童面向圈内站立。伴随着一段音乐，一名学前儿童踏步移动，努力找到被邀请的学前儿童。当两人相遇时，他们会相互握手，并围绕圈子转一圈，然后互相行礼并交换位置。被邀请的学前儿童则成为新的邀请者，重新邀请其他学前儿童参与进来。这个活动在团体中创造了互动与联结的氛围。

（3）从"动作迁移"开始

对于传统的舞蹈教学而言，教师通常会让学前儿童以为自己在学习全新的动作。然而，在现代教学理念的指引下，教师越来越注重从"动作迁移"开始的教学设计，这成为他们备课过程中的重要思考方式。

范例：《多快乐多幸福》（大班）。

队形：一个大圆圈与多个小圆圈队形相互转换。

（4）从"动作探索"开始

动作探索是学前儿童音乐韵律活动的重要环节，它可以帮助学前儿童寻找和尝试各种未知的动作可能性。教师在韵律活动中的角色是引导和促进学前儿童进行动作探索。通过提问式的教学引导，教师可以引发学前儿童的好奇心，激发他们尝试不同的动作。例如，教师可以问学前儿童"你们能用手做些什么动作呢？"或者"你们能用脚做些什么动作呢？"这样的问题，引导学前儿童思考和探索不同动作的可能性。在学前儿童尝试动作后，教师需要积极给予反馈，鼓励他们的尝试，并且与他们一起分享对动作的感受和体验。同时，教师可以组织学前儿童之间的交流，让他们互相展示和分享自己的动作探索成果，从中学习和借鉴。在这个过程中，教师还可以帮助学前儿童分析和整理动作探索中的规律和特点，以进一步丰富他们的动作探索经验。

（5）从"动作创编"开始

"动作创编"和"动作探索"在某种程度上存在一些差异。在动作探索活动中，学前儿童会有更多的自由时间和空间进行探索。动作创编活动注重的是学前儿童学习与创编相关的知识和技能，追求审美标准，以及理解更多动作所传达的含义。因此，这种活动起始于动作探索，随后教师会提供更多的引导。

3. 从"音乐"开始的设计

可以借鉴其他音乐表演和音乐欣赏活动的设计方式来进行从"音乐"开始的设计。这种设计方式可以从音乐的某一要素出发，也可以从音乐的某一布局出发，还可以从有音乐伴随的画面欣赏出发等。

尽管没有具体讨论整体程序设计的处理问题，但是动静、张弛的规律是相同的，并且其中的可能性丰富多彩。在设计程序结束时，总体原则应该是帮助学前儿童消除身心疲劳，使他们能以"享受"的状态参与活动。

因此，需要特别注意设计一些可以产生恢复作用的调节性结束活动。教师可以安排学前儿童欣赏他们自己创作的表演，也可以让他们欣赏教师或其他人的表演。教师在这一环节中通常不应该在学前儿童完成最后表演之前再提出技术性要求，情绪性要求也应该以"暗示"的方式让学前儿童自愿为之。在学前儿童表演之后，教师也不应该进行关于技术或价值的评判性谈话。

（二）多模式学前儿童韵律活动的设计

1. 生活化律动创编模式

学前儿童在生活中积累了关于动植物、游戏、生活等多种题材的动作经验与生活体验。生活化律动创编模式就是引导学前儿童迁移其生活体验与动作经验，随乐想象并借助身体动作进行创造性艺术表现的模式。

（1）基本程序

①学前儿童认真倾听音乐，感受音乐的旋律、节奏等，并想象音乐所表现的主题。

②用各种方式引发学前儿童的生活体验，并通过直观的方式（如图片、幻灯片、录像等）再现动作经验，激发学前儿童探索的愿望。

③学前儿童自由探索用身体表现生活的方式，教师予以观察与引导。

④通过同伴间的观察、学习与评价，学前儿童丰富动作的表现形式。

⑤通过教师示范（或者播放视频），学前儿童欣赏、感受艺术美，提升动作表现的水平。

⑥学前儿童大胆随乐进行创造性的表现。

（2）活动案例——《天鹅》（大班）

①活动目标。学前儿童认真倾听音乐，体验音乐的旋律美，感受音乐的乐句；感受天鹅的优雅，能借助天鹅的图片和传递游戏，尝试用肢体创造性地表现天鹅的各种造型；在随乐即兴表现的各层次游戏中，体验即兴创编带来的乐趣。

②活动准备。经验准备：学前儿童到动物园参观天鹅并拍下各种造型的照片；欣赏有关天鹅的纪录片；听《天鹅》的故事与音乐。

物质准备：不同姿态的天鹅图片；边长1.5米的方形纯色布单一块；音乐《天鹅》、播放器。

环境创设：将学前儿童参观的照片以及网上收集到的天鹅图片张贴在墙上，供学前儿童欣赏、模仿。

③活动指导。教师出示天鹅的图片，引发学前儿童的记忆。

教师：天鹅美吗？小朋友到公园里看到过的天鹅是什么样子的？

学前儿童倾听音乐，随乐想象并尝试用身体律动感受音乐。

教师用简单、对称的身体律动引领学前儿童感受音乐的旋律美。

教师：在这么优美的音乐里，天鹅在干什么？

教师可以引导学前儿童分为三个层次来对不同姿态的单只天鹅的图片进行欣赏。在欣赏过程中，教师可以借助三张图片来激发学前儿童模仿、创造天鹅的动作和造型的兴趣。

图片一：教师结合图片，简单地总结学前儿童对天鹅的描述，并通过身体动作来生动演示。

图片二：教师引导学前儿童展示天鹅展翅的力度和美，鼓励他们去探索展示天鹅飞翔时翅膀在不同空间位置的造型。

图片三：教师引导学前儿童对天鹅的不同姿态之美加以感受，同时鼓励他们在模仿的基础上对各种不同的天鹅造型进行创造。

借助传递游戏，教师可以引导学前儿童在散点和圈上进行传递，让他们尝试与音乐合拍地舞动并做出造型。这不仅锻炼了学前儿童的节奏感和身体协调能力，还激发了他们的创造力和合作意识。为了让学前儿童更好地欣赏和理解双人天鹅造型，教师可以先让他们观察图片，模仿图片中的造型。在此基础上，教师可以鼓励学前儿童自主探索双人合作的肢体造型，激发他们的想象力和提升他们的合作能力。

此外，教师还可以与配班教师合作示范双人天鹅舞蹈和造型，通过具体的示范让学前儿童感知与同伴合作时需要注意的舞蹈要素。这些要素包括空间位置的变化和利用、舞者间的身心交流以及肢体动作的多样化等。通过教师的示范和引导，学前儿童可以更好地理解双人合作的舞蹈技巧和要求，提升他们的舞蹈表现力和合作能力。

④活动建议。引导学前儿童自己用绘画或肢体动作等再次感受音乐乐句。

继续借助图片，学前儿童通过已有的从单人到双人的造型经验模仿、创造多只天鹅的动作造型。

在音乐表演区内播放音乐，让学前儿童运用教师提供的材料，如头饰、纱巾或服饰等道具进行表演。

2. 支架学习模式

韵律活动往往离不开动作的学习，支架学习模式旨在提供学前儿童能够直观感受、理解并喜爱的学习"支架"（可以是图片、图谱、动作语言等材料），引导学前儿童通过主动学习和主动探索这些支架材料掌握韵律活动的基本动作，并能够根据自己对音乐的理解连贯而富有表现力地加以表现。

（1）基本程序

①创设情境，引导学前儿童欣赏音乐，感受、体验、理解音乐的情绪与内容，丰富儿童的音乐经验，诱发学前儿童学习、探究的愿望。

②教师提供直观的学习材料，并帮助学前儿童理解材料的意义与使用方法。

③学前儿童跟随材料（音乐背景）自主学习。

④教师引导学前儿童相互分享、交流各自学习的体会与成果。

⑤学前儿童在音乐的伴奏下完整表演整个节目。

（2）活动案例——《小哪吒》（大班）

①活动目标。学前儿童体验舞蹈活泼的情绪，初步感受舞蹈的音乐美和动作美，体会作品表现的"小哪吒"的艺术形象；认真观察动作图谱，自主学习舞蹈动作，尝试根据音乐节奏编排动作，完整表演舞蹈；萌发对舞蹈活动的兴趣，体验参与的快乐。

②活动准备。经验准备：学前儿童事先观看动画片《小哪吒》，并熟悉歌曲《少年英雄小哪吒》。

物质准备：乾坤圈道具人手一个；动作图片一组，张贴图片的架子若干；音乐《少年英雄小哪吒》、播放器。

③活动指导。出示乾坤圈道具，引发学前儿童的兴趣。

教师：这是什么？你们在哪里见过乾坤圈？

迁移学前儿童的经验，引导学前儿童讨论对小哪吒艺术形象的认识。

教师：小哪吒是一个怎样的小英雄？你来学学小哪吒。

教师与个别学前儿童进行示范表演。学前儿童完整欣赏舞蹈表演，初步感知舞蹈的音乐形象。

教师：你喜欢哪个动作？来学学看。

引导学前儿童观看动作图片，播放《少年英雄小哪吒》背景音乐，引导学前儿童自主学习舞蹈动作。

组织学前儿童交流、分享各自的动作，并共同练习典型的舞蹈动作，教师予以鼓励和指导。

分段倾听歌曲，讨论、编排、学习舞蹈动作。

引导学前儿童欣赏、创编双人造型动作，激发合作表演的兴趣。

学前儿童手持乾坤圈道具，随音乐表演 1～2 遍，同时尝试与同伴进行造型表演。

3. 游戏学习模式

游戏学习模式是引导学前儿童感受音乐并以与音乐玩游戏为主的一种韵律活动模式。

（1）基本程序

①引导学前儿童进入游戏的情境中。

②引导学前儿童感受音乐，重点感受音乐的节奏以及了解音乐中的游戏情节、规则等。

③引导学前儿童对某些角色动作进行练习。

④学前儿童在教师的指导下伴随音乐进行游戏。

⑤学前儿童听音乐（或跟随音乐歌唱）自主游戏。

（2）活动案例——《小瓢虫飞》（小班）

①活动目标。学习用简单的身体动作表现歌曲的内容和节奏，这对学前儿童来说十分重要。学前儿童在活动中能够熟悉自己身体的各部位，提高身体协调能力，同时也能更好地理解和感受音乐。

②活动准备。物品准备：小瓢虫玩具及配饰；音乐《小瓢虫飞》、播放器。

环境创设：创设花、草、树等活动场景。

③活动指导。在引导学前儿童参与韵律活动之前，欣赏活动场景是非常重要的，它能够激发学前儿童的兴趣，让他们更加投入地参与到活动中来。教师可以

通过带领学前儿童随着音乐入场来增加活动的趣味性。在入场的过程中，教师可以引导学前儿童欣赏活动场景中的各种元素，如高高的苹果树、美丽的花朵、绿色的草地等。随后，教师可以进一步激发学前儿童的兴趣，告诉他们将在这样一个美丽的大花园里做游戏。通过这样的介绍，学前儿童能够更加期待接下来的活动，并且更加投入地参与其中。

玩互动游戏"小瓢虫捉迷藏"，可以帮助学前儿童初步感知和表现身体律动。这类游戏不仅可以提高学前儿童的身体协调能力，还可以培养他们的音乐节奏感和空间意识。教师可以通过出示小瓢虫玩具来吸引学前儿童的注意力。小瓢虫可爱的形象和生动的动作可以让学前儿童更容易地投入游戏中。然后，教师可以用富有情境感的口吻，引导学前儿童熟悉歌曲所涉及的身体部位，如头、肩膀、膝盖等。

> 小瓢虫飞到头上，点点头向它问好。
>
> 小瓢虫飞到肩膀，有点痒痒动动肩。
>
> 小瓢虫飞到膝盖，拍拍膝盖欢迎它。
>
> 小瓢虫飞到屁股，扭扭屁股和它交朋友。

教师：有一只小瓢虫飞进花园了，它要和大家捉迷藏，快找找它在哪儿。

教师：小瓢虫飞到头顶，多可爱的小瓢虫呀，我们点点头向它问个好；小瓢虫飞到肩膀，有点痒，快动动肩膀；小瓢虫飞到膝盖，我们拍拍膝盖欢迎它。最后，小瓢虫飞到哪儿了？（屁股。）小朋友扭扭屁股和它交朋友吧。

学前儿童在与小瓢虫的互动中，可以用身体动作表现相应的语境。

教师：小瓢虫要和小朋友一起玩，小瓢虫飞到头上（点点头），小瓢虫飞到肩膀（动一动），小瓢虫飞到膝盖（拍一拍），小瓢虫飞到屁股（扭一扭）。

学习律动"小瓢虫飞"，尝试用身体动作表现歌曲。一是欣赏歌曲《小瓢虫飞》，引导学前儿童理解和表现歌曲的内容。教师说："小瓢虫玩得好开心呀，它要请你们听一首好听的歌曲，小朋友听听歌曲中的小瓢虫飞到我们身体的哪里？"二是引领学前儿童跟随音乐，用优美而有节律的身体动作表现歌曲的内容和情感。教师说："让我们听着音乐和小瓢虫一起做游戏吧，小瓢虫停到哪儿，小朋友们别忘了和它打招呼。"

玩游戏"小瓢虫找朋友"，体验韵律活动的有趣与快乐。一是儿童戴上小瓢虫的配饰，在游戏情境中运用身体律动进一步感受和表现音乐节奏。教师说："小朋友们玩得真开心，有许多的小瓢虫都飞进花园里，也想和你们一起玩游戏。小朋友们快把小手伸出来，让小瓢虫飞到手上和你们交朋友吧。"二是教师即兴创编歌词，引导学前儿童倾听小瓢虫飞到身体的哪些部位，并用动作积极互动。教师说："小瓢虫等会儿会飞到哪儿呢，飞到哪儿我们就让小瓢虫停到那儿，碰一碰它。"

借助活动场景，在音乐声中自然结束。

学前儿童跟随教师与"小瓢虫"，自然地融入活动场景，在音乐声中飞过"草地""大树""花园"，飞回家……

教师：小瓢虫想飞到花园里去玩一玩，来吧，让我们和小瓢虫一起飞进美丽的花园……

4. "示范→模仿→练习"模式

"示范→模仿→练习"模式是韵律活动比较传统的模式，该模式主要是将教师事先编好的舞蹈动作，通过有组织的教学活动，层次清晰地教给学前儿童。

（1）基本程序

①教师运用学前儿童感兴趣的各种方式（如语言、教具等）引出主题，引起学前儿童的注意与兴趣。

②教师示范，学前儿童欣赏。教师通过自然而富有表现力的示范，引导学前儿童完整感受、体验整个韵律活动，激发学前儿童学习的欲望。

③通过语言讲解、图示等方式帮助学前儿童理解和掌握韵律活动的基本动作以及动作的顺序，初步学习基本动作。

④教师边示范边带领学前儿童练习。

⑤学前儿童在音乐的伴奏下完整地表演整个节目。

（2）活动案例——《摘果子》（中班）

①活动目标。学前儿童感受乐曲欢快的节奏，初步学会摘果子的动作和踮趾小跑步；能学会用手腕转动做摘果子的动作，感受与同伴一起舞蹈的乐趣。

②活动准备。经验准备：学前儿童围坐成一个圆圈，学前儿童和教师均取左侧靠椅背坐姿，使自己的右侧对着圈里的位置；学前儿童已有转动手腕的经验（手心对自己、手心对外）。

物品准备：果园的图片；音乐《摘果子》、播放器等。

②活动指导。学前儿童复习手腕转动的动作，教师重点帮助学前儿童巩固转手腕的方向（手心对自己、手心对外）。教师说："我们一起听着音乐来玩一玩转手腕吧。"

教师示范，学前儿童观察。教师出示果园的图片，并以谈话的形式，将"转手腕"迁移成"摘果子"的动作，激发学前儿童参与活动的兴趣。教师说："秋天到，果园里的水果都丰收了。我们一起去摘果子吧，看看我是怎么摘的。"

引导学前儿童学习摘果子的动作。一是教师播放音乐《摘果子》，引导学前儿童有节奏地摘果子。二是教师通过语言提示与示范，指导学前儿童从高、中、低三个方位摘果子，巩固摘果子的动作。教师说："果园里有哪些水果？它们长得高度一样吗？那我们该怎么摘？"

引导学前儿童观察学习并踵趾小跑步。教师说："老师是怎么跳着舞去摘果子的？"（注意用右脚进行镜面示范）一是引导学前儿童观察，教师及时总结，归纳出"脚跟、脚尖、跑跑跑"的语言提示。二是引导学前儿童边说边学着跳一跳。教师哼唱音乐，带领学前儿童练习。三是学前儿童随乐练习踵趾小跑步。

学前儿童上下肢配合，随乐练习。提醒学前儿童均取左侧靠椅背坐姿，使自己的右侧对着圈里的位置后站起，顺时针方向练习踵趾小跑步。一是学前儿童跟随教师的哼唱学习表演摘果子，按第一句、第二句做踵趾小跑步，按第三句、第四句做手腕转动摘果子的动作；二是教师播放音乐，引导学前儿童听音乐，朝顺时针方向集体表演摘果子；三是学前儿童反思自己在活动中遇到的困难，探索解决困难的办法；四是学前儿童随乐完整表演。

5."合作→互动"模式

学前儿童集体舞蹈活动不应以动作与队形的学习训练为主，而应以学前儿童在随乐动作中的交流、互动为主。动作与队形是为了集体舞蹈活动中的交流而存在的，不仅仅是为了动作而动作、为了队形变化而训练变化队形的。

（1）基本程序

①学前儿童认真倾听音乐，感受音乐的节奏，并随乐进行节奏练习。

②教师指导学前儿童学习基本动作，并随乐练习。

③教师通过示范、图示、视频演示等方式，帮助学前儿童感受集体舞的队形及队形变化，激发学前儿童的学习兴趣。

④教师引导学前儿童学习或者探索集体舞的队形，重点体验两位舞伴之间的空间位置变化，以及动作、眼神等的交流。

⑤学前儿童分组随乐练习，教师予以指导。

⑥全体学前儿童完整地随乐练习，教师根据具体情况给予帮助与指导。

（2）活动案例——《快乐舞会》（大班）

①活动目标。学前儿童能认真倾听音乐，并找出音乐中的节奏，在理解音乐节奏和结构的基础上学习集体舞；体验与同伴合作的快乐。

②活动准备。经验准备：请一位教师或学前儿童事先学会合作跳集体舞。

物质准备：与班级学前儿童人数相同数量的手腕花（或牛筋）若干；音乐《快乐舞会》、播放器。

③活动指导。以圣诞节为引题，激发学前儿童学习舞蹈的兴趣。一是用圣诞老人邀请大家参加舞会的情境，引发学前儿童参与的兴趣。教师说："你们知道圣诞节吗？喜欢圣诞老爷爷吗？今天圣诞老爷爷要邀请小朋友去参加一个舞会，被圣诞老爷爷邀请的人，要用音乐回答他。"二是玩节奏问答游戏，帮助学前儿童掌握音乐节奏。教师以圣诞老人口吻问"聪明的孩子在哪里？"，学前儿童有节奏地回答"在这里"。

倾听音乐，了解音乐的节奏和结构，在观察教师示范的动作中理解舞蹈的基本动作元素。一是找一找音乐中的节奏。教师说："这里有一段好听的音乐，请小朋友仔细听。"学前儿童倾听音乐，教师跟着音乐的节奏，做以下动作并予以提示：伸出双手举起，放下；踩一下脚，拍三下手；伸出右手握两下，伸出左手握两下。二是再次倾听音乐，理解舞蹈的基本动作元素。教师说："请小朋友边听音乐边观察老师伸出的手找了身体的什么地方做朋友。"教师随乐做如下动作并予以提示：伸出双手举起，放下；踩一下脚，拍三下手；伸出右手往里绕叉腰，伸出左手往里绕叉腰。三是用肢体动作表现对音乐结构和节奏的理解。教师说："手向前伸出后找了身体的什么地方当朋友？先伸出有花环的手，还是没有花环的手呢？"

教师由局部动作过渡到全身动作进行示范：坐着做简单的小幅度的动作—站着做大幅度的舞蹈动作—引导学前儿童探索移动空间位置做舞蹈动作。

引导学前儿童观察两人合作舞蹈，感知双人挽手转圈的动作模式。一是引导学前儿童整体观察教师示范。教师说："这是两个人合作跳的集体舞，请小朋友看看我们是怎么合作的。"引导学前儿童观察两位教师（或师幼）合作展示完整的舞蹈动作和双人舞的配合。语言辅助：快乐地搭起可爱的小屋，我的朋友在哪？/嘿，在这里！（踩一下脚，拍三下手）/挽起花环来转个圆圈/换只小手来转个圆圈。二是引导学前儿童重点观察挽手转圈的动作。教师提出问题，引导学前儿童讨论并形成一致意见：我们是怎样转圈跳舞的？转圈的时候我们是自己转自己的吗？怎样挽手，两个人都先伸出哪只手和对方挽在一起？在转圈的时候我们是面对同一个方向还是相反的方向？当我们肩并肩时，两个人都朝什么方向走？

学前儿童尝试双人舞，能够帮助他们在合作中不断调整动作的变化与方位的交换，提高身体协调性。首先，教师可以启发学前儿童在无音乐条件下自由探索方位。在这个阶段，教师可以为学前儿童提供一些简单的方位指示，如前后、左右、上下等，让他们在没有任何音乐的情况下自由探索这些方位。其次，教师可以启发学前儿童在有音乐伴奏的条件下自由地探索和合作。在这个阶段，教师可以为学前儿童提供一些简单的动作和节奏，让他们在音乐的伴奏下自由地与同伴合作完成舞蹈动作。通过与同伴的合作，学前儿童可以逐渐熟悉和理解别人的动作和空间位置，并开始学习与他人合作完成舞蹈动作。

完成舞蹈。首先，学前儿童将尝试完成整支舞蹈。在这个过程中，教师会用语言给予他们指导，提醒他们注意舞蹈的节奏和动作的美感。其次，学前儿童将尝试与不同的舞伴进行舞蹈。教师会用语言提示他们要有效利用舞蹈空间，以及注意舞伴之间的眼神交流。通过交换舞伴，他们将学会适应不同的舞伴，提高自己的适应能力和培养自己的合作精神。

三、学前儿童韵律活动的指导

（一）学前儿童常规韵律活动的指导

1. 律动方面

对于刚入园的学前儿童来说，他们可能对音乐和舞蹈还不太熟悉，动作协调、节奏感等方面还需要培养和发展。在这种情况下，教师应该采用直观、易于被学前儿童理解与接受的方法，从简单动作入手，循序渐进地进行教学。

（1）教学前儿童按节拍做简单的动作

在教授韵律活动之前，确保学前儿童能够听音乐并合拍是非常重要的。只有理解音乐的节奏和节拍，才能够更好地进行动作的配合。教师可以从教授一些简单的动作开始，如二拍子和四拍子的拍手、走步、摇手、点头、举手、叉腰、转身等。这些动作不仅简单易学，而且可以帮助学前儿童提高动作的协调性和节奏感。同时，教师还可以运用模仿游戏的方式来教授动作，如摇娃娃、洗手帕、吹喇叭、打鼓等。这样的游戏可以提高学前儿童的参与度和兴趣，通过角色扮演的形式，让学前儿童更好地理解和掌握动作。在教授这些动作时，教师需要了解每个学前儿童的情况，并手把手地教导他们如何执行每个动作。这样的个体化指导可以帮助学前儿童从被动感受逐渐变成主动地、正确地掌握动作。

在教授学前儿童做动作时,教师还可以与学前儿童一起边哼唱歌曲边做动作。这样的做法可以吸引学前儿童的注意力,激发他们的兴趣和提高他们的积极性。通过与学前儿童一起哼唱歌曲,教师可以帮助学前儿童更好地理解音乐的节拍和韵律,同时动作的配合可以帮助学前儿童更好地掌握动作的节奏。此外,教师进行巡回检查也是非常重要的。通过巡回检查,教师可以及时纠正学前儿童在动作执行中的错误,帮助他们更好地掌握动作的技巧。

为培养学前儿童合着音乐节拍做动作,教师可以选择一些性质相同的音乐交替播放,提高学前儿童的音乐感受力和兴趣,使学前儿童一听到性质相同的音乐就会做出相同动作的反应。

在小班后期,要教授学前儿童区分不同拍子的音乐和相应的动作。通过听三拍子的音乐,并学习摇船等与三拍子相匹配的动作,学前儿童可以学会区分不同拍子的节奏。随着学前儿童年龄的增长和经验的积累,教师可以有意识地改变音乐的速度和力度来引导学前儿童做出相应的动作反应。这可以让学前儿童更加灵活地适应不同节奏和音乐的变化,提高他们的反应能力和创造性。如果学前儿童一开始不能注意到音乐的变化,教师可以用语言提示他们。例如,通过语言提示学前儿童"音乐快了,手要拍得快一些",帮助他们及时调整动作。随着时间的推移,教师可以逐步减少语言提示,让学前儿童自己听音乐并根据音乐做出相应的动作。在教学过程中,也可以让乐感强的学前儿童担任带头人,或者逐步过渡到全班儿童轮流担任带头人,带动大家注意音乐的变化。这样可以培养学前儿童的音乐感知能力和领导能力,同时也会让其他学前儿童更积极地参与到活动中。

（2）对学前儿童进行基本动作训练

①节奏训练。从早期阶段开始培养学前儿童的节奏感,对学前儿童是很有帮助的。除之前提到的内容外,对学前儿童进行打击乐器训练是一个很好的方法。打击乐器能够让学前儿童直接感受节奏,通过敲击乐器,他们可以学习节拍和韵律。到了中班阶段,可以进一步训练学前儿童使自己的动作与音乐的节奏相匹配。在这个阶段,学前儿童开始对音乐有更深入的理解,能够更好地感受音乐的旋律和节奏。

②控制训练。因为学前儿童的年龄较小,身体控制能力较差,表演动作的收式或起式通常显得松垮。在训练中,教师需要仔细强调每一个动作要领,确保学前儿童能够准确掌握动作的细节和要求,确保动作收放自如、稳健有力。教师还可以通过示范、演示等方式,让学前儿童观察和模仿标准动作,从而更好地掌握

动作要领。在训练中，教师还需要注意学前儿童的个体差异，针对不同学前儿童的身体特点和能力水平进行个性化的指导和帮助。

（3）丰富学前儿童的生活经验

学前儿童在表达和模仿动作时，由于年龄小和缺乏生活经验，可能无法准确地表达和模仿某些事物的形象。为了丰富学前儿童头脑中的形象，使他们的律动表演和模仿动作生动形象，并能表达出感情，必须丰富学前儿童的生活经验，让他们对所要表现的形象有一定的认识和理解。下面介绍两个实例。

①实物观察。小班学前儿童在学习"鸭走"之前，教师带领学前儿童到动物园观察鸭子长什么样，是怎样走路的。学前儿童会对鸭子的外形特征、走路特点有一定的印象。教学时，当教师一提出要学"鸭走"动作时，学前儿童就会做出不同的反应。有的学前儿童把双手放在嘴前学鸭子叫，发出"呷、呷"的声音；有的学前儿童双腿弯曲，双手放在身体两侧，脚呈八字形，左右摇摆，显出笨拙的样子，学习鸭子走路。这样，学前儿童通过观看，在头脑中留下了比较深的印象，因此在随音乐做这些动作时，就能用各种方式，富有感情地表现出来。同样，在中、大班学前儿童学习表演"种树苗"的动作时，先组织学前儿童观看教师种下一棵小树苗的过程，使学前儿童了解种植树苗的整个过程。通过演示，学前儿童在表演模仿动作时就会更为逼真。

②让学前儿童亲自动手、体验生活。教师在教小班学前儿童学习表演"洗手帕"动作之前，让每个学前儿童准备好一条手帕，在自己的小盆里搓洗。虽然有的学前儿童把衣服弄湿，把水洒了一地，但学前儿童对怎样才能把手帕洗干净有了一定的认识。在教师教类似动作时，学前儿童马上就会想起自己洗手帕的情景。于是，有的学前儿童会把衣袖高高卷起，有的学前儿童会做拿盆盛水的动作，有的学前儿童会做双手用力搓、擦肥皂、拧干、晾晒等一系列动作。经过自己动手实验，学前儿童不仅加深了对所学动作的记忆，还能够创造性地进行表演。

（4）语言讲述与提示启发

准确而生动的讲述和提示启发，能够有效集中学前儿童的注意力，并使他们做好学习新动作的心理准备。这有助于将学前儿童的思想感情引向与将要学习的动作内容相一致的方向，激发他们的联想与想象，从而使他们产生形象思维。为了更好地引导学前儿童，首先，教师可以告诉他们所表演动作的名称；其次，教师可以提示和帮助学前儿童回忆平时观察到的该动作的动作要领；最后，教师需要进行准确的动作演示，并解释每一个细节和要领。通过边做边解释的方式，教师可以确保学前儿童能够全面掌握动作的要求和标准。

2. 舞蹈方面

（1）熟悉音乐

音乐是舞蹈的重要组成部分，舞蹈动作要依据音乐来进行。教师应引导学前儿童倾听音乐，熟悉音乐的特点和变化，注意动作和音乐的关系。加深学前儿童对音乐节奏、情绪的体验，按音乐的节拍做动作。若以歌曲伴随舞蹈，应让学前儿童先学习唱歌，再学习舞蹈动作。

（2）教师示范

在学前儿童学习舞蹈动作之前，教师要随着音乐完整地示范表演舞蹈。教师的示范动作要准确、熟练，精神要饱满，动作要富有感染力。

（3）语言提示

在教动作的过程中，教师可以合着音乐的节拍，运用一些口令辅助教学。例如，教踵趾小跑步时，可运用口令或配合曲调唱"脚跟、脚尖、跑跑跑"，也可用"跟、尖、一二三"来提示学前儿童。学习"三步"时，可以配合曲调喊"左右左，右左右"，也可用口令"一二三，一二三"。但不能过分依赖语言的作用，不能用口令代替音乐，要尽快地让学前儿童从听口令做动作，过渡到跟音乐节拍做动作。

（4）动作难度适当

在组织学前儿童舞蹈活动中，简单、多重复是基本的原则。舞蹈难度不能高到丧失集体舞本身的愉悦性，也不能简单到让学前儿童失去挑战的乐趣。因此，集体舞中一般会有一两个稍有挑战性的舞蹈动作或者队形变化形式，让学前儿童保持积极学习的热情。其中动作或者队形的转变频率要适当，要符合学前儿童的水平，让他们有足够的反应时间。

（5）学习舞蹈队形

学前儿童基本上学会跳舞以后，教师还要告诉他们队形的排列。关键是让学前儿童了解自己所处的空间位置及其与别人的关系。例如，自己站在哪边，前后左右是谁，做完一个动作应向哪个方向转身或走哪一条线路，经过谁的前面或绕过谁的后面，排成什么样的队形等。学习之前，应让学前儿童看一次完整的示范，可以先组织一部分学前儿童排队形，另一部分学前儿童观看，然后互换，也可以同时组织全体学前儿童排队形。有时，还可以采用一些辅助方法。例如，教师可以边讲边在黑板上画出队形图和变换队形时的路线图。这种方法对于大班学前儿童或舞蹈能力较强的学前儿童能起作用，但对于小班儿童或舞蹈能力较弱的学前儿童则不太适宜。碰到较难练的队形或变换比较复杂的队形，教师在排练中可以在地上画出记号，帮助学前儿童掌握自己的位置。

（二）学前儿童创造性韵律活动的指导

从广义方面来看，幼儿园所有伴随音乐进行的身体艺术表现活动都是创造性韵律活动。从狭义方面来看，创造性韵律活动特指以发展学前儿童的创造性为主要教育目标的韵律活动，具体包括创编动作、创编动作组合、提出有创造性的意见或建议等。

1. 创编动作

学前儿童在韵律活动中创编动作的方法主要有自由的即兴表演和有引导的动作创编两种。

（1）自由的即兴表演

自由的即兴表演是指尽量用新颖、富有个性化的动作即兴随乐表演。学前儿童可以表现整段音乐，也可以仅在某个乐句或乐段中自由表演，而在其他乐段、乐句中完成规定的统一动作。

（2）有引导的动作创编

有引导的动作创编是指教师先向学前儿童提供某一种或几种改变原有动作的思路，然后通过分析自己或学前儿童提供的范例来逐步引导全体学前儿童学习怎样更好地进行动作创编。

当然，一次独立的创造性韵律活动的学习时间总是有限的。教师不可能也没有必要一次性地倾尽自己已经掌握的所有思路，给学前儿童灌输过多。在创造性韵律活动中，教师应该遵循以下原则：适度地把握创编的时间和创编的数量，从而保证学前儿童既不至于感到过度疲劳和厌烦，又能获得舒适愉快的学习体验。

2. 创编动作组合

（1）按情节创编

按情节创编是指教师先向学前儿童提供将要表现的故事情节，然后引导学前儿童学习如何用相应的动作来表现这些故事情节。

（2）按音乐创编

按音乐创编是指教师先引导学前儿童体验音乐的结构与情感，然后引导学前儿童学习如何用相应的动作来表现这些结构与情感。

3. 提出有创造性的意见或建议

提出有创造性的意见或建议一般都渗透在各个韵律活动中，不会作为单独的韵律活动来安排。教师可在活动中提供机会，让学前儿童提出一些意见或建议，包括对学习中的程序或方法，对韵律活动的队形变化或人际交流方式，对分组、角色分配、道具使用等提出意见或建议。

第五章　学前儿童音乐欣赏活动设计

音乐教育作为美育教育的一部分，它对于文化传承、陶冶情操、提高审美能力起到了独特的作用。音乐教育除引导学前儿童了解基本的音乐知识和技能外，还有一种重要的形式就是音乐欣赏。欣赏具体的音乐作品，可以提高学前儿童的欣赏能力和审美能力，丰富学前儿童的音乐知识，启发学前儿童初步感受美和表现美的情趣。本章围绕学前儿童音乐欣赏活动的内容、学前儿童音乐欣赏能力的发展、学前儿童音乐欣赏活动设计与指导等内容展开研究。

第一节　学前儿童音乐欣赏活动的内容

选择恰当的教育内容是进行音乐欣赏活动的重要环节之一。一般来说，学前儿童音乐欣赏活动的教育内容包括三方面，即倾听周围环境的声音、对音乐作品的欣赏、音乐欣赏的简单知识和技能。

一、倾听周围环境的声音

英国莱斯特大学心理学院的音乐研究小组曾公布一篇心理学研究报告，报告中指出婴儿能够记得出生前 3 个月内听到的音乐。这个小组还指出，只有在妊娠的 5 个月后，胎儿才可以完全听到声音。这说明学前儿童从胎儿期就已经开始具备对声音的反应。胎儿在母体中可以感受到母亲的心律声，如果用左手去抱出生后的婴儿，他们会比较安静，因为母亲的心脏就在身体偏左的部分。

婴儿出生 6 天后就可以听到一些细微的声音，但直到出生 3 个月后，婴儿才会明确地对外界声音做出反应，包括积极地把头转向声音发出的方向。4 个月大的婴儿可以"倾听"音乐，5 个月的婴儿可以初步感知音乐旋律的变化。大部分婴儿在 1 岁左右听到音乐时，可以马上安静下来，并随着音乐的旋律进行摇摆。

通常来讲，2 岁左右的学前儿童对父母或其他人唱的歌曲比较感兴趣，在游戏的过程中会咿呀唱歌，并且尝试用身体或带有声音的物品创作音乐。进入幼儿园后，倾听音乐成为学前儿童日常生活的一部分，其听辨能力、音乐理解能力、鉴赏能力都在不断发展。

对于学前儿童而言，要想真正走进音乐殿堂，感受并理解音乐，倾听便是打开音乐殿堂之门的一把钥匙。声音无处不在，教师要利用各种时机，鼓励学前儿童进行倾听，使倾听逐步内化为学前儿童自身的习惯。

（一）倾听人体声音

教师可以和学前儿童面对面，让学前儿童模仿教师发出拍手声、捻指声、弹击声、拍腿声、跺脚声、脚跟脚尖声、轻快的跳动声等各种各样的声音，也可以让学前儿童模仿各种噪声等。

（二）倾听周围的声音

在活动室可能听到的有走路时发出的声音、撕纸的声音、翻书的声音，以及教师弹琴的声音等；在庭院、操场上可能听到的有大雨哗哗声、风吹树枝摇动的声音、跳绳的声音、跑步的声音等；在公园、郊外游玩时可能听到的有人们交谈的声音、玩具枪发出的声音等。

（三）倾听大自然的声音

大自然是最神奇的艺术家，只有细心地倾听大自然、亲近大自然，才能揭开大自然神秘的面纱。大自然中充斥着各种声音，如风雨声、鸟啼声、水流声、蛙声等，教师在日常生活中要制造更多的机会让学前儿童倾听大自然的声音。例如，教室内正在进行科学活动，突然狂风骤起，吹得树叶沙沙作响，学前儿童纷纷跑到窗前去观风、听风，这时候教师可以对他们进行随机教育，引导他们倾听风的声音。总之，兴趣是最好的教师，教师应该善于利用大自然中各种美妙的声音培养学前儿童的倾听能力。

（四）倾听生活中的声音

与大自然的声音相比，学前儿童更熟悉生活中的声音。在带学前儿童散步的时候，可以让他们倾听庭院、活动场外的声音，如轻声说话声、走路声、车声等；与学前儿童面对面坐在一起时，通过游戏让学前儿童模仿教师发出的各种各样的声音，如拍手声、跺脚声、蹦跳声以及各种噪音。这些都是学前儿童十分喜欢的游戏形式。这些听力游戏和活动都是非常简单的，既能够丰富学前儿童对声音的感性经验，也能够培养儿童的音乐欣赏能力。

二、对音乐作品的欣赏

倾听周围的声音不是音乐教育的目的，而是为欣赏音乐做准备的。广泛地倾听不同风格和类型的音乐作品，在很大程度上有助于激发学前儿童的音乐兴趣，开阔学前儿童的视野，提高学前儿童对音乐作品的欣赏能力。在给小班学前儿童听音乐时，最好将时间控制在 3 分钟之内，并且指导学前儿童说出他们正在倾听的这段音乐的某些特征。中、大班学前儿童的听觉能力已经显著提高，他们对音乐作品有了更为持久的兴趣和更为专注的态度，可以欣赏一些时间较长、更具细节的音乐，如《听妈妈讲那过去的故事》等。

通常来讲，适合学前儿童欣赏的音乐作品主要有以下几种。

①优秀的中外少年儿童歌曲，包括创作歌曲和广泛流传的民歌。例如，《歌声与微笑》（谷建芬作曲，王健作词），《听妈妈讲那过去的故事》（瞿希贤作曲），《小燕子》（王云阶作曲），《小白菜》（河北民歌），《美丽的乡村》（意大利民歌），《铃儿响叮当》（美国儿童歌曲）。

②由歌曲所改编的器乐曲，包括由中外优秀的学前儿童歌曲或民歌所改编的器乐曲。例如，《瑶族舞曲》（根据瑶族民歌改编），《太阳出来喜洋洋》（根据四川民歌改编），《沂蒙山小调》（根据山东民歌改编），《洋娃娃与小熊跳舞》（根据波兰儿童歌曲改编）。

③专门为学前儿童所创作的器乐曲。例如，《小士兵进行曲》[德国作曲家舒曼（Schumann）作曲]，《雪花飞舞》[法国作曲家德彪西（Debussy）作曲]，《小白兔跳跳跳》（陈兆勋作曲），《扑蝴蝶》（丁善德作曲），《青蛙合唱队》[美国著名作曲家汤普森（Thompson）作曲]。

④专门为学前儿童所创作的音乐作品片段。例如，《龟兔赛跑》（史真荣作曲），《骄傲的小鸭子》（周群烈作曲）。

⑤中外优秀音乐作品或其中的片段。例如，《牧童短笛》（贺绿汀作曲），《土耳其进行曲》[奥地利作曲家莫扎特（Mozart）作曲]，《金蛇狂舞》（聂耳作曲），《四小天鹅舞曲》[俄罗斯作曲家柴可夫斯基（Tchaikovsky）作曲]，舞剧《白毛女》，《如歌的行板》（柴可夫斯基作曲），《玩具兵进行曲》[德国作曲家耶塞尔（Jessel）作曲]，《钟表店》[德国作曲家奥尔特（Orth）作曲]，《仲夏夜之梦》[德国作曲家门德尔松（Mendelssohn）作曲]。

随着我国教育的发展，学前儿童音乐欣赏活动也已经从单纯的音乐作品欣赏逐步扩展到童话剧、戏剧、哑剧、快板、动画片等多领域的艺术内容的欣赏。因此，教师在进行音乐作品欣赏活动时，要选择更为广泛的艺术表演形式，给学前儿童更多美的享受。

音乐欣赏是一种复杂的心理活动过程，在这个过程中，学前儿童要想在大脑中塑造出较为完整的音乐形象，就要借助想象力进行再创造，因此不能单纯地通过听音乐培养学前儿童的欣赏能力，教师在音乐欣赏活动中还可以结合故事、歌唱、游戏、音乐表演等形式，使活动更为具体、生动，富有趣味，让学前儿童共同参与到活动中，在愉快轻松的氛围中更好地对音乐作品进行感知和理解。同时，教师也可以将音乐欣赏活动作为其他活动的延伸内容，从而使主题活动更为完整，也可以加深学前儿童对音乐作品的理解。

三、音乐欣赏的简单知识和技能

（一）倾听

音乐作为一种声音的艺术，是看不见、摸不着的，"倾听"是音乐欣赏中最为重要的方法。为了让学前儿童更好地对音乐作品进行理解，就必须带领学前儿童进入音乐的意境中多听。只有学前儿童真正获得了倾听的能力，教师才可以着手培养他们在音乐方面的其他能力。

在过去的音乐教育中，教师往往注重对音乐知识的传授，而忽视了对学前儿童听觉能力的训练。学前儿童音乐欣赏能力的培养，理应从培养学前儿童倾听的能力，了解不同声音的特点，对周围生活中的各种声音产生倾听的兴趣开始。总之，倾听是开展音乐欣赏活动的前提条件。

（二）理解音乐作品的情绪、内容和主要结构

音乐所呈现的内容是十分广泛的，有反映民族风情的，有展现自然风光的，有表现人们的情感生活的。通常来讲，不同音乐作品所表现的范围是不同的，既能够对激昂、愤怒的情绪进行描写，也能够对宁静、热情的心情进行表达。

例如，音乐《小白兔与大黑熊》，曲式是典型的 ABA 结构，曲风欢快明亮，充满趣味。在活动中，教师可组织学前儿童以小白兔和大黑熊的身份参与活动，理解音乐作品的内容，在游戏的过程中让学前儿童感知到音乐中间段与首尾段的不同等。

（三）利用一定的媒介创造性地表达对音乐的感受

音乐是一种极富感染力的艺术，可以给人精神上最美的享受和最强的震撼。学前儿童有欣赏音乐的积极性，音乐往往可以引起他们情感方面的共鸣，而进行

音乐欣赏活动则给予学前儿童一个极为宽松和自由的展现音乐魅力的机会。音乐欣赏已不再是单纯地传授乐理知识或是听音乐，而是与其他活动（主要指绘画、舞蹈等）紧密结合在一起，是一种需要学前儿童共同参与到其中的音乐，在这种积极主动参与的过程中，学前儿童的感受力、表现力和创造力得到了明显的提升。因此，在音乐欣赏活动中，教师应引导学前儿童运用各类活动创造性地表现音乐。

（四）分辨声乐与器乐的音色

音乐是一门听觉艺术，培养学前儿童敏锐、聪慧的音乐听觉能力，是进行音乐欣赏的基础。这种能力并非生下来就具备，而是更多地依靠后天的训练和培养。在幼儿园内进行的音乐欣赏活动主要是声乐和器乐欣赏，教师需要在日常生活中注意培养学前儿童的听辨乐曲能力，使学前儿童了解不同特点的音色所呈现的音乐形象是不同的，进而领会音乐作品所传达的情绪。

例如，音乐《赛马》用二胡形象地展现了一望无际的大草原上万马奔腾的场景，旋律欢快而奔放，用二胡对马蹄声进行模拟，充分展现了音乐所要表达的欢快的情景，马儿奔腾的形象生动而具体，具有较高的欣赏价值。

第二节　学前儿童音乐欣赏能力的发展

由于音乐形象存在着不确定性与多义性，学前儿童受其身心发展水平、音乐教育环境以及对音乐的兴趣爱好等因素的影响，对音乐的倾听、感知、理解、想象以及审美能力的发展存在着较大的差异。学前儿童的音乐欣赏能力发展主要表现在以下几个方面。

一、倾听与审美感知能力的发展

"倾听"不同于一般的"听"，倾听是一种有意识的听，它不仅涉及注意力的参与，还涉及情感的参与。在音乐欣赏中，倾听的态度、情感参与和倾听能力是至关重要的基础。

首先，倾听的态度是影响音乐欣赏体验的关键因素之一。要以开放、专注和尊重的态度来倾听音乐。这意味着要全神贯注地聆听音乐，不受外界干扰，并尊重音乐的原创性和艺术性。

其次，情感参与是音乐欣赏的核心。音乐是一种情感表达的艺术形式，它能够激发人们的情感共鸣和联想。在欣赏音乐时，要关注自己的情感反应，感受音乐所表达的情感，并尝试与音乐产生情感联系。只有通过情感参与，才能真正体验到音乐的美妙之处。

最后，倾听能力也是音乐欣赏的重要基础。这包括对音乐要素的认知、对音乐结构的理解以及对音乐风格的掌握等方面。提高倾听能力，可以更好地理解音乐作品，更深入地欣赏其中的艺术价值。

学前儿童在 3 岁之前的倾听经验是相当丰富的。从出生开始，他们就对周围的声音和音乐产生了浓厚的兴趣。随着年龄的增长和活动范围的扩大，他们可以接触到更多的声音和音乐。如果教育得当，学前儿童将逐渐养成良好的倾听习惯，能够更好地感知和理解周围的世界。然而，如果教育不当，有些学前儿童可能会出现听而不闻的情况，无法形成良好的倾听技能。

在良好的教育培养下，3～4 岁的学前儿童会更多地自发倾听环境中的各种声音并主动地分辨与描绘这些声音，如下大雨与下小雨有什么不同，不同的动物、交通工具发出的声音有哪些不同等。在音乐活动中，学前儿童会按教师的要求更仔细地倾听各种音响，逐步养成注意倾听教师、同伴的歌声和琴声伴奏的习惯，区别有明显差异的音乐作品的性质，对有不同音乐情绪的乐曲有了初步的感受。

在良好的教育培养下，4 岁后学前儿童在倾听的主动性和自觉性方面有了显著的发展。他们不仅能够按照要求认真倾听、描述和分辨声音，还能够更加主动地倾听周围环境中的各种声音和音乐。这表明他们的听辨能力和描述能力得到了进一步的提高。在专门组织的音乐活动中，4～5 岁的学前儿童开始能逐步分辨声音的细微变化，他们能欣赏内容较为广泛、性质多样的音乐作品，能区分音乐中明显的速度、力度、节拍和节奏型的变化，还能听出乐段、乐句之间明显的重复与变化，如乐曲《熊跳舞》分为 ABA 三段，A 段音乐主要在低音区演奏，节奏较缓慢；B 段音乐在高音区演奏，节奏轻快，AB 两段音乐在音高、节奏、速度等方面形成明显的对比，5 岁初的学前儿童就可以较容易地进行听辨。5～6 岁的学前儿童听觉分辨能力更加精细，可以感知音乐作品中的细节部分，还能感受、辨别较为复杂的器乐曲结构、音色以及在情绪风格上的细微区别，如 5 岁中期的学前儿童可以感受并初步分辨出《狮王进行曲》中狮子走路、吼叫部分音乐的明显变化，但是狮子走路旋律的变奏部分与主旋律的区别就比较细微，一般要 5 岁末期及 6 岁后的学前儿童才能听辨出来。

二、理解与审美想象能力的发展

理解是音乐欣赏的重要基础，它让我们能够更深入地体会和感受音乐所传达的信息。理解音乐所引发的情绪和情感，能够帮助我们更好地与音乐产生共鸣。此外，理解音乐所引起的想象和联想内容，可以丰富我们对音乐的理解和感受。同时，理解音乐所传达的思想内容能够让我们更深入地思考和探索音乐所传递的意义。

3 岁前的学前儿童对音乐的理解非常有限，他们通常易对节奏鲜明、旋律优美、音响柔和的音乐产生积极反应，2～3 岁的学前儿童能在教育者的直观启发下初步理解十分明显的音乐情绪，如在反复欣赏《学做解放军》与《宝宝要睡觉》的基础上，提供两幅有关的形象图片，大部分学前儿童都能较正确地匹配。

3 岁的学前儿童已经开始初步理解音乐所表达的思想和情感。他们可以通过歌曲的歌词内容来理解并产生思考，也能够通过简单的器乐曲的音乐情绪来感受音乐的意义。例如，听到《摇篮曲》，他们会理解这是妈妈在哄宝宝睡觉。学前儿童的联想与想象能力也在逐步发展，他们可以将音乐的性质与动物形象进行联想。这种能力的发展不仅展示了学前儿童的音乐感知能力，也为他们将音乐与实际生活中的事物联系起来提供了平台。这有助于他们更好地理解和体验音乐，并且为他们的音乐教育奠定坚实的基础。

4～6 岁的学前儿童不仅能理解歌词内容稍复杂的歌曲，对器乐曲的理解能力也进一步增强。其中，4～5 岁的学前儿童借助歌词以及生活经验、音乐经验，基本能理解形象鲜明的乐曲所表达的艺术形象以及音乐的变化，如他们能理解《摇篮曲》最后结束句的渐弱渐慢，是表示宝宝慢慢地睡着了。他们还学会初步理解音乐中变化较为明显的形式结构，如听了《瑶族舞曲》后，对于基本相同的头尾两段，他们能将第一段理解为一群瑶族哥哥和姐姐迈着优美的步伐准备参加舞会，将第三段理解为夜深了瑶族哥哥和姐姐准备回家，对于节奏特别强烈的第二段，他们认为这才是瑶族哥哥和姐姐在热情奔放地跳舞。5～6 岁的学前儿童对纯器乐曲的理解能力进一步增强，能在清楚辨别音乐的速度、力度、音色、结构等较细微变化的基础上，展开大胆的联想与想象，如他们能初步理解同样是进行曲的《解放军进行曲》《运动员进行曲》《拉德斯基进行曲》，并有很多不同的感受，对每部音乐作品都能形成自己独特的理解。

三、审美创造性表现能力的发展

学前儿童音乐欣赏与创造性表现活动尚处于不分化的状态之中，因此学前儿童音乐欣赏活动总是伴随着创造性表现活动而进行的。

在良好的教育影响下，3 岁前的学前儿童逐渐学会运用动作、嗓音和脸部表情对音乐做出直觉的反应。他们开始了解并运用一些手段来表达自己的音乐感受，逐渐变得更加自如地运用这些表现手段。身体运动是 3 岁的学前儿童最容易掌握和最经常使用的创造性音乐表现手段。随着年龄的增长，他们逐渐学会用更精确、简单的动作来表达自己的音乐感受。到了 3 岁末期，他们已经能够初步意识到应该尽量使自己的动作与他人不同，这表明他们开始有了创造性表现意识。3 岁的学前儿童运用语言进行创造性音乐表达时显得相对困难，喜欢运用一些简单的类比性描述。例如，听到一首关于小鸟的音乐，第一部分音乐声音清脆，第二部分音乐声音更加多样，学前儿童就会说："这是小鸟，那是它的爸爸妈妈，它们一起出去玩……"

4 ～ 6 岁的学前儿童在音乐欣赏过程中的创造性表现能力进一步增强，在良好的教育影响下，学前儿童逐步学会运用各种手段创造性地表现自己对音乐的感受与理解，与前一阶段相比，其创造性表现意识更为强烈，表现手段、形式更加多样，有身体动作、嗓音表达、语言描绘、绘画表现等；表现得更细致、完美，更具艺术情趣。

四、审美注意力的发展

心理学研究表明，学前儿童的认知活动由不随意性、不自觉性向随意性、自觉性发展，认识水平从以具体形象为主要形式到抽象概括过渡。[①]一般来讲，让学前儿童较长时间积极、主动地沉浸于音乐欣赏与探究活动是比较困难的。有关统计表明，学前儿童可以集中注意力聆听陌生音乐约 5 分钟。

因此，学前儿童音乐欣赏活动有时可以组织为一种与成年人高雅的欣赏活动类似的审美性欣赏活动，但更多的时候适宜组织为类似"听赏游戏"的活动，体现游戏式的欣赏与全身心的享受。学前儿童在与音乐的互动和游戏中获得对音乐的理解、想象以及对音乐表现手段的认识。

五、审美心理能力的发展

一般来讲，人的审美心理过程往往需要经历审美感性的三个阶段。

第一阶段是准备阶段。这一阶段包括审美注意与审美期待，这两种心理活动构成了审美定向系统，促使审美主体采取特别的心理定式，为即将展开的审美感性做好准备。

① 黄娜. 浅谈小学低段学生音乐实践能力的培养 [J]. 中国体卫艺教育论坛，2007（5）：23.

第二阶段是发展阶段。这一阶段包含审美知觉、审美想象、审美领悟、审美情感等多种相互关联、相互渗透的心理活动，这一心理过程是审美感性的高潮阶段。

第三阶段是延续阶段。这一阶段主要含有审美回味这一心理活动，有时也会出现审美反思活动。在审美回味的过程中逐渐形成一种审美心境，并持续一段时间。

作为对人的审美心理活动的研究，审美感性过程同样适合于学前儿童，特别是"审美感性活动始于审美注意"的特点，在学前儿童的身上体现得更为显著。一般来讲，学前儿童的音乐审美心理发展大体表现出以下两个特点。

第一，在大约 3 岁的时候，学前儿童开始出现最初的审美心理活动，标志着他们进入了审美心理的敏感期。在这个阶段，学前儿童开始对美好事物的特征产生兴趣，能够体验到美的感受，并开始形成初步的审美偏好和审美标准。这是学前儿童最初审美心理结构的雏形，该阶段可称为"前审美阶段"。该阶段的大部分学前儿童喜欢具有典型形式美的艺术作品，如优美动听的歌曲、欢快活泼的舞蹈、色彩鲜艳的图画和令人愉悦的儿歌故事等；愿意学习唱歌、舞蹈，喜欢模仿艺术作品中人物的语言、动作、表情等，从中获得快乐。

第二，整个学前期，学前儿童的审美能力迅速发展，有了初步的审美偏好与审美评价活动，也有了模糊的审美标准。该阶段可称为"审美心理萌芽阶段"。在获得审美体验的同时，学前儿童开始有了审美偏好。一般来讲，女孩比较偏爱优美的舞蹈与音乐，喜欢参加艺术表演活动；男孩大多数喜欢荒诞夸张的音乐与故事、快速的音乐以及激烈的舞蹈动作等。

在审美评价方面，5 岁以上的学前儿童基本能采用一般的审美标准或凭借审美直觉评价同伴与自己歌舞的优劣等。在学前阶段，学前儿童还未能掌握艺术性的审美标准，也难以按照艺术标准去评价自己与他人的艺术行为与表演。

第三节　学前儿童音乐欣赏活动设计与指导

一、学前儿童音乐欣赏活动的选材

学前儿童音乐欣赏活动的材料包括音乐作品和辅助性材料。因此，选择音乐欣赏材料时也要从这两方面来进行。

（一）音乐作品

适合幼儿园进行音乐欣赏活动的音乐作品有很多，一般可以分为声乐和器乐两大类，其中又存在体裁、内容、形式、风格上的不同。由于学前儿童的思维不能像成年人那样抽象地理解音乐作品，在对音乐作品材料进行选择时应该考虑以下几点。

1. 音乐作品要符合教育要求

音乐欣赏活动是促使学前儿童和谐发展、健康成长的一种重要手段，教师在对音乐作品进行选择时要考虑作品是否与教育要求相符，避免选择低俗的音乐作品。由于人的认识通常是先入为主的，第一印象总是更为深刻的，如果第一印象是错误的，那么日后就很难进行纠正，同时也就很难形成正确的概念和观念。因此，学前儿童所接触的音乐作品是否具有教育性就变得十分重要。例如，欣赏《勤劳的小蜜蜂》《劳动最光荣》《粉刷匠》等在一定程度上能够激励学前儿童培养热爱劳动、勤劳的优秀品质，成为其终生精神生活的宝贵财富。

2. 音乐作品要符合学前儿童的年龄特点和欣赏水平

大多数音乐作品都是十分优秀的，但由于学前儿童年龄小，认知水平较低，欣赏能力有限，对音乐作品的理解具体而浅显，难以理解较为复杂、抽象的音乐作品。所以，在对音乐作品进行选择时，教师应深入了解学前儿童当前的认知发展水平和已有的欣赏水平，通过对乐曲本身的特点进行分析，再决定作品是否适合学前儿童欣赏。审美启蒙是进行音乐欣赏活动的目的，而不是简单地进行音乐知识的灌输，也不是培养小小音乐家。

一般来讲，小班的音乐欣赏活动中歌曲所占的比例较大，欣赏时间不应该过长，乐曲应形象鲜明、富有特点、节奏明快、歌词简单，便于学前儿童进行理解和记忆。中、大班的学前儿童可以选择内容更广泛、风格更多样的作品，可以适当增加音乐的篇幅，使得音乐形象更为丰富。

3. 音乐作品要符合学前儿童的兴趣，贴近学前儿童的生活

兴趣是学前儿童主动倾听音乐的力量，学前儿童对自己周围的事物充满了好奇心和探究的欲望，欣赏的音乐作品理应与学前儿童的生活贴近，与学前儿童的周围生活和环境相关。学前儿童已经对自己身边那些感兴趣、熟悉的内容积累了一定的生活经验和感性认识，这为其更好地理解音乐、欣赏音乐提供了良好的前提，而且也会让学前儿童真正地感受到"音乐就在身边"。例如，《让爱住我家》

是一首突出家庭温馨的歌曲，整首歌曲的旋律非常柔和，歌词朴实，贴近学前儿童的生活，充分体现了家庭成员之间满满的爱意，适合学前儿童进行欣赏和歌唱。

（二）辅助性材料

音乐欣赏活动应该成为学前儿童积极主动的活动，单纯地通过给学前儿童听音乐来培养其欣赏能力是远远不够的，在活动中可以使用辅助性材料，让学前儿童更好地感受音乐。一般来讲，音乐欣赏活动中的辅助性材料包括视觉材料、动作材料和语言材料三种。

1. 视觉材料

视觉材料主要是指与欣赏音乐要求、性质相一致的，同时又形象、生动地反映了音乐作品中的内容、结构及情绪的可视材料。视觉材料既可以是在时空中静止的（如图片、雕塑等），也可以是在时空中流动的（如影像、多媒体课件等）。由于学前儿童尚处于具体形象思维阶段，他们不可能用成年人的思维去感受和理解复杂的音乐。视觉材料的运用就起到了把音乐材料简单化、形象化的作用，不仅能够帮助学前儿童理解音乐，把握音乐的内涵，还可以对学前儿童的创造力和想象力进行培养。

例如，在欣赏《草原小牧民》并准备辅助性材料时，前一段音乐节奏较为舒缓，主要展现的是辽阔宁静的草原，构图应淡雅，色彩以白、绿、蓝为主；后一段音乐节奏欢快，突出了牧民朝气蓬勃的精神风貌，画面要富有动感，色彩应鲜艳热烈。①

2. 动作材料

动作材料主要是指与欣赏的音乐性质相符，同时又可以反映音乐的节奏、结构、旋律等的动作。"动作"是婴幼儿认识周围世界的主要途径之一。在音乐欣赏活动中，要感受音乐的节奏，提高音乐欣赏的能力，发挥学前儿童的想象力和创造力，是离不开学前儿童的动作的。当音乐响起时，学前儿童会情不自禁地手舞足蹈起来。运用动作和音乐相结合的形式被认为是学前儿童音乐欣赏活动中十分有效果的一种欣赏形式。

例如，在欣赏《洋娃娃和小熊跳舞》时，教师可以组织学前儿童创编舞蹈，在两两结伴的情况下，按照音乐的节奏，自由探索用动作对音乐加以表现，在愉快的气氛中确保大部分学前儿童可以熟练自如地边听音乐边即兴表现。

---

① 郑晓英. 幼儿音乐活动的有效指导 [J]. 华夏教师，2013（11）：70-71.

3. 语言材料

语言材料在音乐教育中发挥着重要的作用。教师通过讲述故事、朗读诗歌或引导学前儿童唱儿歌，可以帮助学前儿童理解音乐的情感表达和故事情节，增强他们对音乐的兴趣和理解力。例如，在故事中加入音乐元素可以为学前儿童打开想象力的大门，让他们通过听故事和感受音乐来构建情节和人物形象。教师通过让学前儿童参与角色扮演、起舞或表达感受，可以帮助学前儿童更深入地理解音乐的节奏、旋律。

在音乐欣赏活动中，将语言材料与音乐欣赏相结合，不仅可以激发学前儿童的情感共鸣和兴趣，让他们听得愉快、学得轻松，同时也可以开发学前儿童的智力，发展学前儿童的扩散性思维，提高学前儿童的审美能力。例如，在欣赏《龟兔赛跑》时，教师可以向学前儿童讲述龟兔赛跑的故事，让学前儿童对故事的内容加以了解，从而明白音乐所表达的含义，并且可以进行配乐表演。《挪威舞曲》是典型的 ABA 曲式的乐曲，节奏变化清晰，其节奏变化与绘本《母鸡萝丝去散步》的画面内容有异曲同工之妙，适合应用在学前儿童的音乐欣赏活动中。结合故事情节对音乐作品进行欣赏，可以让学前儿童更全面地理解音乐中轻快与急促的 ABA 曲式。

二、学前儿童音乐欣赏活动的设计

（一）导入

1. 从完整作品开始

这种方式比较适合于结构单纯、清晰的作品，以及不太注重感知体验细节的教学设计。例如，在欣赏音乐《赛马》时，教师可以身穿蒙古族服装，引起学前儿童的兴趣，随后教师出示大草原的图片，告诉学前儿童要带他们去大草原游玩。接着教师播放《赛马》的音乐，让学前儿童完整欣赏，在欣赏的过程中，教师可以随音乐的旋律做骑马等动作，帮助学前儿童更好地理解音乐。

2. 从作品的某个部分开始

这种方式比较适合于结构稍复杂的作品，以及比较注重感知体验细节的教学设计。例如，《挪威舞曲》的 ABA 段式结构明显，变化清晰，A 段轻快活泼，B 段紧张急促。在这个音乐欣赏活动中，教师可以将情景和游戏贯穿整个活动。先让学前儿童欣赏 B 段，展现小动物在森林中玩耍时遇到险情的音乐形象，让学前儿童进行有主题的音乐想象与表现，帮助学前儿童在轻松的氛围中理解、表现音乐，感受音乐带来的美感和乐趣。

3. 从某种辅助性材料开始

这是与专门性的教学设计相对应的。

（1）从其他音乐活动导入

①歌唱活动。例如，在《落叶》音乐欣赏活动中，活动开始时，教师可以说："秋天来了，瞧，树叶落下来了，你们还记得我们学过的歌曲《秋天》吗？我们一起来唱一遍吧。"由此导入音乐欣赏活动。

②奏乐活动。例如，在《加沃特舞曲》音乐欣赏活动中，教师创设快乐的修鞋老头情境，借助语音总谱、动作总谱引导学前儿童有节奏地"钉鞋"，之后再进行整体音乐的欣赏。

③韵律活动。例如，在《小海军》音乐欣赏活动中，教师引导学前儿童随音乐律动，使学前儿童初步感受乐曲的音乐性质。

④音乐游戏。例如，在《咿呀咿呀哟》音乐欣赏活动中，教师先引导学前儿童玩听辨反应游戏，听到音乐中出现"咿呀咿呀哟"时快速举手。

（2）从文学活动导入

例如，在《小池边》音乐欣赏活动中，教师以配乐故事表演进行导入。"在一个美丽的地方，住着一群可爱的小孔雀。小孔雀最喜欢到水池边玩，它们用嘴梳理翅膀上的羽毛，开屏展示自己的美丽。它们在清清的水池边戏水。太阳下山了，快乐的小孔雀们回家了，它们越飞越远……"

（3）从美术活动导入

例如，在《跳舞的树叶》音乐欣赏活动中，教师引导学前儿童观察秋风中的落叶："秋天到了，小树叶纷纷跳起舞来，离开了树妈妈。你能把跳舞的树叶画下来吗？"在学前儿童绘画的过程中，教师播放《跳舞的树叶》，让学前儿童边画边欣赏音乐。

（二）欣赏

1. 歌曲

对歌曲的欣赏，教师可先采用示范法、对话法、音像匹配法等引导学前儿童理解歌词内容，之后再通过多感官参与法、联想法、情境法等重复深入欣赏，以引导学前儿童理解歌曲传达的情绪、情感。

例如，在《迷路的小花鸭》音乐欣赏活动中，教师先范唱，然后提问"小花鸭怎么了？它为什么哭了？"，之后教师再次范唱，引导学前儿童理解小花鸭迷路后独自一人悲伤、害怕的心情，使学前儿童产生帮助小花鸭的愿望。第三次范唱后，教师引导学前儿童用语言、动作表达接受别人帮助后的感激之情。在《小海军》音乐欣赏活动中，教师先范唱并提问"歌曲当中唱到了谁？他们在做什么？"，以引导学前儿童理解歌词内容。然后，教师通过演奏引导学前儿童感受音乐由雄壮到舒缓的变化。

2. 无标题器乐曲

对无标题器乐曲的欣赏，教师可通过音像匹配法、对话法、讨论法、多感官参与法、整体感知法、观察法、联想法、情境法等引导学前儿童理解乐曲结构、性质、内容等。

例如，在《狮王进行曲》音乐欣赏活动中，教师出示图片，引导学前儿童边听音乐边指出对应的图片，使学前儿童感受音乐中狮王的形象、音乐的高低和强弱的变化等。

在《天鹅》音乐欣赏活动中，教师引导学前儿童边听音乐边欣赏天鹅图片，观察天鹅美丽的身姿、娴静的神态，以辅助学前儿童理解音乐传达的形象及情绪。

在《赛马》音乐欣赏活动中，教师引导学前儿童边听音乐边想象赛马的情景，以感受乐曲传达的奔放、热烈的情绪。

（三）表达

学前儿童感受音乐的内容、情绪、情感后，教师可通过预知学习法、多感官参与法、音像匹配法等引导学前儿童进行大胆的、充满创造性的表达。

例如，在《小海军》音乐欣赏活动中，待学前儿童熟悉歌词和旋律后，教师引导学前儿童大胆想象并用肢体表达小海军神气的样子及休闲时的样子。

在《狮王进行曲》音乐欣赏活动中，待学前儿童熟悉音乐后，教师引导学前儿童用动作表现出狮王威风凛凛的步伐。

在《春》音乐欣赏活动中，待学前儿童熟悉音乐后，教师引导学前儿童选择自己喜欢的方式，如语言、动作、图画等来表达对音乐的理解。

活动延伸时，可延伸至表演区、音乐区，以及进行家园共育，渗透于其他领域，渗透于节日活动等。

三、学前儿童音乐欣赏活动的指导

（一）重视学前儿童创造性与自主性的培养

学前儿童音乐欣赏能力的培养是一个重要的环节，它能够通过音乐活动来加深学前儿童对音乐内容的理解，并且为他们的音乐审美能力的提升奠定基础。然而，一些幼儿园在音乐教育中对音乐欣赏活动存在一定的回避。这可能是因为对于教师如何进行音乐欣赏活动缺乏足够的教育培训，也可能是因为教师认为学前儿童对音乐欣赏活动不感兴趣或难以理解音乐内容。这样一来，学前儿童参与音乐欣赏活动的重要性被忽视了，这直接导致学前儿童音乐教育中缺乏对音乐欣赏能力的针对性培养。

光听不动的教学现状导致学前儿童被动地接受音乐教学的实施，这一固定教学模式很难培养学前儿童的音乐欣赏能力，不仅压抑了学前儿童正常的音乐情绪和情感，还忽略了学前儿童在音乐学习中的创造性与自主性的发展。

为此，培养学前儿童的音乐欣赏能力要做好以下三个方面工作。

第一，在多种感官通道的辅助下提高学前儿童音乐欣赏活动的参与度。这种多感官的参与可以帮助学前儿童更全面地理解和体验音乐。通过欣赏音乐作品，学前儿童可以更好地感知音乐的节奏、旋律、情感和表达。同时，通过参与音乐表演，学前儿童可以更直接地感受到音乐的魅力，培养自己的音乐表演能力。通过这种方式，学前儿童能够逐渐提高他们对音乐的理解和欣赏能力，同时也能够增强他们的审美情趣和情感表达能力。因此，在音乐教育中，教师应该注重多感官的参与，培养学前儿童对音乐的全面认知。

第二，在音乐欣赏活动中创设广阔的想象空间。在音乐欣赏教学中，教师应当利用开放和自由的活动来激发学前儿童的兴趣，并提高音乐欣赏活动组织的合理性。在欣赏舒缓和安静的音乐时，教师可以引导学前儿童根据音乐内容展开合理的想象，并对音乐进行描述。在这个过程中，教师不需要刻意强调答案的标准化，而要肯定学前儿童的想象力。同时，教师应鼓励学前儿童积极分享对音乐的切身感受，以不断生成的音乐场景引导学前儿童更好地欣赏音乐。这种方法对提高学前儿童的音乐欣赏能力具有积极的促进意义。充分发挥学前儿童的想象力，引导他们根据音乐内容展开合理的想象和描述，可以激发学前儿童对音乐的兴趣和好奇心。

第三，通过自主表述和自我表演的方式展开对音乐的自由联想。音乐欣赏活动应该注重激发学前儿童的想象力和创造力。教师在组织音乐欣赏活动时，应该提供丰富多样的音乐作品，让学前儿童根据自己的感受和想象自由联想，促进他们对音乐的个人理解和情感表达。教师也可以鼓励学前儿童进行音乐创作，让他们根据自己的想法和感受进行表达，培养他们的音乐创造力和自信心。过度强调正确性和规范化可能会压抑学前儿童的音乐情感和表达。

学前儿童的音乐欣赏教学应该根据学前儿童的想象与联想的特点实施。学前儿童正处于快速发展的阶段，他们的想象力和联想能力都非常丰富，因此在音乐欣赏课上，教师应该鼓励学前儿童大胆想象，并通过多样化的方式来帮助他们进行音乐表演和情感表达。不同的学前儿童可能会有不同的表达方式，有些学前儿童可能通过自己的观察和思考来进行音乐表达，而有些学前儿童可能更倾向于通过动作表演和舞蹈来表达对音乐的理解。教师应该根据学前儿童的兴趣和特点，采取多样化的方式激发他们的音乐联想和情感表达。在音乐欣赏课上，教师可以设计一些开放性的活动和任务，让学前儿童根据自己的想象和理解进行音乐表演和情感表达。例如，可以让学前儿童根据听到的音乐，自由选择适合的动作和舞蹈，或者让学前儿童通过绘画、手势、声音等多种表达方式来展示他们对音乐的理解。

（二）以听觉感知与体验为主，引导学前儿童多通道参与音乐欣赏活动

音乐是一门依赖于声音的艺术，如果没有声音，那么也没有音乐的存在。音乐的魅力源自声音的基本特性，如音高、时值、响度以及音色等。通过这些特性的巧妙组合，音乐能够通过旋律、节奏、力度、音色和结构形式等表现手段来描绘客观世界，传达人的内心情感和思想。这些表现手段相互交织，共同构成音乐丰富多彩的艺术表现力。因此，倾听是音乐欣赏的基础，音乐欣赏应以听觉通道的参与为主，在学前儿童充分倾听、感知与体验音乐的基础上，创设各种条件，采取各种方式，丰富学前儿童对音乐作品的感知与体验。

表达是为感知和体验服务的。因此，在引导学前儿童欣赏音乐作品时，教师宜将音乐作品的理性分析减少到最低的程度，同时避免纠缠在音乐性质的表述与结构分析等方面，应多花力气和时间引导学前儿童感受、体验和享受音乐作品。

1. 用多元化的美术手段架起音乐与学前儿童之间的桥梁

音乐和美术都是艺术的一种表现形式，虽然它们在材质和表现方式上有所不同，但都传递着情感和表达着作者的想法。在学前儿童音乐教育中，利用美术手段辅助音乐教学是一种有效的方法。美术的视觉表现，可以将抽象的音乐转化为具体的形象，帮助学前儿童更好地理解音乐。例如，教师可以使用图画、绘画、

雕塑等艺术形式，展示音乐中的节奏、旋律和情感。这不仅丰富了学前儿童对音乐的感受，还帮助他们更直观地理解和表达音乐。

美术手段也可以帮助学前儿童将流动的音乐定格，将音乐的情绪和旋律通过色彩和形状的变化呈现出来，进一步增强学前儿童对音乐的感知和理解。这种综合运用音乐和美术的教学方法，可以激发学前儿童的创造力和想象力，让学前儿童更好地参与音乐教学，提高他们的音乐欣赏能力。

（1）运用画面展现音乐情境

利用视觉图像来唤起学前儿童的生活经验，并与音乐作品相结合，有助于学前儿童更直观地理解音乐，并更快地进入音乐的意境中。将快乐农场的画面作为音乐教育活动的导入，教师可以通过展示一群孩子在果园摘果子的图片，引发学前儿童对于快乐和愉悦的联想。学前儿童会通过图片中的场景和角色，想象自己在果园中摘果子时的快乐。然后，教师展示孩子们在果园打鼓、吹喇叭并开心游玩的图片，这可以让学前儿童感受到音乐欢快的旋律和稳定的四分节奏。此时，学前儿童可以跟随音乐的节奏，表现出在农庄采摘果子，打鼓、吹喇叭欢庆的快乐情感。

为了帮助学前儿童感受《蜗牛与黄鹂鸟》的歌词内容，教师通过边范唱边绘画的方式展现音乐的故事线索；为了帮助学前儿童感受与理解《幽默曲》中 A 段音乐的乐句与节奏，教师采用现场绘画的方式，帮助学前儿童形象地感受种子在春雨滋润与春风吹拂下慢慢成长的情境。这些画面可以帮助学前儿童在相关生活经验的基础上建立对音乐的理解，有效地促进学前儿童对音乐的感受与理解。

（2）运用美术线条表现音乐织体

美术线条是一种非常有力的表达工具，它可以用来象征和表现音乐的许多方面，包括音列性质、和声织体和乐曲结构等。这种表达方式既简洁又生动，有助于学前儿童更好地理解和感受音乐。在音乐中，音列性质决定了音乐的基本旋律和调性，而美术线条可以通过高低、起伏和粗细的变化来象征和表现音乐旋律的上行、下行或者平行的趋势。这样，学前儿童可以通过观察美术线条的变化来感受音乐的动态和节奏。

和声织体是音乐中的一种复杂元素，它由不同音高的声音同时发出而形成。美术线条可以通过重叠、交叉和分离等方式来表现音乐的和谐与不和谐，以及音乐中不同声音的层次感和空间感。

乐曲结构是音乐的重要组成部分，它包括引子、主旋律、高潮和尾声等部分。美术线条可以通过长短、虚实和明暗等方式来表现这些不同的部分，帮助学前儿童理解音乐的结构和层次。

让学前儿童听音乐并画线条的方式，可以帮助学前儿童感受音乐中的紧张情绪并用绘画表达出来。这种形式的活动可以激发学前儿童的创造力和想象力，并让他们以较为自由的方式去表达自己对音乐紧张情绪的理解。在该类活动中，教师可以教授学前儿童一些螺旋线、涡轮线等绘画元素，引导他们在欣赏音乐时，根据感受和理解，用线条的形式将音乐表达出来。同时，教师可以提出问题，引导学前儿童思考和交流他们对音乐紧张情绪的感受和理解，让他们在表达的过程中深入思考音乐的情感。

可以通过动画以及多媒体课件将音乐情境化、戏剧化。现代化的教学手段，如 PPT、音乐短片等方式，将视觉艺术同步融入对音乐作品的欣赏与理解中，营造了一种图文并茂、视听交融的情境，将音乐情境化、戏剧化，有利于学前儿童在轻松愉快的气氛中理解音乐。

2. 借助形象化的语言架起音乐与学前儿童心灵之间的桥梁

音乐和语言有着密切的联系和相通之处。音乐和语言都有自己的节奏、节拍，以及音调的变化，这些都可用来表达情感和传递信息。在学前儿童音乐教育中，通过与音乐意境相贴切的文学手段的辅助，可以帮助学前儿童更好地理解和感受音乐。例如，教师可以选取一些具有鲜明情感和富有故事性的歌曲或儿歌，通过歌词和曲调的结合，让学前儿童更加深入地理解歌曲的意义，并且可以帮助学前儿童更快地进入音乐的情感和意境中。同时，教师通过与音乐相配合的故事、散文等文学作品，可以进一步提高学前儿童的音乐兴趣，激发他们的想象力和创造力。教师通过音乐与语言的结合，可以增强学前儿童的感知和理解能力，让他们更深入地体验和欣赏音乐。

第一，以故事引路，引领学前儿童迅速走进音乐的世界。学前儿童喜欢听故事，教师通过讲述与音乐风格相符的生动故事，既可以有效激发学前儿童对音乐的兴趣，又为他们提供了感受音乐的线索，进而提升了他们表现音乐主题的积极性。例如，在欣赏《幽默曲》前，教师以故事为引题，学前儿童很快就会进入乐曲所蕴含的美好意境。

第二，以美文烘托音乐，引领学前儿童进入音乐的意境。教师在音乐欣赏活动中运用语言材料来烘托音乐的意境和情感，可以帮助学前儿童更深入地理解和感受音乐。选择与音乐的情感基调相一致的语言材料，如含有艺术形象的散文、诗歌、儿歌、童谣等，可以让学前儿童更好地与音乐产生共鸣。这些文学作品能够通过形象生动的语言描述，传达与音乐相类似的情感和意境，帮助学前儿童更加深入地理解音乐的情感内涵，并且将学前儿童引入音乐的世界。使用优美、文学性强的语言材料，可以增添音乐欣赏的艺术氛围感，激发学前儿童的想象力和创造力。学前儿童在欣赏音乐的过程中，通过与语言材料的结合，能够更加全面地体验音乐的美和情感，从而达到艺术沟通的目的。

3. 以多样化的肢体动作架起音乐与学前儿童身体之间的桥梁

动作与音乐一样，都是人类表达情感的一种方式。学前期是儿童动作思维和表达发展的关键时期。在这个阶段，身体表达往往比语言表达更容易吸引学前儿童，他们经常会在听到音乐时自然而然地开始随着节奏舞动。这种身体动作的参与不仅可以帮助学前儿童更好地感受和体验音乐，还可以支持他们展开丰富并且富有个性的想象与创造。通过身体动作，学前儿童可以更直观地理解音乐的节奏、旋律和情感，从而更深入地理解和欣赏音乐。此外，身体动作还可以帮助学前儿童发展他们的协调性、平衡感和空间感知能力，这些都是重要的认知技能。

此外，身体表达也与学前儿童的自我认知和情感发展密切相关。通过舞蹈、手势和其他身体动作，学前儿童可以更好地表达自己的情感和想法，从而促进他们的社交技能和情感表达能力的发展。这种形式的自我表达也可以帮助学前儿童更好地理解自己和他人，从而支持他们的自我认知和自尊心。

（1）借助体态律动，使音乐成为看得见的身体活动

儿童音乐教育应该从身心两个方面着手。除了用听觉来感受音乐，还应该学习用身体肌肉和心灵去感受和表现音乐的节奏、旋律和情绪变化的节律。体态律动是一种有效的方法，它让学前儿童通过充满生命律动的体态动作去体验音乐节奏的速度、力度与时值变化。这种方法使得音乐的各种要素，如音高、节奏、速度等，成为可以看得见的身体活动。学前儿童可以通过动作来表达自己对音乐的理解和感受，从而更好地理解和掌握音乐的基本元素。在体态律动的过程中，学前儿童可以学习如何协调自己的身体，如何控制和表达自己的情感。这种体验不仅有助于提高他们的音乐素养，还可以帮助他们发展自我认知和提升社交技能。

此外，体态律动还可以帮助学前儿童建立自信心和提升创造力。当他们通过自己的身体动作来表达对音乐的理解时，他们会感到自豪和满足。这种积极的体

验可以激发他们的学习兴趣和创造力，帮助他们更好地发展自己的音乐技能和表演能力。

（2）借助舞蹈动作，表达自己的审美感受与审美创造

学前儿童在理解音乐的基础上，一般会情不自禁地跟随音乐用熟悉的舞蹈动作或自己创作的舞蹈，表达自己的审美感受和审美创造。例如，在帮助学前儿童感受《音乐的瞬间》A 段音乐时，教师可以通过指导学前儿童跟随音乐节奏一拍一下地做摘果子动作，以此来感受与表现活泼欢快的音乐旋律和节奏特点；而对于比较热闹的 B 段音乐，教师则可以引导学前儿童用打鼓、吹喇叭等动作进行感受与表现。这种通过身体动作参与音乐欣赏的方法，不仅可以帮助学前儿童更好地感受和理解音乐，还可以激发他们的想象力和创造力。同时，这种教学方法也符合学前儿童的认知和情感发展特点，可以促进他们的身心健康发展。

在"好吃的麻团"音乐活动中，教师引导学前儿童用拍手、揉、双手手心向上同时朝上弹指 3 个简单的动作，分别表现音乐中 3 种不同的情绪，使音乐与动作有机结合。在音乐活动"爱的传递"中，学前儿童在充满温暖爱意的、用爱尔兰风笛演奏的著名歌曲《莎莉花园》的旋律中，借助优美流畅的动作进行富有创意的肢体互动，从而体验"爱"的美好情感，获得审美感受。

（三）突出学前儿童音乐欣赏能力培养中教师的引导作用

在学前儿童音乐教学中，教师的引导和师幼互动起着至关重要的作用。教师应时刻关注学前儿童在表现和反应方面的变化，从而更好地了解他们的实际学习需求。教师可以通过观察学前儿童的表情、姿势和声音等来了解他们对音乐的欣赏程度和理解能力。对于那些在音乐欣赏活动中有进步的学前儿童，教师应该及时给予肯定和鼓励，增强他们对音乐的兴趣。同时，教师也要注意学前儿童的个性差异，因材施教。不同的学前儿童在音乐欣赏方面有着不同的兴趣和理解能力，教师需要根据学前儿童的特点和需求合理展开音乐教学，提供具有针对性的教学内容和方法，以便激发学前儿童的学习热情，并促进他们音乐欣赏能力和音乐体验能力的提升。

1. 提升教师音乐表现及鉴赏能力

教师对音乐审美活动的设计和组织起着关键的作用。除了掌握基本的乐器知识和音乐理论知识外，对音乐作品背景知识和音乐舞蹈表演知识的了解也非常重要，这可以帮助教师更加全面地理解和解读音乐，并将其融入教学中。了解音乐作品的背景知识，如作曲家、作品的历史背景、风格特点等，可以帮助教师更好

地引导学前儿童理解和欣赏音乐作品,从而实现对学前儿童学习发展的有效鉴别。同时,教师也可以通过介绍一些有趣的背景知识,激发学前儿童的好奇心和兴趣,使他们更加主动地参与到音乐审美活动中。

此外,教师的音乐表现能力和音乐鉴赏能力也非常重要。教师可以通过展示自己的音乐表演,带领学前儿童一起参与音乐表演,将音乐和舞蹈结合起来,帮助学前儿童更加深入地理解音乐,同时也可以增强教师与学前儿童之间的交流和互动。这种形式的教学可以培养学前儿童的音乐分析能力和音乐感受能力,同时也可以丰富学前儿童对音乐作品的理解和情感体会。

2. 完善教师自身沟通能力

平等沟通意识和有效沟通技能是教师沟通能力的重要组成部分。在组织学前儿童音乐欣赏活动时,教师要与学前儿童井然有序地互动,促进学前儿童的交流和组织能力的提高。在音乐审美活动中,非语言沟通和有声语言沟通都是需要关注的方面。有声语言沟通是教师主要采用的方式。教师通过特定的语言来进行教学活动,使学前儿童掌握简约型的语言方式,并根据音色和节奏的变化来理解音乐的起伏变化。同时,在讲解特定情绪语言时,教师也要不断提醒学前儿童对音乐情绪进行理解。

除了有声语言沟通,教师还需要掌握非语言沟通技巧。手势、姿势、目光和面部表情等都是非语言沟通的内容,在加深学前儿童对教育信息的理解方面起着积极的作用。教师可以通过适当的手势和表情,向学前儿童传达信息,帮助他们更好地理解和参与活动。此外,在教学过程中,如果学前儿童的情绪过于兴奋,会对教学效果产生不良影响。教师可以通过将食指置于唇边的手势来示意学前儿童控制情绪,让他们意识到应控制自己的情绪,并适当调整自己的行为。

3. 提高教师活动组织能力

教师在学前儿童音乐审美教育中不仅是活动的指导者,还是活动的设计者和组织者,负责整合幼儿园各项活动的细节,以促进音乐审美教育的渗透。

首先,教师在音乐审美教育中负责设计活动内容和形式。他们需要根据学前儿童的年龄特点和发展需求,选择适合的音乐材料和活动形式,让学前儿童在玩耍中感受音乐的美妙。通过丰富多样的音乐活动,如唱歌、跳舞、听音乐等,教师能够激发儿童对音乐的兴趣和热爱,培养他们的音乐审美能力。

其次,教师在音乐审美活动中扮演着指导者的角色。他们需要引导学前儿童积极参与音乐活动,教授他们正确的音乐表达方法和技巧。通过示范和引导,教师可以帮助学前儿童感受音乐的节奏、情感和美感，培养他们对音乐的理解和欣赏能力。

在学前儿童音乐教育中，教师的教学方式对学前儿童活动地位的确立至关重要。如果教师过于强调自己的示范作用，可能会阻碍学前儿童自主能动性的发挥。这样会导致学前儿童仅仅局限于机械模仿教师的行为，而无法真正提升自己的技能和能力。

因此，在学前儿童音乐教育中，教师应该恰当地体现学前儿童与音乐之间的互动，激发学前儿童的创造性和培养学前儿童的主动探究能力。教师可以从引发学前儿童的兴趣和好奇心入手，鼓励他们通过亲身实践和探索来发现音乐的美妙之处。教师还可以提供一些启发性的问题，激发学前儿童进行思考和表达。这样的互动教学方式能够唤起学前儿童内心的主体意识，让他们主动参与到音乐欣赏活动中，表达自己的想法和感受，培养良好的音乐个性品质。

（四）突出快节奏流行歌曲的兴趣引导作用

快节奏流行歌曲在幼儿园音乐欣赏教学中可以起到很好的作用。在快节奏流行歌曲中，丰富多样的音乐元素能够给学前儿童带来不同的音乐情感体验。通过模仿和欣赏这些歌曲，学前儿童能够拓展自己的音乐情感，并体验到音乐带来的愉悦感。教师在选择流行歌曲时应当偏向于曲调适中、音律不宽和内容健康向上的歌曲，采用童趣口吻解释歌曲的内容，并在课余时间播放快节奏流行歌曲，以使学前儿童音乐教育的实施变得生活化与简单化。例如，在歌曲《小苹果》中，教师可将其中的歌词转化为学前儿童之间的朋友情感或是对教师、对亲人的关爱，在优美的音乐节奏与旋律中加深学前儿童对歌曲内容的理解，将童真融入快节奏流行歌曲演绎当中，以此提高学前儿童的音乐欣赏能力。

第六章 学前儿童打击乐演奏活动设计

在学前教育中，打击乐演奏活动是一种非常有趣和富有参与性的活动。这种活动不仅可以增强学前儿童的音乐感知和节奏感，还可以锻炼他们的身体协调能力和动作能力。通过打击乐演奏，学前儿童可以发展自己的音乐表达能力，并且体验到合作和团队精神的重要性。本章围绕学前儿童打击乐演奏活动的内容、学前儿童打击乐演奏能力的发展、学前儿童打击乐演奏活动设计与指导等内容展开研究。

第一节 学前儿童打击乐演奏活动的内容

一、打击乐演奏的简单知识与技能

（一）乐器

在幼儿园中，学前儿童有许多机会接触各种打击乐器。这些打击乐器主要分为两大类，即无固定音高的打击乐器和有固定音高的节奏乐器。无固定音高的打击乐器包括大鼓、碰铃、三角铁、铃鼓、串铃、钹、锣、双响筒、沙槌等。它们没有固定的音高，但能够为音乐带来丰富的节奏和音效。有固定音高的节奏乐器包括木琴、铝板琴和钢片琴等。这些乐器有固定的音高，可以用来演奏旋律或作为伴奏的固定低音。它们的共同特点是奏法简单，通过敲击或刮奏来产生声音，音域通常在一个八度以上，能够满足简单的旋律演奏需求。

演奏上述打击乐器都要求学前儿童了解乐器的名称、演奏方式以及音色效果等。演奏时要注意用自然协调的动作演奏，手腕轻松、灵活、不僵硬、有弹性，可以控制手的动作；要注意倾听音乐和他人的演奏，使自己的演奏与整体音响相协调，奏出适中的音量和优美的音色。

通过打击乐演奏活动，学前儿童可以锻炼他们对音乐节拍、节奏、旋律和速度的感知和掌握能力。他们需要按照音乐的要求奏出不同的强弱规律和变化的节奏型，而且在各种乐器轮流打击时要做到衔接自然，这样能让他们更加直观、深刻地感受到音乐的起伏流动。

此外，通过演奏各种不同的乐器，学前儿童不仅能提高辨别各种乐器独特音色的能力，还能增强对声音高低、强弱、长短以及音色的敏感性。这样的活动为学前儿童提供了通过声音来表现事物和表达情感的方式和途径。

对于年龄较大的学前儿童，可以教他们学会为不同的动物、人物、情绪、自然现象等选用不同的乐器进行伴奏。例如，可以用不同的乐器、速度和力度来演奏熊走、鸟飞、马跑等律动，或者演奏雷声、雨声、行进等各种现象和动作。这样的活动可以进一步培养学前儿童的音乐表达能力和创造力，使他们通过声音去感知和表现事物，以及通过音乐来表达情感。

（二）配器

配器是指教师引导学前儿童集体讨论，按照音乐的性质、情绪和风格，选择适当的节奏型和打击乐器，为熟悉的歌曲或乐曲进行伴奏的活动。这个过程旨在培养学前儿童的音乐感知和创造能力，使他们能够更好地理解和表现音乐。通过集体讨论的方式，学前儿童可以互相学习、交流意见，从而为指定的歌曲选择合适的配器，并用简单的图形、符号等记录下设计的配器方案。同时，选择适当的节奏型和打击乐器也很关键，这需要学前儿童掌握各种打击乐器的音响效果和根据音色的不同对乐器进行分类，也要了解如何搭配乐器才能达到所需的音响效果。在实施配器活动时，教师要关注学前儿童的个体差异和兴趣，提供有针对性的指导和支持。

（三）指挥

不同于成年人专业音乐活动中的"指挥"，学前儿童在打击乐演奏活动中的"指挥"和"看指挥演奏"内容的学习，对他们在音乐方面的成长与发展具有深远的影响。学前儿童在指挥活动中，主要学习手、眼动作的协调以及与他人合作的能力。"指挥者"不必学习专业的动作，只需掌握简单动作，如开始、交替、结束等，必要时，也可以做一些相应的乐器演奏的模仿动作。通过观察指挥者的动作，学前儿童可以更好地理解音乐的节奏和结构，从而提升他们的音乐感知能力。同时，在演奏过程中，他们也需要关注指挥者的动作，以便更好地协调自己的演奏，这有助于培养他们的注意力和集体协作能力。

二、打击乐演奏活动的常规建立

不同的打击乐器可以发出不同的声响，不同的打击乐器的奇特性使得学前儿童对打击乐器的演奏有着一种新鲜感。因此，学前儿童打击乐演奏活动很难保持良好的秩序。[①] 为打击乐演奏活动建立必要的常规就显得特别重要。

通常来讲，集体打击乐演奏活动的常规包括以下内容。

（一）打击乐演奏活动开始的常规

①在听到音乐的信号时，要整齐地从座椅下面取出乐器。

②在未演奏时，必须将乐器放在腿上，确保不发出任何声音，也不能注视乐器。

③当开始进行演奏时，要根据指挥者的手势，整齐地拿起乐器，并摆出预备演奏的姿势。

（二）打击乐演奏活动进行的常规

①在演奏时，身体要稍微倾向指挥者，眼睛要注视指挥者，积极地与指挥者进行眼神交流。

②在演奏时，要注意倾听音乐和他人的演奏，并尽量与他人保持协调一致。

③在演奏过程中，要保持注意力集中，不要做与演奏无关的事情。

④在进行乐器交换时，需要先将原先使用的乐器轻轻放在座椅上，然后迅速、无声地找到新的乐器，并做好演奏的准备。在交换过程中，要注意避免与他人或其他设施发生碰撞。

（三）打击乐演奏活动结束的常规

①演奏结束后，根据指挥者的手势，整齐地放下乐器，并保持安静。

②在演奏活动结束后，要主动整理自己的乐器和场地，确保整洁有序。

三、学前儿童打击乐演奏活动的选材

学前儿童打击乐演奏活动的材料包括乐器、音乐和配器方案。

（一）乐器

在为学前儿童选择乐器时，通常应该考虑以下三点。

首先，乐器音色要好。乐器的音色是其核心属性。为学前儿童选择的乐器，其音色应当纯净、悦耳，能给予学前儿童良好的听觉体验。例如，对于铃鼓，通常不推荐使用塑料或铁制的鼓面，因为这可能会影响其音色。

---

① 王煜迪. 幼儿园大班幼儿打击乐音乐活动指导策略 [J]. 黄河之声，2019（14）：131.

其次，要确保所选乐器的大小和重量适合学前儿童。例如，铃鼓的直径通常不应超过 15 厘米，理想的直径应为 12 厘米左右，这样可以确保学前儿童能够舒适地握住并演奏。碰铃的铃口直径应为 3 厘米左右，三角铁的钢条横断面直径应为 1 厘米，而木鱼的底部面积不应比学前儿童的手掌面积大。

最后，学前儿童存在年龄跨度，他们的运动能力发展水平各不相同，因此，乐器的演奏方式应适应不同年龄学前儿童的身心发展特点。对于年龄较小的学前儿童，应选择操作简便的乐器，如小木琴、摇铃等；对于年龄较大的学前儿童，可以选择一些需要更多技巧和力量的乐器，如口风琴、竖笛等。

此外，教师还应该了解一点乐器的管理常识。例如，在为 6 个班级规模的幼儿园配置乐器时，应确保一个班级的学前儿童都能使用到乐器。根据每班 45 人的规模计算，可购买 15 个铃鼓、15 个响板、15 对碰铃。有条件的幼儿园还可以另外配置 1 面大鼓、1 个吊钹、1 副双响筒。条件再好一点的幼儿园可以专门为小班儿童配置 45 个串铃。规模更大一些的幼儿园可根据具体情况将基本乐器的数字增加到 30 件、45 件或 60 件（副），还可以少量配置三角铁、蛙鸣筒、小锣、小铙等特色乐器。为班级配置的乐器应该专箱放置，如响板放在一个小箱子里，碰铃放在另一个稍大一些的箱子里，铃鼓则在一个大的塑料箱里摆放整齐，然后再把另外两个放碰铃和响板的箱子放在塑料箱的空余处摆放整齐。乐器统一存放在幼儿园的资料室，班级需用时办理借用手续，用完后原数、原样归还。小班活动前可由教师办理借用，并由教师组织或指导学前儿童分发、放还、摆齐。中、大班可以在教师指导下，让学前儿童完成这些事情。

（二）音乐

1. 打击乐曲的选择

在为学前儿童选择有关打击乐曲时，通常应该注意节奏清晰、结构工整、旋律优美、形象生动。为学前儿童选择的打击乐曲应该有两个及两个以上乐段，乐段之间最好能够对比鲜明。为年龄较小的学前儿童选择的打击乐曲应该是他们比较熟悉的歌曲、韵律活动曲或欣赏曲，最好节奏鲜明，并有一定的情节。

另外，教师还可以注意观察和发现学前儿童感兴趣的歌曲或乐曲，并从中选择适合打击乐演奏的乐曲。这样做可以激发学前儿童主动学习和探索打击乐演奏的积极性。除民族风格的乐曲外，教师还可以选择一些流行歌曲或动画主题曲等，这些音乐往往能够吸引学前儿童的注意力，引起他们的兴趣。在选择乐曲时，教师还要考虑学前儿童的年龄和理解能力，应该选择旋律简单、节奏明了的乐曲，这样可以帮助学前儿童更容易地理解和把握音乐的要素。

教师还可以根据学前儿童的实际情况，对乐曲进行适当的改编和简化，以适应他们的演奏能力。在打击乐演奏中，教师还可以引入不同的乐器和演奏技巧，帮助学前儿童探索不同的音乐风格和表现形式。例如，可以引入非洲鼓、三角铁、沙锤等乐器，让学前儿童感受不同的节奏和音色。同时，教师还可以教授学前儿童简单的合奏和独奏技巧，使学前儿童在演奏中提高自己的音乐技能和表现力。

2. 打击乐曲的分类

幼儿园的打击乐演奏活动中使用的打击乐曲通常分为两类。

一类是伴随歌曲或旋律乐器演奏的器乐曲进行的打击乐曲。这类乐曲通常有明确的旋律和节奏，需要学前儿童跟随音乐进行打击乐演奏。同时，这类乐曲通常比较简单，适合学前儿童掌握和演奏。

另一类是纯粹由打击乐器或替代性的打击乐器来演奏的打击乐曲。这类乐曲通常没有明确的旋律和节奏，比较复杂，需要学前儿童具备较高的打击乐演奏技能和表现能力。

伴随歌曲或旋律乐器演奏的器乐曲进行的打击乐曲一般由两个方面组成：一方面是某一首特定的歌曲或器乐曲，另一方面是根据这首特定的歌曲或器乐曲专门创作的打击乐演奏方案，即配器方案。

纯粹的打击乐曲，即专门为打击乐器创作或仅由打击乐演奏的乐曲。虽然这种纯粹的打击乐演奏方式目前在我国幼儿园的打击乐演奏教学中不太常见，但它才是真正意义上的打击乐演奏。研究证明，这类活动和作品都是学前儿童所欢迎和易于接受的。

（三）配器方案

1. 配器方案的特点

（1）适合学前儿童的实际能力

适合学前儿童的实际能力包含两层意思。一是适合学前儿童使用乐器的能力。配器方案中选用的乐器种类和演奏方法应是特定年龄阶段的学前儿童能够接受的。二是适合学前儿童对变化做出反应的能力。配器方案中的节奏变化和音色变化，其频度和复杂程度应是特定年龄阶段的学前儿童能够接受的。

在为3～4岁的学前儿童挑选乐器时，通常建议在乐段之间进行音色的变化，这样可以增强他们对音乐的感知。对于4～5岁的学前儿童，可以在乐句之间调整音色，这样能帮助他们更好地理解音乐的节奏和韵律。对于 5～6 岁的学前儿童，不仅可以在乐段之间、乐句之间变换音色，甚至可以在乐句的内部进行音色的变化，以增强音乐的层次感和表现力。此外，还可以考虑在乐段之间、乐句之间甚至乐句之内改变节奏，这样有助于培养学前儿童的节奏感。

（2）有一定的艺术性

有一定的艺术性也包含两层意思。第一，配器的首要目标是确保产生的音响效果与音乐的原始情绪、风格和结构相一致。每种乐器都有其独特的音色和表现力，因此，选择何种乐器以及如何使用它们将直接影响音乐的情绪表达和风格特征。第二，配器产生的音响效果既要具有趣味性，又要具有整体统一性。

2. 打击乐曲的编配步骤

（1）熟悉音乐

在音乐创作与欣赏的过程中，教师可以通过反复的哼唱、弹奏、倾听和感知来深入体验音乐的美妙。通过哼唱，教师可以亲身体验音乐的旋律与节奏，感受音乐的情感与氛围；通过弹奏，教师可以更直接地与乐器产生互动，理解乐器的表现力与技巧；通过倾听，教师可以细致地品味音乐的细节与层次，感知音乐的结构与变化；通过感知和体验，教师可以将音乐融入自己的情感与思考，让音乐成为生活的一部分。

（2）揣摩、理解

在聆听音乐时，教师需要细心揣摩其情绪、风格和趣味，以深入理解其内涵。为了更好地突出音乐的主要特点，可以对非主要细节进行"省略"处理或"模糊"处理。节奏是音乐的骨架，因此，理解音乐的节奏特点至关重要。音乐的结构特点则关乎整体的流畅性和美感，需要明晰地感知音乐结构中部分与主体的关系、重复与变化的关系。

（3）安排节奏型和音色的布局

在音乐创作和演绎中，教师可以通过节奏和音色的变化来强调"变化"或"统一"，以实现不同的艺术效果。对于较小年龄的班级和比较简单的作品，教师通常可以采用音乐和配器节奏相同或相似的"相辅相成"的处理方法。这种方式有助于学前儿童更好地理解和感受音乐的节奏和律动，同时也有助于营造和谐、统一的音响效果。然而，对于较大年龄的班级和比较复杂的作品，教师也可以偶尔采用"相反相成"的处理方法。故意加大音乐节奏与配器节奏的区别，可以创造出更为鲜明、独特的音响效果，突出音乐的变化和层次感。

3. "变通总谱"的设计

"变通总谱"是一种相对于"通用总谱"而言的音乐表示方法，旨在简化音乐认知过程，尤其适用于学前儿童的音乐教育。通用总谱，如简谱和五线谱，虽然精确且详尽，但对于学前儿童来说，通用总谱难以理解，增加了他们的认知负担，从而影响了他们享受和感知音乐的乐趣。

对于学前儿童来说，学习负担的适度性是至关重要的。通用总谱虽然详尽，但对于他们来说可能过于复杂，导致记忆负担过重。变通总谱正是为了解决这一问题而产生的。如今，幼儿园经常使用以下三类变通总谱。

（1）动作总谱

①动作总谱用身体动作来表现音乐配器方案。它能够帮助学前儿童更好地理解音乐的各个元素，如节奏、音色、速度和力度等。

②身体动作可以表现节奏、音色、速度、力度的变化及结构。

③在创造动作总谱时，可以利用多种动作材料，如节奏动作、模仿动作、舞蹈动作和滑稽动作等。

④不应用笨拙的肢体动作来对比较密集的节奏进行表现，因为这可能会使学前儿童感到困难和不适。

⑤通过身体动作来表现音乐，可以帮助学前儿童更好地理解和记忆音乐的各个元素，但同时也要注意适度性和趣味性，避免给学前儿童带来过多的学习负担。

（2）图形总谱

①图形总谱利用形状和色彩来表现音乐配器方案。它通过直观的图形和颜色，帮助学前儿童更好地理解音乐的各个元素，如节奏、音色、速度和力度等。

②在图形总谱中，形状和色彩可以用来表现多种变化：可以表现节奏的变化，如用不同长度的线条来表示音符的时值；可以表现音色的变化，如用不同的颜色来表示不同乐器的音色；可以表现速度的变化，如用大小不一的图形来表示快慢的节奏；可以表现力度的变化，如用深浅不一的颜色来表示强弱对比；可以表现音乐的结构，如用不同的图形来表示乐曲的段落划分和曲式结构等。

③在创造图形总谱时，可以利用多种图形材料。例如，几何图形可以用来表示不同音符的时值和音高；乐器音色的象征图可以用来表示不同乐器的音色；乐器形象简图可以用来表示乐器的外观和特点等。

④不应将其做成通用总谱的图形解释方案，避免过于复杂和细致的设计，以免给学前儿童带来过多的学习负担。

（3）语音总谱

①语音总谱利用嗓音来表现音乐配器方案。

②嗓音可以展现节奏的轻快、音色的明暗、速度的缓急以及力度的强弱，并能够呈现音乐的结构。

③可以用具体的字、词、句，如模仿自然界声响的象声词，或者无特定意义的音节来制作乐谱。

④在创造语音总谱时，应尽可能地使其生动有趣、易于记忆并易于传唱。在真实的教学情景中，尽管各种变通总谱常常被交叉使用，但在学前儿童真正接触打击乐演奏之前，他们通常需要通过手部动作的练习来适应和理解音乐的节奏。

第二节　学前儿童打击乐演奏能力的发展

一、0～3岁的学前儿童打击乐演奏能力的发展

（一）乐器操作能力

0～3岁的学前儿童对打击乐器的兴趣来自对有声响玩具的好奇和探究。乐器操作能力主要指运用乐器演奏出想要听到的特定音响的能力。该阶段学前儿童已对打击乐器表现出极大的兴趣，对于能发出声音的各种物体会长时间地去进行探究并表现出极大的好奇心。[①]

学前儿童对玩具和周围物品发出的声音表现出浓厚的兴趣，他们经常主动去弄响它们，并从自己创造声音的过程中获得满足。这种行为可以帮助他们建立有关声音的概念，如音高、音色、音量等，同时也可以提高他们的手眼协调能力和操作能力。在学前儿童探究声音的过程中，他们可能会使用各种不同的物品来制造声音，如拨浪鼓、小摇铃、锅碗瓢盆等。这些物品发出的声音各不相同，学前儿童可以通过观察和比较不同物品发出的声音，逐渐培养对不同音色和音高的感知能力。同时，在制造声音的过程中，学前儿童还可以建立有关声音的因果关系概念。

例如，他们可能会发现轻拍和重拍一个物体时，发出的声音有所不同。这种探究和发现的过程可以帮助学前儿童理解声音的基本要素和属性，为他们以后的音乐学习和打击乐演奏打下良好的基础。

---

① 周大俊. 自制打击乐器在农村幼儿园音乐教学中的实践探索 [J]. 当代家庭教育，2019（10）：35.

（二）随乐能力

随乐能力是指在打击乐演奏过程中使奏出的音响与音乐协调一致的能力。0～3岁的学前儿童随乐意识和随乐能力处于发展的最初阶段，很多学前儿童不能做到基本合拍地跟随音乐演奏。但是，学前儿童已经有了一定的随音乐演奏的经验，能够有意识地去敲击乐器，探索声音。这些经验的获得多是偶然的、零碎的。

总体来说，该阶段学前儿童所能发展起来的随乐能力是十分有限的，家长应当积极地鼓励学前儿童这种即兴创造的行为，这样将会有力地激发学前儿童对学习乐器演奏的兴趣，加深他们对音调、节奏等的理解。

（三）合作协调能力

在学前儿童打击乐演奏活动中，合作协调能力是一项至关重要的能力。它主要表现在演奏过程中对自我、同伴以及整个乐团的演奏的聆听，并努力让每个人的演奏都与整体音乐形象相契合。打击乐演奏的合作协调能力建立在多种能力基础之上，其中最为关键的是倾听、判断和调节各种音响关系的能力。

0～3岁的学前儿童的合作协调能力还没有得到发展，仅仅是与成年人一起玩奏乐器，很少有集体演奏的经验。在此阶段可以培养学前儿童对他人演奏活动的初步注意，以及初步的与他人相一致的意识。

（四）创造性表现能力

在学前儿童打击乐演奏活动中，创造性表现指的是在音乐表演过程中巧妙运用节奏、音色、速度和力度等元素来设计和展现个性化的演奏效果。这些积极探索的活动有助于学前儿童逐渐理解音色、音量、音高和音符长度等概念，并通过摆弄物体创造声音的经验，为接触正规的打击乐演奏活动奠定良好的基础。

0～3岁的学前儿童在摆弄物体制造声音的过程中经常表现出创造性行为。虽然他们的音乐表现意识还不强，但在成年人的指导下，他们愿意跟随音乐努力表现相关的活动。对于表现小猫走路的音乐，学前儿童可能会慢慢地、轻轻地敲打，以表现出小猫轻盈的步伐和谨慎的态度。这种表现方式是创造性的，因为学前儿童不仅仅是表现音乐中的节奏和旋律，而且是在理解音乐的基础上，用自己的方式表达出对音乐的理解和感受。

在这个阶段，学前儿童的音乐表现能力是逐步发展和提高的。他们可能会通过简单的敲打和演奏逐渐学习到更复杂的音乐技巧和表现方式。成年人的指导和鼓励对于学前儿童创造性表现能力的提高非常重要。

二、3～4岁的学前儿童打击乐演奏能力的发展

（一）乐器操作能力

学前儿童进入幼儿园后，可以接触到一些学前儿童专用的打击乐器。3～4岁的学前儿童已能够逐步掌握一些主要用大肌肉动作来演奏的打击乐器，如碰铃、串铃、响板、铃鼓、沙球等。在这些打击乐器中，学前儿童最容易掌握铃鼓和串铃的演奏方法。不仅仅是因为这些乐器便于模仿，还在于这些乐器可以促使该阶段的学前儿童去探索同一种乐器的不同演奏方法，使得奏出的音量适度，音色较美，使他们对乐器演奏的兴趣得到较大程度的满足。

幼儿园打击乐演奏活动可以提高学前儿童的打击乐演奏能力，让学前儿童逐步学会舒适有效地演奏、有表现力地演奏，从而增强学前儿童的节奏感。在教师的指导下，他们一般能够学会较简单的演奏技能并从中得到操作乐器的乐趣，如铃鼓、串铃、碰铃、响板等的演奏技能，能够初步学会调整演奏所需的力量，演奏出较为适宜的音量和较好的音色。但是，由于他们的小肌肉尚未完全发育，对乐器的操作能力、探究能力会受到一定的影响。

（二）随乐能力

除了打击乐器的操作能力，学前儿童还需要掌握的很重要的一项能力就是随乐能力。随乐能力基本上可以理解为"合拍"，是学前儿童在演奏乐器的过程中协调音响与音乐的能力。一般来说，在家里很难培养学前儿童的这种能力，学前儿童的随乐能力主要是在幼儿园得到培养和发展的。

学前儿童刚进幼儿园时，随乐意识和随乐能力都比较差，经过1年左右的练习，基本能具备初步的随乐意识，演奏也能合拍，并获得较多的有组织的经验。在教师的正确引导下，大多数学前儿童能做到基本合拍的随音乐演奏，能够从跟随音乐并与音乐相协调一致的活动中直接获得愉快的体验。

（三）合作协调能力

打击乐演奏活动更多地体现为一种集体的活动形式，并且对活动中各声部之间的合作协调能力要求甚高。

对于3～4岁的学前儿童来说，他们的动作发展、自控能力较差，要体会集体打击乐演奏活动中各声部之间的相互配合和协调有一定的困难。因此，对于这一年龄阶段的学前儿童来说，让他们通过同一种乐器的演奏，体会与别人同时开始、同时结束的基本合作才是切实可行的。

这个阶段的学前儿童往往会在幼儿园中学会和其他人一起开始和结束演奏。他们能理解简单的指挥手势，并能够及时做出正确的反应。同时，他们也会愿意在演奏活动中以积极的情感和态度与他人进行沟通和合作。通过这样的活动，他们会初步体验到合作带来的愉悦感。

（四）创造性表现能力

3～4岁的学前儿童在进入幼儿园后会开始学习如何为熟悉的、性质鲜明的音乐形象选择合适的乐器和演奏方式。这表明他们开始具备初步的创造性，并且能够在奏乐活动中表现出来。例如，为了表现下大雨的音乐，学前儿童可能会选择使用铃鼓进行强奏，而对于下小雨的音乐，他们可能会选择串铃的弱奏来表现。这种选择不仅体现了他们对音色的感知，也展示了他们对乐段和乐句结构的理解，如为《小星星》配乐会用声音清脆明亮的碰铃、三角铁，而为《解放军进行曲》配乐就会选择声音洪亮有力且节奏清晰的铃鼓等。

三、4～6岁的学前儿童打击乐演奏能力的发展

（一）乐器操作能力

在幼儿园良好教育的影响下，4～6岁的学前儿童能接触更多种类的打击乐器，并能更熟练地掌握乐器的不同的演奏方法。随着年龄的增长，该阶段的学前儿童逐步学会使用小肌肉动作演奏乐器。

例如，运用手腕运动的方式击奏乐器，像木鱼、三角铁等。该阶段的学前儿童还喜欢用多种方法探索同一种乐器的不同演奏方法，会有意识地去控制、调整用力方式和用力强度，演奏出所需要的音量和音色。

（二）随乐能力

在幼儿园良好教育的影响下，4～6岁的学前儿童演奏打击乐器的随乐能力已有很大程度的提高。学前儿童的随乐意识和随乐能力也得到了进一步发展，他们能够用两种以上的节奏型跟随音乐合奏，也会更自觉地倾听音乐，并努力地使自己的演奏能够与音乐的速度、力度变化相一致。在2～3个声部的配合演奏中，这一年龄阶段的学前儿童不但能够与同伴良好配合，还能读懂指挥者手势的含义。

在这个阶段，学前儿童在打击乐演奏方面取得了显著的进步。他们能够更加自如地使用简单的节奏齐奏，并初步掌握了使用两种或更多不同节奏型进行合奏的技巧。这意味着他们开始能够更好地与他人合作，共同创造和谐的音乐。此外，

学前儿童在演奏过程中更加注重对音乐的聆听，并努力让自己的演奏匹配音乐的速度和力度变化。这种对音乐的敏感性和适应性是他们音乐能力发展的重要标志。在这个阶段，学前儿童还学会了演奏一些复杂节奏的乐器。这不仅体现了他们在乐器演奏技巧上的进步，也展示了他们对音乐节奏和结构的理解。

（三）合作协调能力

在幼儿园良好教育的影响下，4～6岁的学前儿童在打击乐演奏活动中的合作协调能力得到了很好的发展。他们不仅能准确地演奏自己的声部，还能主动关注整体的音响效果，并努力保持整体音响的协调性。

这种合作协调能力的培养对于学前儿童的身心发展非常重要。通过打击乐演奏活动，学前儿童可以学习到如何与他人合作、协调和沟通，从而培养良好的团队合作精神和社交能力。同时，打击乐演奏也可以提高学前儿童的注意力和集中力，帮助他们更好地理解和感受音乐的美妙之处。

（四）创造性表现能力

在幼儿园良好的教育之下，4～6岁的学前儿童不仅积累了丰富的打击乐演奏作品，还掌握了多种最基本的节奏型。他们学会了运用不同的音色配置方案来对这些节奏型进行"装饰"，使得演奏更加丰富多彩。这种对音色和节奏的掌握，有助于培养他们的音乐感知和表现能力，为未来的音乐发展奠定坚实的基础。

随着学前儿童对音乐和周围事物的感知经验的不断增加，他们的感知能力和理解体验能力也得到了提高，更加深刻地认识了节奏、音色、速度、力度表现力等，进行创造性表现的热情和能力也得到了有效提升，能够在一些基本的打击乐演奏作品的基础上，参与为乐曲选配合适的节奏型的配器方案和音色配置方案的讨论，如自发探索音乐，用自制乐器（如饮料瓶、筷子等）进行简单的音乐表演。

这一年龄阶段的学前儿童可以跟随结构较长、节奏较复杂的音乐进行演奏。随着学前儿童对音乐和周围事物的感知经验日益丰富，他们的感知能力得到了进一步的增强。他们对节奏、音色、速度、力度等音乐表现要素的认识也更加深刻。这种深入的理解激发了他们运用这些要素进行创造性表现的热情，并提高了他们的创造性表现能力。在对演奏方案进行集体讨论时，学前儿童可以提出自己的意见和建议，甚至可以自制打击乐器或者为音乐选配合适的打击乐器进行伴奏。这些活动不仅可以帮助学前儿童提高他们的音乐技能和表现能力，还可以培养他们的创造力和团队合作精神。同时，通过打击乐演奏活动，学前儿童还可以学习到如何与他人协调和合作，提高自己的社交能力和合作精神。在演奏过程中，他们需要听从指挥者的指挥，学会与他人协同演奏，同时还需要对自己的演奏进行自我调整和修正，以保持整个演奏的协调性及和谐性。

通过参与打击乐演奏活动，学前儿童可以逐渐培养对打击乐演奏的积极态度，并在此过程中积累丰富的打击乐演奏经验和相关的节奏、音色词汇。此外，他们还可以初步掌握一些简单而基本的打击乐器使用技巧，从而更好地进行自我表现。打击乐演奏活动是一种富有创造性和合作性的音乐活动，可以让儿童在演奏中体验到音乐的美感和合作的重要性。通过参与打击乐演奏活动，儿童可以学习到如何与他人协调合作、共同表现音乐。

第三节　学前儿童打击乐演奏活动设计与指导

一、学前儿童打击乐演奏活动方法设计

（一）整体教学法设计

乐器演奏的整体教学法，就是让参与的学前儿童了解作品整体的音响形象，强调学前儿童所做的合作演奏的努力都是为了达到这种整体的音响效果。整体教学法包含三种重要的具体方法，即变通总谱法、击节奏型指挥法和引导参与创作法。

变通总谱法是将学前儿童易于感知、记忆的变通乐谱作为辅助工具，提高学前儿童的学习效率和为学习过程带来更多愉快感受的方法。幼儿园普遍使用的变通总谱包括图形总谱、动作总谱和语言总谱，即简单的图形结构、动作组合和声音组合。

击节奏型指挥法是一种指挥的变通方式，即教师在教学过程中用与学前儿童演奏方式相同的动作来指挥，这样在演奏的时候教师就不会干扰学前儿童再现自己所要演奏的节奏型。

引导参与创作法不仅可以给学前儿童提供自由探索和创造性表达的机会，也可以通过鼓励增强学前儿童自由表达的自信。这样在即兴演奏中，学前儿童就可以避免紧张而自然流畅地表演。

整体教学法与传统常规教学法相比，具有如下区别。

方法上的主要区别：传统常规教学法主要通过示范、模仿、练习让学前儿童

学会演奏打击乐作品；整体教学法将示范、模仿和练习都与有引导的创造性表现相结合，希望在打击乐演奏过程中促进学前儿童的全面发展。

程序上的主要区别：传统常规教学法先分声部练习，然后再合奏；整体教学法是先整体后分部和累加的程序。

先整体后分部是整体教学法最典型的程序，主要适用于各声部间依存性较强且整体音响效果单纯的作品。它的一般步骤如下：

①导入，引起兴趣。

②初步感知主旋律的情绪、风格和基本节拍。

③在教师的引导下模仿或者参与创作变通总谱的具体内容，进一步把握作品的整体音响结构。

④进行分声部的徒手练习，各声部同时进行以便共同创造出已经确立的整体音响效果。

⑤教师指导个别学前儿童学习指挥，集体练习合奏。

⑥教师指挥学前儿童进行实际的多声部乐器合奏练习。

⑦个别学前儿童练习指挥，集体练习合奏，教师可鼓励指挥的学前儿童适当改变配器方案。

⑧根据需要，将特色乐器逐步加入乐队中。

累加程序适用于含有一个以上独立声部且整体音响较为复杂的作品，一般步骤如下：

①导入，引起兴趣。

②模仿学习或者创作一个有特色、比较复杂和独立的声部，并由此进一步把握作品句子与段落之间的关系。

③将其他具有伴奏性质的声部用先整体后分部的程序加以掌握，然后将其加入到独奏声部中去。

④以后的各环节可以参考先整体后分部的步骤。

在实际教学中，这两种程序经常是混合使用的。

（二）探索性教学法设计

1. 从乐器入手的探索

探索事物是学前儿童的天性，可以发声的物体特别容易引起学前儿童的注意。因此，教师应适当组织学前儿童进行一些自由探索的活动，可以从探索同一物体的不同发声方式开始，然后向探索不同的物体过渡。

（1）探索同一物体的不同发声方式

首先，教师引导学前儿童通过不同的方式让物体发声；其次，教师鼓励学前儿童用自己喜欢的方式对他们的发现进行展示和描述，如果在这一过程中遇到困难，教师应及时给予具体的帮助；最后，教师引导学前儿童用语言描述物体发出的声音。

（2）探索不同的物体

教师带领学前儿童探索乐器和周围环境中的各种物体，并且鼓励他们收集各种乐器资料，引导他们制作自己的乐器。

教师可以引导学前儿童将探索的经验应用到日常的歌唱、舞蹈、律动表演和节奏朗诵中去；引导学前儿童用乐器即兴描述一些故事或者场景；组织学前儿童观看包含乐器表演在内的综合性艺术表演活动影像，在此基础上，鼓励学前儿童开阔思路。

2. 从音乐入手的探索

打击乐演奏是一种艺术表现活动，在演奏过程中还要体现出表演者对其艺术形式美的认识，所以教师应带领学前儿童进行对音乐中的节奏型、乐句和乐段中的节奏型的探索；打击乐演奏活动还需要表达一定的思想内容，所以教师可以引导学前儿童从生活意象入手进行探索。

（1）探索节奏型

音乐中的节奏型是指在音乐作品中反复出现的有一定特征的节奏，表现为简洁可辨的结构单元的严格重复或者变化重复。教师在帮助学前儿童掌握最基本的稳定拍子的感觉后，尝试组织学前儿童进行节奏型即兴游戏：可以让一名学前儿童即兴奏出节奏短句，然后让其他学前儿童模仿；也可以让两名学前儿童像对话一样，一名学前儿童即兴奏出一个节奏短句，另一名学前儿童即兴奏出另一个节奏短句。

教师还可以鼓励学前儿童创编出最简单的节奏，然后将这一节奏作为节奏型为其朗诵的儿歌、演唱的歌曲或其他由教师弹奏、播放的音乐进行伴奏。

（2）探索乐句和乐段中的节奏型

教师可以组织学前儿童欣赏打击乐演奏作品，让其逐步积累节奏型、音色的重复变化与乐句和乐段的组织结构相互协调的感性经验；组织学前儿童为结构比较清晰的歌曲进行乐器配器活动，引导学前儿童关注乐句和乐段组织结构的规律；根据学前儿童在打击乐演奏活动中的表现，了解他们在结构感方面的实际发展情况，以此为基础设计可以促进其更进一步发展的教学活动。

（3）从生活意象入手的探索

教师通过图片、影音资料或者语言讲述给学前儿童提供一个简单的情节，引导学前儿童将该情节通过打击乐演奏表现出来；可以鼓励学前儿童为图片、实物操作、影音资料、哑剧表演等加配乐器演奏音响效果；可以组织学前儿童进行生活意象的诉说活动，由一名学前儿童的简单意象诉说发展到多名学前儿童合作的多意象的复杂诉说。

（三）游戏化教学法设计

学前儿童探索外界事物的好奇天性，让探究物体并弄出声响变成学前儿童喜爱的一种游戏。根据学前儿童对游戏的基本需求，将打击乐演奏课程游戏化，可以为学前儿童创造自由、有趣的学习环境，让学前儿童在游戏中感知音乐，充分体验到打击乐演奏的快乐。

1. 将各类游戏与打击乐演奏相结合

（1）律动游戏、徒手游戏与打击乐演奏的结合

律动游戏和徒手游戏的目的是帮助学前儿童通过身体动作来感受节奏。律动游戏是学前儿童音乐教育活动中常用的一种培养学前儿童节奏感的游戏，是让学前儿童在感受节奏的时候有针对性地进行跑或者走的身体运动；徒手游戏通常用在学前儿童进行乐器合奏之前，是一种让学前儿童通过拍手或者拍肩等方式感知所要掌握的节奏的一种游戏，这种游戏可以降低学前儿童反复练习的枯燥感。

（2）角色游戏与打击乐演奏的结合

角色游戏是一种非常有效的教育手段，尤其是对于学前儿童来说。通过角色扮演，学前儿童能够深入理解节奏的快慢、强弱变化以及乐器的使用方法。这样的游戏不仅让学习过程变得生动有趣，还能够帮助学前儿童更好地掌握抽象的音乐概念。

（3）情景游戏与打击乐演奏的结合

教师根据教学的需要，为学前儿童创设适宜的情景和故事等，以帮助学前儿童理解教学内容。在情景游戏中，将富有趣味的故事和对比鲜明的音乐相结合，可以营造一种轻松活泼的氛围，也比较容易让学前儿童在愉快的情绪体验中掌握教学中的重点和难点。

（4）语言游戏与打击乐演奏的结合

语言游戏中有很多都是可以把语言直接变为节奏与打击乐器相结合的。相对于抽象的音符，语言表达更加直接、具体，更容易被学前儿童接受，所以节奏上的难点可以通过语言游戏来解决。

2. 将变通总谱游戏化

图谱能够降低学前儿童的认知负担，帮助儿童快速记忆。将乏味的节奏谱用学前儿童熟悉的形象化的图形来表现，也更易于学前儿童理解。教师可以用图形来表示乐器的配器布局，可以让学前儿童与教师合作一起创编出图形符号，这样的图形符号更容易为学前儿童所接受和理解；利用变通总谱的图形符号可以让学前儿童选择自己感兴趣的乐器，这不仅让学前儿童有自主选择的权利，还在不知不觉中培养了他们对乐器归类的能力。

3. 乐器使用的游戏化

学前儿童创造性地将日常生活中常见的物品制作成乐器，不仅可以获得游戏的乐趣，而且可以激发探索声音的兴趣，还可以培养创造性的思维能力。可用的日常材料包括生活中的废旧用品，能发出特殊声音的锅、碗、瓢、盆，自然界中的石块、木棒等。

二、学前儿童打击乐演奏活动的设计

（一）打击乐演奏活动的设计思路

不同的打击乐演奏教学内容应采用不同的设计思路。

①先通过示范、模仿和练习，帮助学前儿童掌握作品配器的整体布局。在这个阶段，重点是理解各个声部之间的关系以及它们如何共同构建整个作品。随后，可以分声部进行合练，确保每个学前儿童都能够熟练演奏自己的部分，同时也能够与其他声部协调配合。另外，也可以选择先让学前儿童掌握主要声部的演奏方式，然后学习其他配合的声部。无论采用哪种方法，关键是确保学前儿童在掌握基础之后，能够进行创造性的发展练习。

②先让学前儿童利用模仿或集体探索、讨论的方式来理解作品节奏配置的整体布局。接着，教师或学前儿童可以设计指挥或即兴指挥，逐一对不同的配器演奏方案进行尝试。这样的教学方式旨在培养学前儿童的创造力、合作精神和音乐表达能力，使他们能够真正享受演奏的过程。

③先让学前儿童感知音乐或了解将要表现的形象和内容。具体可以通过播放

音乐、展示图片或描述故事情境等方式来实现。通过这样的引导，学前儿童能够更好地理解音乐所表达的情感和意境。接下来，引导学前儿童集体探索、讨论并设计打击乐曲配器方案。鼓励学前儿童发挥创造力，提出自己的想法和建议，与其他学前儿童分享和交流。一旦完成了配器方案的设计，就可以尝试演奏了。在演奏过程中，逐步完善这些方案，通过实践来检验和改进配器的效果。

④先让学前儿童倾听、观看、学习专门设计的有关故事、图画或韵律活动，让他们初步感知其中所包含的音乐元素和节奏感。接着，引导学前儿童抽取隐含在其中的音乐结构和节奏，尝试将其转换成相应的打击乐曲配器方案。完成配器方案后，进行演奏或其他的发展性学习活动。这样的活动设计不仅能增强学前儿童对音乐的理解和感知能力，还能培养他们的创造力和合作精神。

（二）打击乐演奏活动设计的注意事项

①在设计步骤时，应注意将整个过程划分为更多更细致的层次。这样在实施时可以更加灵活，并根据实际情况调整进度。

②在引入伴唱或伴奏时，应尽早加入，并确保其速度适宜。伴唱或伴奏不仅可以帮助学前儿童更好地理解和感受音乐，还能在演奏转换时提供暗示。通过伴唱或伴奏的引导，学前儿童可以更加自然地融入音乐中，提高演奏效果。

③为了让学前儿童获得更多创造性参与的机会，教师可以设计一些开放性的活动，鼓励学前儿童发挥自己的想象力和创造力。

④在设计教学方案时，教师应充分考虑学前儿童的原有经验。根据学前儿童的年龄、兴趣和能力，选择适合他们的音乐作品和教学方法。

⑤为了引起学前儿童的普遍注意，以及为了使学前儿童正确理解相关内容，教师应使用指示性的语言和辅助性的体态，通过清晰、简洁的语言和手势，引导学前儿童集中注意力，并确保他们能够理解教师的意图和要求。

⑥在打击乐演奏活动中，教师应确保全体学前儿童都能够看清指挥者的指挥动作。同时，教师还应使用好语言、眼神、体态的预先提示，减轻学前儿童的记忆和反应负担，增加他们享受演奏过程的快乐，增强他们的演奏效果，让整个活动更加愉快和顺利地进行。

⑦在设计和实施打击乐演奏活动的过程中，教师应注意将有关常规整体地融入其中。这包括养成集中看指挥、集中听同伴的演奏以及倾听音乐的习惯。这些常规训练，可以帮助学前儿童更好地理解打击乐演奏的基本要求和规则，提高他们的演奏水平和音乐素养。

（三）打击乐演奏活动设计的具体步骤

1. 打击乐演奏活动的导入

（1）总谱学习导入

总谱学习导入主要适用于那些原配器创作相当复杂、精美且完善的打击乐演奏作品。通过这种导入方法，学前儿童能够全面、深入地理解和掌握作品的各个方面，包括音符、节奏、和声等要素，从而更好地演绎和表现作品。

（2）总谱创编导入

总谱创编导入主要适用于那些结构相对简单明了的打击乐演奏作品。这种导入方式可以让学前儿童有更多的机会进行创造性的表达，通过自己的想象和创意，将作品演绎得更加生动。

（3）主要声部学习导入

主要声部学习导入主要适用于那些本身包含主次两个部分，且主要部分设计得相当复杂、精美且完善的打击乐演奏作品。通过这种导入方法，学前儿童能够更加专注于主要声部的演奏技巧，从而更好地掌握作品的精髓。

（4）音乐欣赏导入

音乐欣赏导入主要适用于那些较复杂、精美、完善的音乐作品，这些作品更值得让学前儿童进行欣赏。随乐演奏作为一种"多通道参与"的方法，有助于学前儿童更深入地理解和把握音乐的性质和结构。通过音乐欣赏，学前儿童能够亲身感受到音乐的韵律和节奏，更好地理解音乐的情感和内涵。

（5）故事导入

故事导入特别适用于那些具有丰富形象或故事情节的打击乐演奏作品，特别是在需要学前儿童通过打击乐器来演绎某个故事情节的纯打击乐演奏作品中，这种方法尤为适用。通过故事导入，学前儿童不仅能够更好地理解作品的背景和情节，还能更加投入地参与到打击乐演奏中，用自己的方式表达对故事的理解和感受。

（6）韵律活动导入

韵律活动导入主要适用于那些适合改编成打击乐演奏作品的韵律活动曲。将原有的旋律活动与打击乐器相结合，可以创造出别具一格的音乐体验。这种方法不仅能让学前儿童更好地理解音乐的节奏和旋律，还能激发他们的创造力和想象力。

（7）歌唱活动导入

歌唱活动导入主要适用于那些适合改编成打击乐演奏作品的歌曲。将歌曲改编成打击乐演奏作品，能够让学前儿童以全新的方式体验和感受音乐的魅力，还能培养他们的音乐感和节奏感，让他们在打击乐演奏中表现得更加出色。

（8）主要声部创编导入

主要声部创编导入主要适用于本身含主次两个部分，其主要部分比较单纯的打击乐演奏作品。

2. 教师指导打击乐演奏的技术

（1）哼唱曲调的技术

教师采用哼唱曲调的方法，对于初学打击乐演奏的学前儿童来说是一种非常有效的辅助手段。由于学前儿童在跟随音乐时可能会遇到困难，教师的哼唱能够为他们提供一个清晰的参考，帮助他们更好地理解和掌握音乐的节奏和韵律。在哼唱时，教师需要注意一些关键的细节。首先，教师需要正确使用唱名法，确保曲调的准确性和正确性。其次，教师需要调整哼唱的速度，使其与学前儿童最舒适的演奏速度相匹配。在音色和节奏型转换时，教师需要有意放慢速度。此外，当新的音色或节奏型开始时，教师需要重新换气，确保声音的连贯性和稳定性。再次，教师可以通过一些非言语的方式，如动作、音量和眼神来给予学前儿童明确的提示。例如，当音乐即将开始时，教师可以做一个简单的动作或眼神示意，告诉学前儿童"预备起"。最后，教师需要确保自己能够熟练地哼唱曲调。这意味着他们需要背熟曲调，并在任何需要开始唱的地方都能够准确地开始哼唱。

（2）节奏语言提示技术

教师应当善于运用节奏语言提示技术，特别是那些尚未习惯这种技术的教师应当学会事先规划和练习。节奏语言提示技术不能孤立使用，必须与其他技术相结合，如在音色或节奏型转换前放慢速度，通过眼神交流或身体动作等手段给予学前儿童提前的暗示。在学前儿童初学打击乐演奏时，教师还可以采用一种更为综合的方法，即在哼唱曲调的同时，适时地插入节奏语言。这样不仅可以提供更为丰富的节奏线索，还能帮助学前儿童更好地理解和掌握音乐的节奏和韵律。

（3）空间移动技术

①为了让学前儿童更好地理解教师的指挥意图，教师可以使用一些明确和具体的动作和语言提示。当教师深入马蹄形座位排列的内部并张开双臂时，通常意

味着此时应由后方两排的学前儿童进行演奏。如果教师再加以语言提示，如明确指出"后两排的学前儿童请注意"，那么后方两排的学前儿童将更容易了解教师的意图。对于两侧纵排的学前儿童，教师也可以通过一些额外的提示来让他们明确自己不在当前的指挥范围之内。例如，教师可以简单地向他们做一个手势或使用语言来明确说明。

②教师可以通过与学前儿童的距离变化来传达不同的控制程度。当教师靠近学前儿童时，通常意味着学前儿童需要更多的控制和帮助，教师能够更好地观察和指导他们的演奏。相反，当教师离开学前儿童时，表示教师对学前儿童更加信任，并给予他们更多的自由和空间去自主探索和表现。

③教师通过移动位置来对个别学前儿童给予特殊的提醒。当教师注意到某学前儿童在活动中分心、违反纪律、情绪低落或遇到技术困难时，可以到该学前儿童的身边来给予他特别的关注和指导。通过这种提醒方式，教师可以及时地帮助学前儿童解决问题，提高他们的专注力和参与度。

三、学前儿童打击乐演奏活动的指导

（一）打破僵化的教学模式，重视学前儿童主体性的培养

1. 教师要树立以培养学前儿童主体性为目标的打击乐演奏教学观

学前儿童打击乐演奏教学的目标是培养学前儿童对音乐的感知与理解能力，激发学前儿童的创造力，培养学前儿童的自主性和合作能力。学前儿童在打击乐演奏中可以获得心理上的满足和愉悦，通过自己的创造和表演来展示自己的才华和个性。

教师在打击乐演奏教学中应注重激发学前儿童的兴趣和积极性，不仅要传授基本的演奏技巧和乐理知识，还要让学前儿童参与到音乐创作和表演中。教师可以设计各种有趣的音乐游戏和活动，让学前儿童亲自动手演奏乐器，激发他们的创造力和想象力。同时，教师还应鼓励学前儿童进行音乐欣赏和交流，让他们分享自己的成果和体验。

在学前儿童打击乐演奏教学中，教师要尊重和理解每个学前儿童的个体差异，鼓励他们发掘并发展自己的独特才能。教师可以采用个别辅导的方式，为学前儿童提供个性化的指导和支持，帮助他们克服困难，提高自信心。

2. 采用先进的教学方法，提高学前儿童的主体参与性和自主表现性

学前儿童打击乐演奏教学是实施素质教育的重要方式，它代表了一种区别于

传统教学观念的新型教育理念。为了确保打击乐演奏教学的有效性，要注意以下方面。

（1）教师要把握教学尺度

在培养学前儿童的主体性时，教师应该创造一个积极的学习环境，让学前儿童能够自主地尝试和探索。为了更好地培养学前儿童的主体性，教师需要有计划地提供支持和放手的机会，以促使学前儿童独立学习。

（2）教师要重视教学的过程性

鉴于学前儿童的主体性容易受到环境因素的影响，教师在培养学前儿童的主体性时必须认识到这是一个渐进的过程，不能期望立竿见影地实现。

（3）教师要实时运用激励机制

考虑到学前儿童的内在特质和天生的好奇心，教师在培养学前儿童的主体性时应不断给予激励和支持，使其充分发挥个人能动性。为此，教师应以激励为手段，促使学前儿童展现出创造性的行为，从而发展他们对打击乐器的兴趣。只有满足学前儿童在打击乐演奏方面的心理需求，才能更好地培养学前儿童对音乐的感知和理解能力，进而培养他们的自主性和创造性。

（二）优化教学环节设置，激发学前儿童主体性的发挥

1. 教师要为培养学前儿童的主体性做好教学准备

在学前儿童打击乐演奏教学中，教师需要巧妙地运用节奏、图谱和乐器等多种元素，以激发学前儿童的学习兴趣和创造力。同时，合理的教学环节设置和科学的教学时长安排是确保教学质量的重要前提。

（1）观察学前儿童，了解学前儿童已有经验

在集体性教育中，打击乐演奏教学要求教师具备观察和了解学前儿童的能力。这种能力不仅是教师必须掌握的关键技能，也是他们了解学前儿童经验和发展状况的直接方式。在学前儿童打击乐演奏教学活动中，教师面对的是全体学前儿童，每名学前儿童的表现均有所不同，因此教师需要加强观察。

学前儿童的个别化学习活动需要具备选择任务的自由性、操作时间的灵活性以及材料设置的针对性，这样可以为教师提供更好的观察机会。通过这种方式，教师可以更加全面地了解学前儿童，从而更好地引导和支持他们的学习和发展。

（2）查阅资料，了解乐曲原作者创作的背景

在打击乐演奏教学开始之前，教师需要深入查阅乐曲的资料和背景，以全面了解原作者的创作背景和意图。通过了解乐曲的背景，教师可以为学前儿童揭示

乐曲背后的故事，帮助他们更好地理解和感受乐曲所传递的思想和情感。只有当教师真正地对乐曲有所理解，才能确保将乐曲所要表达的思想和情感有效地传递给学前儿童。通过教师的引导和启发，学前儿童能够逐渐培养自己的音乐鉴赏能力和审美观念，进而提高自主学习能力。

（3）熟悉音乐作品，选取适合学前儿童年龄特点的乐曲段落

为了选择适合学前儿童的乐曲作品，教师需要具备以下能力。首先，教师应熟悉大量乐曲作品的旋律、内容和情感表达，这样可以更好地理解音乐作品。其次，教师需要从中选取适合学前儿童的乐曲段落，因为学前儿童对音乐的理解和接受能力有限。

在选择乐曲时，教师需要考虑学前儿童的年龄特点，选择简单而有趣的乐曲，以便学前儿童能够参与和理解。通过这些准备工作，教师可以为幼儿园大班的打击乐演奏教学活动做好准备。

（4）分析作品，揣摩作者所要表达的情绪

教师应该先对作品进行深入的分析与研究，理解作者想要表达的情感。只有深度理解作品，教师才能更好地将作品所要表达的情感传递给学前儿童。作品分析的过程还可以帮助教师了解到学前儿童可能遇到的难点和困惑，以便在教学中有针对性地解决这些问题。通过充分的准备，教师可以更好地安排课堂活动，提供适当的指导，让学前儿童更好地理解和表达音乐作品。

另外，作品分析也有助于教师选择适合学前儿童的乐曲或乐曲段落。教师可以根据学前儿童的年龄、技能水平和兴趣，选择合适的作品进行教学。这样可以激发学前儿童的兴趣，提高他们的参与度，提升学习效果。

（5）熟悉并掌握各种图谱的设计要点

除了对作品进行分析和了解学前儿童的实际情况外，教师还需要熟悉和掌握各种图谱的设计要点。对于打击乐演奏教学来说，图谱的设计和编写是非常关键的环节。教师需要了解不同乐器的音域和演奏技巧，并合理地安排各种击打动作和乐器组合。图谱的设计要考虑学前儿童的实际能力，并适当简化或改进乐曲，以便学前儿童能够更好地进行打击乐演奏学习。

此外，教师还需要根据学前儿童的实际情况和需求进行教学的个性化调整。对于初学者来说，可以从简单的击打动作和乐器开始，逐步增加难度和复杂度。教师应该根据学前儿童的身体特征和发展水平，采用适合他们的教学方法和教学手段，营造良好的学习环境，激发他们的学习兴趣和音乐表达能力。

2. 从节奏、图谱、乐器元素入手，调动学前儿童的积极性

教师可以巧妙地利用节奏、图谱和乐器等具体的元素，来调动学前儿童参与活动的积极性。节奏是打击乐演奏教学中不可或缺的元素。教师通过讲授节奏的概念和基本技巧，可以帮助学前儿童更好地感知音乐的节奏脉动，提高他们的节奏感和准确性。同时，教师可以设计一些有趣的节奏游戏和活动，让学前儿童积极参与，从而激发他们的学习兴趣。图谱是打击乐演奏的指导书。教师可以使用图谱来引导学前儿童学习各种击打动作和乐器使用技巧。

教师可以调整和简化图谱，使其更符合学前儿童的实际能力，帮助他们掌握乐曲的演奏。乐器的使用也非常重要。教师可以通过演示和实际操作，让学前儿童亲自接触乐器，感受乐器的声音和震动，加强他们对乐曲节奏的感知。同时，教师还可以鼓励学前儿童发挥创造力，在学习乐曲的基础上进行创造性的演奏和表达，激发他们的主体性。

3. 注重课时设计，为培养学前儿童的创造性提供充足的时间

一般而言，许多学前儿童的打击乐演奏活动被安排为两个连续的课时，时间安排相对紧凑。然而，打击乐演奏是一个需要时间和持续练习的过程，不可能在一次活动中就完全掌握。对于学前儿童来说，仅仅依靠两个课时来体验和学习打击乐演奏是不够的。他们需要更多的时间和机会来深入探索、学习和掌握这项技能。因此，在打击乐演奏教学中，除设置两个课时外，还应为学前儿童增加第三个课时，以巩固他们在前两个课时中所学到的知识和技能，并给予他们自由发挥的空间。

例如，在《雷神》这首乐曲的第一课时主要开展音乐作品的欣赏活动。首先，通过完整地聆听这首乐曲，引导学前儿童对其节奏和旋律进行初步感知，让他们对乐曲有一个整体的印象。其次，分段欣赏这首乐曲，帮助学前儿童更深入地理解音乐的结构和变化，并为第二课时做好铺垫。在这个过程中，教师要给予学前儿童充足的时间，引导他们发挥自身的想象力和创造力，设计出下雨时雨滴滴在腿上、肩上和头上的动作；当雨停后，学前儿童可以有充分的时间来表达他们在雨后天晴时的愉快心情。最后，再次引导学前儿童整体感知乐曲，理解乐曲所要表达的意境。

在这首乐曲的第二课时主要引导学前儿童认识动作图谱。通过认识图谱和用身体动作来表现音乐，学前儿童可以更深入地理解音乐和打击乐演奏。教师在引导学前儿童认识图谱的过程中，可以使用简单的图示来呈现不同乐器和动作的对

应关系。教师可以通过观察、讨论和互动等方式，帮助学前儿童理解和记忆关键的图谱信息。在学前儿童尝试用自己设计的动作随乐演奏时，教师可以提供适当的引导和建议，帮助学前儿童更好地理解如何用动作来表达音乐的情感和节奏。在配器环节，学前儿童的自主选择和讨论是非常重要的。教师可以引导学前儿童根据乐曲的意境、旋律以及自己的感受和想法，选择适合的打击乐器进行配器。这个过程需要时间，因为学前儿童需要在小组内商议、讨论和试验不同的组合，以达到他们想要表达的音乐效果。

在这首乐曲的第三课时主要是师幼熟练地合作演奏。教师可以引导学前儿童讨论，找出适合加入大鼓演奏的地方，并一起进行实践。教师可以根据音乐节奏和学前儿童的演奏情况，逐步引导学前儿童掌握加入大鼓演奏的节奏和动作。在讨论中，学前儿童可以分享自己的感受，以及对乐曲的理解和想法。这样的交流可以促进学前儿童的思维发展，培养他们对音乐的理解和表达能力。

除了讨论和实践，教师还可以给予学前儿童自由发挥的机会。学前儿童可以根据自己的感觉和创意，尝试在适当的位置自由发挥，加入他们个人选择的节奏或动作。这样的活动可以培养学前儿童的音乐创造力和表达能力，同时增加他们对音乐演奏的身心投入度，提升乐曲演奏的表现力。教师可以鼓励学前儿童展示自己的创意，同时给予指导，以保持音乐的和谐和协调。

综上所述，在学前儿童打击乐演奏活动设计过程中，教师应合理设置课时，做好课时安排，为学前儿童提供充足的学习时间。

第七章 学前儿童音乐戏剧活动设计

学前儿童时期是人生中重要的成长阶段之一，学前儿童时期的教育和培养对于学前儿童的全面发展至关重要。在学前儿童教育中，音乐戏剧活动起着重要的作用，可以帮助他们发展语言沟通、情感表达、社会交往、创造力和思维能力等。探讨学前儿童音乐戏剧活动的设计，可以帮助教育者和家长了解如何利用音乐戏剧活动来促进学前儿童的综合发展。本章围绕学前儿童音乐戏剧活动的内容、学前儿童音乐戏剧活动的价值、学前儿童音乐戏剧活动设计与指导三个方面展开论述。

第一节 学前儿童音乐戏剧活动的内容

学前儿童音乐戏剧活动的内容包括音乐戏剧表达、音乐戏剧创作和音乐戏剧表演三个部分，三者之间形成相互依存、相互影响的对话关系，共同支撑起学前儿童的"戏剧素养启蒙"。学前儿童音乐戏剧教育突破了传统儿童戏剧教育仅以"戏剧表演"为内容的狭隘、封闭和成人化倾向，走向了丰富、开放和儿童本位。

一、音乐戏剧表达

（一）音乐戏剧表达的内涵

音乐戏剧是一种结合音乐和戏剧元素的艺术形式，可以通过音乐或演员的表演来传达和表达各种意思和情绪。学前儿童音乐戏剧的表达，是以学前儿童音乐戏剧活动为基础的，通过这种方式来重点关注学前儿童的感知能力。学前儿童的感知能力涵盖了视觉、触觉、听觉、味觉以及嗅觉等各个层面。在音乐情境中，学前儿童扮演角色或以非角色的身份，通过动作、声音、表情和言语等来展现自己。

第一，音乐戏剧表达主要依赖学前儿童自身的感官经验。这意味着他们要对视觉、触觉、听觉、嗅觉以及味觉等有一定的了解。这些感官经验可以为他们在音乐戏剧活动中提供丰富的素材和灵感，使他们能够更深入地理解和表达角色，同时增强他们整体的感知能力。

第二，音乐戏剧表达通常在虚构的情境中进行，这意味着时间以及空间都是具有"假设性"的。例如，学前儿童可能会假装自己在一个神秘的森林中探险。

第三，音乐戏剧表达可以通过模拟动作的方式，也可以通过扮演角色的方式。例如，通过扮演妈妈的角色来照顾宝宝等。

第四，音乐戏剧表达依赖于学前儿童的肢体语言，包括动作、表情等。

第五，学前儿童针对自我以及身边世界的思考与认知是音乐戏剧表达的内容。例如，小鸟的飞翔方式以及小鸭捕食昆虫的方式等。音乐戏剧表达可以帮助学前儿童更好地理解和认识自己与周围环境的关系。

（二）音乐戏剧表达的内容

在学前儿童音乐戏剧教育中，最基本的层面就是学前儿童戏剧表达，它鼓励学前儿童运用视觉、听觉、触觉、嗅觉、味觉等展现自己的想法以及表达自己的感受。不论扮演的身份是角色还是非角色，学前儿童都可以在音乐的引导下展开想象，展现出各种各样的情境。

通常情况下，音乐戏剧表达主要涵盖了身体与言语两个维度。在音乐戏剧的框架内，身体表达指的是通过表情和动作来传达内心的情感和思想；而言语表达则借助声音、词汇以及相应的语调、语气来传达情感和思想。身体表达进一步分为自然性身体表达和延伸性身体表达。自然性身体表达单纯通过各类肢体动作来进行表达；延伸性身体表达更多地借助装扮、道具以及音乐的辅助来增强身体表达的效果。

在学前儿童音乐戏剧活动中，学前儿童的音乐戏剧表达主要包括以下六个方面。

感知：关注耳朵、眼睛、鼻子、舌头、皮肤等多种感官在感受到刺激后的外在表现。

模仿：用身体或言语再现人或物的各种特性及其细节。

造型：通过身体塑造静止的形态，用言语展现角色的音质特点。例如，角色的独特音色以及语调等特征。

控制：对身体动作或者言语表达的掌握。

想象：基于现实世界创造虚构的世界。

情感：贯穿于所有音乐戏剧表达的喜、怒、哀、乐等情绪感受。

（三）音乐戏剧表达的要素

模仿、造型、控制以及情感是学前儿童音乐戏剧表达的四个要素。这些要素是在音乐的基础上进行的戏剧表达。在学前儿童音乐戏剧中，情感是不可或缺的元素，它包含了喜、怒、哀、乐等复杂的情绪感受，这些感受在各种音乐戏剧表达中都有所体现。

1. 模仿

模仿是指通过重现和复制人物、动物、事物的特征和细节的身体动作或语言表达。在学前儿童音乐戏剧中，模仿是他们表达情感和体验的重要方式。在幼儿园小班阶段，他们主要对熟悉的人物或动物进行模仿，如小兔子跳跃或者妈妈对宝宝的温柔话语。到了中班阶段，他们开始对绘本中的人物和动物进行模仿，如老虎的凶恶眼神和小猪的害怕表情。到了大班阶段，学前儿童逐渐体验新的情境，如模仿皇帝上朝等。在模仿的过程中，学前儿童会根据自己以前的经验，利用视觉或者听觉等感知方式，通过面部表情、身体动作、声音以及语言来进行表达。学前儿童对他们模仿的对象有自己的认知和了解，因此每一名学前儿童的模仿都是独特的，这也是学前儿童个性化表达方式的体现。

大班学前儿童对于吃不同食物的动作经验已经较为丰富，在模仿中需要先调动已有记忆表象，然后将吃的动作过程再现出来。教师有意识地提供不同吃法（不同动作、不同餐具、东西方不同的饮食文化）的食物，学前儿童正是在假装做的过程中，进一步了解了中餐和西餐的不同。

2. 造型

针对身体来说，"造型"是一种能力，能够用身体塑造出静止的形态。与动态的模仿相比，造型更注重于瞬间的表达。学前儿童在小班阶段，塑造的主要是一些常见的水果和动物；然而，学前儿童到了中班阶段，则可以塑造更广泛的主题，如大树和小鸟、顽皮的猴子等。学前儿童到了大班阶段，在造型过程中更加关注细节，他们可以塑造出水底的水草、将军和士兵的不同表情，以及花木兰女儿装或者男儿装的不同气质等。

3. 控制

控制是对身体的运动和言语的节奏、力度、音调等的掌握。音乐戏剧表达不仅是自由的，也受到一定的约束。这种约束来源于特定的情境，并突显了音乐和戏剧的内在张力。在教师的引导下，小班学前儿童通过动作来展示速度的快慢、力量的轻重、高度的升降、尺寸的大小以及持续时间的长短，他们还会用声音来表达音量的高低。例如，小班学前儿童扮演的小老鼠发现大花猫出现时，或躲进桌子下，或把身体缩成一团，从"动"的状态进入"静"的状态；中班学前儿童扮演狐狸给小猪按摩，在动作的力度和按摩的方位上，都需要有一定的控制；大班学前儿童在此基础之上，还会增加对"远近距离"的掌控，如小丑鱼从远处看到爸爸时会用什么音量，当小丑鱼回到爸爸身边时又是怎样的音量。

其中，中班学前儿童扮演狐狸给小猪按摩的动作不是随意的，而是有所控制的，包括高度的控制（身体上、中、下不同部位）、速度的控制，以及与心理状态的匹配（着急的时候快、累的时候慢），并有不同的按摩动作（捏、敲、捶、按、拉、揉等）。

4. 情感

这里的情感指的是角色情感共鸣与表现要基于情感上的体验与理解，在进行模仿、造型、控制时，需要即刻融入个人情感上的理解与共鸣，并且通过情感来进行表达。

二、音乐戏剧创作

音乐戏剧创作是思想和行动的对话方式。学前儿童不仅是提出问题的角色扮演者，还是解决问题的角色扮演者。在音乐戏剧创作中，学前儿童在音乐的基础上，通过即兴演出的方式来思考和行动，从而不断提高心智能力。

（一）音乐戏剧创作的要素

音乐戏剧创作包括角色、情节和场景三个要素。

当学前儿童参与音乐戏剧创作时，他们所扮演的角色数量会随着年龄的增长而逐渐增加。通常情况下，3～4岁的学前儿童基本上只扮演一个角色，并面对多个同类型的角色（例如，鸭妈妈带领一群小鸭子）。4～5岁的学前儿童可能会扮演两个角色，同样面对多个同类型的角色（例如，老鹰和鸡妈妈分别与一群小鸡互动）。通常情况下，5～6岁的学前儿童的角色数量不会多于6个。

音乐戏剧的情节构造，是一个由起始、进展、高潮到结局的发展过程，遵循着特定的顺序：先设定情境，然后出现问题，接着形成冲突，最后解决问题。随着学前儿童的成长，他们参与创作的音乐戏剧的剧情越来越丰富和多变，不再局限于简单的、重复的模式。场景在音乐戏剧中为角色提供了一个具体的活动空间，使观众能够更好地理解角色的处境和情感。

对于学前儿童的音乐戏剧创作来说，场景相对而言比较简单，不需要频繁地进行切换。学前儿童在 3～4 岁阶段，可能最多出现两个场景的转换；而在 4～6 岁阶段，可以出现两个以上的场景转换。

（二）音乐戏剧创作的内涵

音乐戏剧创作体现了在音乐基础上的思想与行动的对话。在音乐戏剧教育中，学前儿童不仅是提出角色化问题的主体，还是解决角色化问题的关键人物。这一教育内容效仿了西方"创造性戏剧"的精华。相关研究揭示了音乐戏剧创作背后的心理过程及其机制，特别关注了想象和音乐戏剧行动之间的紧密联系。音乐戏剧创作是以音乐戏剧学习为核心的，并鼓励每个参与者自然地运用其内在机制，将思想转化为实际行动，从而发展其行为。对于内在想象力的培养，主要通过感觉扫描、视觉回顾和简短叙述等练习来实现。外部的音乐戏剧行为则着重动作、对话、情节和角色塑造的协调和统一。

（三）音乐戏剧创作的要素

1. 角色

在角色扮演中，学前儿童可以成为与自己不同的他人。他们需要以这个人的身份去思考、行动以及说话。在塑造角色的过程中，学前儿童需要关注外貌、行为特征以及心理活动等多个方面。在小班阶段，学前儿童可以扮演小兔等动物，关键在于诠释这些动物的特点。到了大班阶段，他们可以尝试塑造小丑鱼，通过表演来展现当小丑鱼离开家后的各类情绪改变，如开心、害怕、紧张等。这样的角色扮演有助于提高孩子的想象力和表达能力。

例如，餐厅场景的创设和"猜一猜谁来了"的游戏激发了大班学前儿童对角色塑造的兴趣，他们扮演各种各样的顾客，在音乐环境下用哑剧的方式表现角色的身份特性。但是，对于大家猜不出来的角色，教师要及时提供哑剧视频欣赏，鼓励学前儿童主动发现、善于模仿，并逐步进行自主创作。这就是在"做"的过程中的"学"。

2. 情节

故事的发展过程由一系列的事件构成，包括起始、进展、高潮和结局等重要的阶段。这些阶段按照背景描绘、问题引入、冲突产生到问题解决的逻辑顺序进行。随着学前儿童的成长，音乐戏剧的情节会变得越来越复杂，从简单重复到丰富多样。创作音乐戏剧情节的关键是构建音乐戏剧的冲突。教师可以指导学前儿童从不同角度去创作冲突的起因、发展、高潮以及结局。针对音乐戏剧冲突会有各种各样的观点以及建议，所以，需要通过集体充分讨论来达成共识。在引导学前儿童创作的过程中，教师可以选择以主要角色或次要角色的身份参与，即"教师入戏"方式，也可以选择以旁观者的身份提供指导，即"教师出戏"方式。应该采用哪种方式，需要结合学前儿童的年龄特点以及音乐戏剧创作的难度来决定。对于年龄较小的学前儿童或较难的音乐戏剧创作，辅导者采用扮演角色的方式更为适合；对于其他情况则相反。教师设计冲突点作为情节发展的起因，而具体的情节发展则由学前儿童创作，因此教材提供的情节创作方案或剧本只是参考，教师不应依赖死记硬背。

3. 场景

在音乐戏剧中，场景是不可或缺的一部分，它能够反映出角色的处境和情节的发展。在小班阶段，场景设置相对简单，一般只需要转换两个场景；但随着剧情的深入，在中班、大班阶段可能需要涉及多个场景的切换。场景创作在音乐戏剧中占据着至关重要的地位，它与角色塑造和情节发展相互交织。角色在特定的场景中演绎，而情节的发展则随着场景的变化而展开。在音乐戏剧的成熟阶段，场景的呈现往往依赖于布景和装置的设计与布置。在学前儿童音乐戏剧教学中，为了培养学前儿童的空间想象力，以及提高教学的效率和可行性，可能不设置场景。教师和学前儿童共同商议，把一个活动空间想象成各种不同的场景，如房间、草地、树林以及田地等。教师和学前儿童也可以利用简单的标志对各种场景进行划分，如画两条线可以用来代表河流，形成河两岸的场景；或者用一条线来代表大门，划分为门里和门外的场景。

场景创作可采用实物、肢体合作造型、替代物等多种方式。例如，纸箱实物的多功能性，使得小兔家的家具有实体形象；肢体合作造型所创设的小兔家的周围场景，和小兔的日常生活紧密联系；小兔家里的摆设使用替代物，符合小班学前儿童在游戏中"以物代物"的能力和需要。

（四）音乐戏剧创作的过程

1. 确定主题

这一部分着重于对音乐戏剧创作根源的深入挖掘。学前儿童的音乐戏剧创作想法通常来自他们的日常生活经验，包括一件物品、一幅画、一首歌曲、一段故事、一个想法或一个心愿等。这些元素都有可能激发学前儿童的创作灵感。通常情况下，年幼的学前儿童对于幻想性的音乐戏剧题材的创作更加感兴趣，但是随着学前儿童的成长，他们在音乐戏剧主题的选择上会逐渐变得多样化。有些主题是他们自己发现的，而且往往源于他们的音乐戏剧游戏；而有些主题则需要教师和学前儿童一起探讨，进而确定主题，并且利用有计划的音乐戏剧活动来进行演绎。

2. 描画角色

音乐戏剧创作的起点在于描画角色。在这个环节中，教师组织学前儿童进行角色扮演，并通过讨论来描绘角色的形象、态度以及动机。通过探讨这些问题，如"这里有哪些角色？他们是什么样子？喜欢做什么？最需要什么？"，教师能够引导学前儿童深入理解角色的特点，并鼓励他们用肢体动作或言语来展示这些角色。这样的过程有助于激发学前儿童的创造力和表演天赋，为音乐戏剧创作打下坚实的基础。

3. 架构冲突

架构冲突在音乐戏剧创作中至关重要。教师组织学前儿童通过角色扮演，引导他们一起创造音乐戏剧冲突。在这个过程中，教师可以选择扮演主要或次要角色，来引导学前儿童探索冲突的各个阶段。当学前儿童针对音乐戏剧冲突提出不一样的观点以及建议的时候，他们可以通过一起讨论达成一致意见。教师可以通过高支配的方式对创作过程进行引导，也可以通过不扮演任何角色的低支配的出戏方式提供协助。对于年龄较小的学前儿童或有难度的音乐戏剧创作，教师更适合采用高支配的方式；反之，对于年龄较大的学前儿童或较为简单的音乐戏剧创作，教师可以选择低支配的方式。

4. 丰富对话

丰富对话是音乐戏剧创作的提升环节。在描画角色和架构冲突的阶段，角色的对话有了初步的框架。基于学前儿童多次的角色扮演，教师在创作过程中要善于发现以及提炼出色、简洁和生动的角色台词，并引导学前儿童互相模仿与学习，以形成相对稳定的角色对话。这样做可以增强学前儿童在音乐戏剧创作中的表现力。通常情况下，这一步骤更适合年龄较大的学前儿童。

基于上述音乐戏剧创作的过程，学前儿童创作的音乐戏剧逐渐变得丰富和生动，学前儿童在音乐戏剧创作时也会融入自身的智慧和创造力。在这个过程中，学前儿童边思考边行动，充分体验到音乐戏剧创作的乐趣。当学前儿童创作的音乐戏剧有被欣赏的需求时，他们能获得更大的满足感。

三、音乐戏剧表演

学前儿童音乐戏剧活动作为音乐戏剧艺术的一种特殊形式，除了具有其特有的性质外，还需具备音乐戏剧艺术的一般特点，即表演性。

（一）音乐戏剧表演的内涵

音乐戏剧表演，特别是学前儿童的音乐戏剧表演，是一种独特的表演形式，是在教师指导下进行的，主要是学前儿童通过角色扮演来创造人物形象。与传统的剧场表演不同，这里的演员和观众是同班同学，他们之间没有明显的界线。因此，可以将这种表演称为"前表演"或"准表演"。

音乐戏剧表演在学前儿童音乐戏剧活动中是一个核心元素。学前儿童通过创作和表演自己的音乐戏剧作品，向同伴、教师和家长展示自己的才华。这些作品是由学前儿童在教师的指导下创作的，并在幼儿园的多样"表演"空间（如教室、图书馆等）上演。在儿童剧的表演中，角色不是固定不变的，而是可以在不同演员之间流动的。同时，演员和观众之间也可以相互转换，形成一个亲密互动的关系。此外，剧情的细节可以根据学前儿童的创意进行变化，而不是遵循固定的剧本。这与传统成年人演出的"儿童剧"有很大的差异，它是一种开放式的表演。

（二）音乐戏剧表演的样式

音乐剧是歌、舞、剧三种成分并用的音乐戏剧表演的样式。它在音乐的基础上加上了舞蹈和剧的成分，是一种高度综合的音乐戏剧艺术，更加突出音乐的特点。音乐剧要有故事情节，如话剧一般；还要有歌曲和音乐，如歌剧一般；也要有舞蹈，如舞剧一般。音乐剧样式的采用只体现音乐戏剧的神韵，以"载歌载舞"为形式，而不是严格意义上的音乐戏剧，最根本的原因是学前儿童的音乐剧只是一种有简单的故事、音乐、歌曲和舞蹈的音乐戏剧表演的样式，每一种元素都不一定是完善的。

音乐剧的表演充满趣味和动感，特别是"载歌载舞"的形式，能够吸引年龄较小的学前儿童。小班学前儿童的动作表现优于语言表达，特别适合"载歌载舞"的音乐剧。

第二节 学前儿童音乐戏剧活动的价值

一、学前儿童音乐戏剧活动与儿童身心发展

游戏是学前儿童的基本活动，学前儿童在游戏中学习、成长，其创造性音乐戏剧活动与游戏是密不可分的。[①]1.5～2岁的学前儿童会在游戏中假装做一些动作，如端着水壶假装喝水的动作。2岁以后，学前儿童学会了象征性游戏，如把手中的棍子想象成一把枪，坐在椅子上做出骑马的动作等，这不仅是游戏，同时也是儿童音乐戏剧的最初表现。3岁之后，学前儿童具有了初步的角色扮演意识，如会在游戏中扮演父母的角色。随着年龄的增长以及生活经验的丰富，学前儿童的角色扮演游戏会变得更规律、更规范、更具制度化。如果表演需要观众，学前儿童会在游戏中自发地充当观众，或者将成年人作为观众。从表面上来看这是学前儿童在玩游戏，实际上这是音乐戏剧表演的雏形。在音乐戏剧表演过程中，学前儿童必须学会灵活地控制自己的身体，从而更真实、全面地表达自己内心的想法与感受。因为音乐戏剧活动的核心就是通过肢体动作与语言进行表达与创造。

在各种各样的音乐戏剧活动中，学前儿童其实是在尝试协调自己的肢体动作，尝试在给定的空间内自由活动，同时与同伴保持良好的空间关系以及身体动作关系。通过反复的练习与创作，学前儿童对身体的控制能力逐渐提升。在音乐戏剧活动过程中，学前儿童可以扮演不同的角色，体验不同的人生经历以及不同角色的情绪和情感，这有助于学前儿童建立对真、善、美的积极认知，有助于学前儿童建立对自我、他人以及社会环境的积极认知。

学前儿童音乐戏剧创作的最大特点是音乐戏剧的内容既要来源生活又要高于生活，促进学前儿童思维、想象的发展。不同年龄段的学前儿童对事物的认知方式不同，3～6岁的学前儿童处于直觉行动思维阶段，他们会更喜欢颜色鲜艳、生动活泼的画面。学前儿童音乐戏剧能吸引学前儿童，是因为音乐戏剧的名字就充满了儿童化的意味，如《花仙子》《想吃苹果的鼠小弟》等，同时音乐戏剧的内容生动形象，适宜于学前儿童的认知范畴。学前儿童心理发展的特点是富于幻想、追求新奇、喜欢探险，如学前儿童音乐戏剧《海盗船》运用拟人、夸张的手法，把老海龟人性化，表现了真、善、美的形象，人们用善良支持了海娃，战胜

---

① 郭梦迪.让儿童在游戏中学习：游戏对儿童学习的价值及其对教师的启示[J].陕西学前师范学院学报，2018，34（1）：39-43.

了贪婪、凶狠的海盗女王，剧情紧扣学前儿童内心，将学前儿童代入角色的情感中，学前儿童在紧张、愉快、神奇的场景中，心灵受到美与善良的洗礼，并将这种内心体悟融入日常生活之中，督促自己做一个善良、正直的人。随着年龄的增长，学前儿童会越来越喜欢某一个角色，并将其作为自己的偶像，因此这个年龄段的学前儿童音乐戏剧多创造学前儿童喜爱的、充满情趣的、有血有肉的形象，如儿童剧《小侦探》中的亮亮，他机智、敏锐和勇于探险，爱学习有担当，学前儿童在观看的时候，亮亮的形象会深深地烙印在他们的内心深处。通过观看或参与类似的学前儿童音乐戏剧表演，学前儿童的感情会得到升华，同时他们会反躬自省，修正自己的认知模式。每一名学前儿童都或多或少地有一些缺点，他们在观看或参与音乐戏剧表演的过程中，会将自己代入音乐戏剧角色，体验角色的生活经历与情绪、情感。那些受到学前儿童喜爱与敬佩的角色，能够丰富学前儿童的精神生活，成为他们积极向上的精神榜样，让他们在现实生活中愿意自觉地向音乐戏剧中的角色学习，从而培养他们乐观、阳光、勇敢、坚强的品质。学前儿童音乐戏剧活动对学前儿童身心发展的影响不言而喻，特别是对于年龄越小的学前儿童，其影响越明显，因此成年人要会用、敢用且用好学前儿童音乐戏剧活动这个载体。

二、学前儿童音乐戏剧活动与学前儿童认知发展

（一）学前儿童音乐戏剧活动与学前儿童认知发展的关系

瑞士心理学家让·皮亚杰（Jean Piaget）采用临床法深入探究儿童的认知发展，并提出了著名的发生认识论。他将儿童的认知发展划分为四个阶段，包括感觉运动阶段（0～2岁）、前运算阶段（2～6／7岁）、具体运算阶段（6／7～11／12岁）以及形式运算阶段（11／12岁及以上）。他提出了"同化—顺应—平衡"的认知发展模式，强调儿童认知的发展就是通过"同化—顺应—平衡"模式的反复循环由低级向高级不断发展的，使儿童从最初的只具有基本的反射能力，逐渐发展到能够初步了解日常生活环境，学会将感知动作内化为表象，使表象图式演化为运算图式，思维发展到抽象逻辑推理水平。

建构主义认为认知发展是个体主动与环境相互作用，从而不断构建的过程，个体在与环境相互作用的过程中，将神经成熟、经验、社会环境和自我调节等因素进行融合与修正，从而使认知不断得到发展。学前儿童音乐戏剧正好拟合了内容源于生活经验的特性及个体与环境相互作用的实践性。学前儿童音乐戏剧的内

容来源于日常生活经验，如通过对儿童音乐戏剧《老鼠嫁女》内容与表现形式的分析发现，剧本的对话与我们现实生活中的表达方式一致，音乐戏剧中的动物形象与现实中人类的婚嫁人物形象类似，有新郎、新娘及亲戚朋友，同时老鼠成亲的方式与人类生活中也类似，如结婚之前要布置新房，张灯结彩，结婚当日要有迎亲队伍，以及放鞭炮等。通过观看甚至参与音乐戏剧活动，学前儿童对生活、对周围环境的认知不断丰富。所有这些源于生活的故事情境要发挥其对学前儿童认知发展的应有价值，就需要充分重视学前儿童对故事的体验。学前儿童音乐戏剧作为一种体验式的教育模式，通过模拟现实生活，对学前儿童掌握生活经验，体验社会环境，培养团队意识、协调能力、表达能力和沟通能力都具有非常重要的价值。

（二）音乐戏剧中的语言发展对认知起着重要作用

语言是人类拥有的一种非常神奇的功能，它使我们能够相互交流、相互沟通，是人类区别于其他一切生物的重要工具。学前儿童能够自然地习得语言是受与生俱来的语言习得装置影响的，这个装置是生物遗传与进化的结果，即人类共同所有。但学前儿童运用语言来表达自己的想法，进行沟通与交流，就需要一定的环境刺激。音乐戏剧中的语言发展对认知的重要作用主要体现在以下方面。

1. 提升认知思考能力

认知指的是个体学习、记忆和抽象思考的能力。在音乐戏剧活动中，学前儿童以自己所理解的方式，把现实生活中的人物、时间、地点、事件、景物等，利用象征性的动作、道具或语言重新创造出来，以获得对周围世界进一步认识的机会。在教室中进行的音乐戏剧活动中，学前儿童必须运用自己的想象与表征的能力，在不同的故事与情境中思考，并将之具体呈现出来。通过实际参与，学前儿童对一些抽象的概念及生活情境有了更深刻的认识。

知识来源于个体主动建构的过程，音乐戏剧活动正好为学前儿童提供了独立思考的机会。在"主角是哪些人？""他们长什么样子？""哪些剧情是最重要的？""如何表现故事中的时间与地点？""如何解决剧中人物的问题？""除此之外，有没有其他的方法？""下次若再做同样的故事，哪些部分可以改进？""若换成你，会不会那么做？"等开放式问题中，学前儿童主动地回忆、反省自己对周围人物、时间、地点、事件、景物等的观点，进一步构建崭新的认知世界。音乐戏剧为参与者提供了一个即兴解决问题的环境。在舒适的教室氛围和有序的团队互动中，这种体验对于参与者的认知思考能力提出了挑战。教师必须挑战儿童，要他们以剧中人物的身份去思索、发明、创造及解决自身面临的问题。当教师提供机会让学前儿童成为某些问题的"专家"时，他们较能把问题视为自己的问题，并能利用高阶的思考方式来寻找多元的解决之道。

2. 提升价值判断力

今日的多元社会瞬息万变、错综复杂。计算机技术及科技的发展，使得我们得以享受网络之便。个人与世界的接触面越来越广，必须面对的情境与人或事也越多越杂。通过音乐戏剧活动，学前儿童能超越时空、年龄、国界与文化的限制，去发现人类共通的联结，并提前了解自己即将面临的社会环境。除了体验与接受各种不同的生活方式与社会环境，学前儿童还必须及早学习如何在复杂的选择中做出决定，在多元的价值中做出判断。在许多音乐戏剧情境中，学前儿童能够运用自己的思考和判断来做出决定和采取行动。在行动之后，他们能够立即审视行动的后果，并理解其中的因果关系。因为是"假设"的情境，在选择上他们有更多的弹性；在心理上，也有更大的安全感。在多次音乐戏剧体验中，学前儿童会面临许多冲突和抉择。通过不断实践和尝试，他们学会在不同情境中做出明智的决策。同时，在不断的冲突与转折中，他们也学习体会生活与生命的无常，并练习应变之道。

三、学前儿童音乐戏剧活动与学前儿童情绪处理

情绪是个体与生俱来的，随着年龄的增长与生活经验的积淀，个体的原始情绪会不断分化与丰富。人在成长的过程中，必须具备处理各种情绪的能力，做情绪的主人而非奴隶。学前儿童阶段是人在成长过程中获得情绪理解能力，学会情绪表达和宣泄的关键时期。情绪理解能够帮助学前儿童从他人的表情与行为中读懂他人的情绪，有助于学前儿童与他人建立良好的人际关系；情绪表达和宣泄使学前儿童能够认识并采取适宜的方式处理自己的情绪，有助于其形成良好性格。学前儿童音乐戏剧能促进学前儿童早期情绪的健康发展，主要体现在以下三个方面。

（一）培养学前儿童的同理心

同理心即学前儿童对他人情绪的敏感性。学前儿童音乐戏剧很容易就能够让学前儿童融入剧情，甚至学前儿童会在观看或参与的过程中将自己真实地代入某一角色，并且与角色同喜、同悲，充分体验角色带来的情感冲击。在这个过程中，学前儿童不仅体验了各种情绪、情感，同时也学习了不同情绪的处理技巧，而这

些内化的、内潜的情绪处理能力会自觉或不自觉地影响学前儿童在日常生活中的真实体验。

（二）丰富学前儿童的情绪体验

学前儿童音乐戏剧是学前儿童真实体会丰富情感的有效载体，同时也是培养学前儿童对真、善、美，伪、恶、丑辨别能力的重要途径，如《海底总动员》中小丑鱼尼莫表现出不畏艰险、克服重重困难、勇往直前寻找父亲的精神。学前儿童在观看或参与儿童音乐戏剧的过程中有时会将剧情与现实混淆，他们可能会天真地认为学前儿童音乐戏剧里的故事都是真实的，于是把角色注入自身的感知，这在一定程度上有助于个人情感的发展，会让学前儿童从小就在心中种下真、善、美的种子。学前儿童音乐戏剧的剧情取材于现实生活，自然兼有幸福美好与丑恶痛苦，在这个过程中，学前儿童会在各种情绪的对比中，表达出对美好事物的喜爱与追求，同时也会表达自己对丑陋事物的憎恶，如我国很多革命题材的儿童音乐戏剧，通过对战争、牺牲的刻画，使学前儿童从内心讨厌战争与侵略，自发地萌生向往和平、安宁生活的情感，这是学前儿童自主意识的一种体现和内心情感的自主选择。

（三）为学前儿童提供情绪表达的渠道

从学前儿童早期开始培养情绪表达能力对于个人的成长至关重要。学前儿童音乐戏剧表演活动提供了一个理想的平台，它可以让学前儿童扮演各种角色，通过表演来体验不同情绪状态，并学会适当表达情感。在音乐戏剧表演中，学前儿童扮演公主、战士、消防员、医生等不同角色，体验这些角色所拥有的各种情绪。他们可以理解他人的情感，同时通过表演来表达自己的情绪。这个过程不仅有助于提升学前儿童的情绪表达能力和情绪调控能力，还可以让他们获得情感上的丰富经验。此外，学前儿童的情绪控制能力通常较差，特别是在年幼的时候。然而，在音乐戏剧活动中，学前儿童对表演的兴趣能够促使他们自觉遵守角色要求和音乐戏剧设定的规则，从而提升自我控制能力。音乐戏剧活动也为学前儿童提供了一个自由宣泄情感的空间。他们可以在表演中表达自己的情感，释放内心的压力。这种表达情感的机会对于学前儿童的情感健康和成长有着积极的影响，如在故事《野兽国》中，主角迈克斯因情绪不佳而躲进自己的房间，并穿上狼人服装，幻想自己进入了一片有各种野兽的森林。在这片森林中，他与那些凶猛的野兽相处融洽，并最终成了野兽国的国王。实际上，迈克斯通过这一过程持续地宣泄自己内心的消极情绪，并成功战胜了它们。

在学前儿童音乐戏剧表演过程中，经常会出现各种动作和发泄式的语言。这些动作和语言往往有助于学前儿童缓解紧张情绪和释放消极情绪。经常参与此类表演活动，学前儿童可以学会处理情绪、解决冲突，以及以理性的方式解决问题，从而保持良好的情绪状态。

四、学前儿童音乐戏剧活动与艺术创造力

世界上不缺少美，只是缺少发现美的眼睛；同理，世界上也不缺少具有创造性的学前儿童，只是缺少发现学前儿童创造性的眼睛。学前儿童是天生的艺术家，当他们刚学会拿笔的时候，就可以用图画描绘自己看到的世界，虽然很多时候我们并不知道他们花了很大力气画出来的到底是什么，但他们却乐此不疲地进行着自己的艺术创作。通过这些涂鸦作品，可以看出学前儿童充满了丰富的想象力，他们有表达的欲望和对审美的自我理解。

随着时间的推移、时代的进步，艺术教育越来越受到人们的重视，而我们需要思考的是，什么样的内容、什么样的方式能够保护并挖掘学前儿童的艺术创造力与表现力。学前儿童音乐戏剧活动成为不二之选，它是艺术教育的一种形式，同时又符合学前儿童的认知方式，并深得学前儿童的喜爱。学前儿童在音乐戏剧活动中成长，在欣赏中思考，在游戏中创造，在参与中感受善良和爱。

学前儿童音乐戏剧是学前儿童乐于接受的一种艺术教育形式，能充分地激发学前儿童渴望表达、乐于表现的天性。学前儿童音乐戏剧有按剧本表演的，也有即兴发挥的。在学前儿童的音乐教育过程中，即兴表演是常态，即抛开剧本的束缚让学前儿童自由发挥，自主面对发生的各种状况，并完成表演。这样的方式可以最大限度地激发学前儿童进行艺术创作的兴趣，使他们在无拘无束的场景中自由地表达自己的感受以及加深对周围环境的认识，理解自己与他人、与环境的关系，从而提高他们的审美与表达能力，提升他们的自信心与价值感。

"做中学"是学前儿童学习的主要方式，学前儿童音乐戏剧为学前儿童创造力的发展提供了一个操作、体验与展现的舞台。例如，对于《神奇口袋》这个故事，每个小朋友都会通过自己的想象，表现各种动物的姿态。有的小朋友把青蛙扮演成粉红色的蛙；有的小朋友把大灰狼表现成温柔的狼，因为觉得它想做一只并不坏的狼。在音乐戏剧表演过程中，每名学前儿童会将自己内心的想法真实地表达出来，创造出与众不同的角色特点，不管是否与现实相符，不可否认的是，在这个过程中学前儿童的想法得到了尊重，个人价值得到了彰显，创造力得到了提升。

　　学前儿童音乐戏剧对学前儿童艺术创造力的影响是内潜的、无痕的，就像春雨一样润物细无声，一点点滋养着学前儿童的心灵。学前儿童音乐戏剧通过有趣活泼的形式吸引学前儿童主动创造，教师也一改传统的教育方式，用轻松愉快的方式对学前儿童进行启发，并且更多地使用鼓励、表扬、肯定的正面反馈方式给予学前儿童积极的引导。

五、学前儿童音乐戏剧活动与个体全面、和谐的发展

　　由于学前儿童音乐戏剧活动对学前儿童的全面发展具有不可忽视的价值，在学前教育领域逐渐成为幼儿园普遍开展的一种教育方式。教师在教学过程中要让学前儿童参与知识获取的过程，还要融入跨学科意识，以此来培养学生的综合能力与素质。就学前儿童而言，其语言表达、逻辑思维等能力还处于发展之中，教师只能够通过游戏的方式潜移默化地引导学前儿童逐渐获得相应粗浅的感性认识。学前儿童音乐戏剧正是巧妙地利用学前儿童喜欢的"艺术＋游戏"方式，通过典型的人物形象来影响学前儿童、感染学前儿童，使人物形象深入学前儿童内心，使学前儿童在游戏过程中自然而然地理解自我与他人及环境的关系，获得生活经验，形成自我独特的人格品质，同时使自我的综合素质与能力得到提升与发展。在音乐戏剧表演过程中，学前儿童学会使用不同的语音、语调及适宜的肢体动作来表达不同角色的情绪、情感，在反复的活动参与过程中，学前儿童培养了语言理解能力，并且培养了运用语言和通过语言的不同表现形式来理解不同情绪的能力，使得他们在日常生活中更加敢于表达、愿意表达且充分表达自己的思想。此外，学前儿童音乐戏剧活动帮助学前儿童了解什么是舞台艺术，什么是表演，什么是合作以及如何与人合作；也让学前儿童通过角色扮演知道什么是角色，什么是情感，以及如何区分自己与它们的关系。

　　总之，学前儿童音乐戏剧活动为学前儿童的全面发展搭建了锻炼与展示的平台，提供了探索与操作的机会，从而使学前儿童越来越自信，越来越勇敢，帮助他们更快、更有效地融入社会生活。兴趣是促进学前儿童学习与发展的最好的教师，3～6岁的学前儿童好奇、好问、好探究，他们急切地想要通过自己的双手、双脚、双眼去探索世界，去获取知识。在科学技术快速发展的今天，很多学科已逐渐从传统的分科走向融合，未来社会的发展更加需要知识渊博、底蕴深厚的复合型人才，同时学前儿童也需要更多的实践机会来提升自己的能力。学前儿童音乐戏剧活动的艺术性、知识性、人文性、启发性、感染性的特点无疑使其成为培养学前儿童综合能力的有效途径，同时学前儿童音乐戏剧因剧情存在矛盾冲突、

人物性格突出的特点，深受学前儿童的喜爱，从而成为幼儿园培养学前儿童学习品质、生活习惯与良好品格的必要选择。

第三节　学前儿童音乐戏剧活动设计与指导

一、学前儿童音乐戏剧活动中音乐的重要性

学前儿童音乐戏剧活动是用动作、音乐和语言等综合手段反映学前儿童的思想情趣和生活的，是促进学前儿童身心健康发展的一种教育艺术。

学前儿童音乐戏剧的特殊性决定了学前儿童音乐戏剧表演形式的多样性。学前儿童音乐戏剧中经常会插入适当的音乐以丰富舞台表演效果，调动学前儿童的表演情绪。学前儿童在音乐的伴奏下进行语言表演，使其得到多方面的锻炼和发展。同时，在适当的地方加入适当的音乐，能帮助学前儿童准确理解剧情，潜移默化地接受戏剧本身具有的文化意义，让学前儿童得到更广泛的审美教育。

二、学前儿童音乐戏剧活动的设计要求

学前儿童音乐戏剧中的音乐可分为四类，具体如下：

第一，主旋律音乐。主旋律音乐如同电影、电视剧里的主题曲，其情感表达为戏剧主题服务。它可以在开头、结尾出现，也可以在中间以背景音乐的形式出现。

第二，角色背景音乐。学前儿童音乐戏剧中为了夸张地表现角色的个性，往往会在特殊角色上场前和表演时加上背景音乐，以表现情节的发展、角色的特点，如《半夜鸡叫》中，当财主上场时就会配上滑稽的音乐，以突出这个人物的奸诈、狡猾和可笑，从而烘托气氛，吸引学前儿童的注意力。

第三，情节背景音乐。加入适合于情节的音乐，不仅可以烘托气氛，而且能取得比语言更有力的效果。例如，表现雷雨交加时，播放雷雨声和紧张的音乐；表现睡梦中的美好心愿或神仙降临时，可播放灵动的奇幻的音乐；表现情况紧急、惊心动魄时，可播放速度快、伴有悬疑色彩的音乐等。

基于对学前儿童戏剧音乐的分析，学前儿童音乐戏剧活动的音乐设计要求主要有以下几点。

（一）配乐能烘托气氛

在学前儿童音乐戏剧的前期编排设计工作中，学前儿童音乐戏剧指导教师必

须精准把握情感脉络，这对其艺术想象力和创造力提出了要求。

为了有效地指导演出，教师应当深入研读剧本，积极运用想象力，将舞台及情景生动形象地呈现在脑海中。在此基础上，教师应寻求与画面情感相契合的音乐灵感，以营造出更加完美的舞台氛围。

学前儿童音乐戏剧活动的开场多数比较简单，但主旨是要根据情节来选择开场的形式。开场形式一般有以下几种。

①直接进入式，即表演者通过角色台词或行动表现直接进入表演区进行情节展示。

②音乐引入式，即表演者通过群体、小组、单人等多种分配形式在主题音乐的伴奏下展开情节。这种开场的音乐一定要符合情景需要，为推动下面的情节服务。例如，学前儿童音乐戏剧《森林运动会》选取了表现森林里快乐气氛的音乐，就自然地展示了主要情节。

③画外音引入式，即在演员正式开始演出前，由旁白演员在舞台外诵读旁白，这类旁白大多要配合音乐和舞台画面以烘托气氛，旁白后主画面开始进行对白表现。

④气氛烘托式，即没有旁白，没有歌舞，在主旋律音乐的伴奏下，舞台拉开序幕。这个环节可以间接交代故事开始的时间、地点、人物、活动气氛等。虽然没有台词，但在背景音乐、灯光、布景以及舞台上角色的映衬下，观众自然地感受到一种气氛。例如，《猴吃西瓜》开场可设计为，在恬静又灵动的音乐伴奏下，花果山前许多猴子自由自在地生活着。它们有的吃桃子，有的爬树捉迷藏，有的老猴在给小猴捉虱子等。

（二）音乐的出现要符合情节脉络

音乐不可以随意出现，每一次都要有目的性、有意义，如开场和结尾的音乐，开场要能烘托气氛，结尾要表现主题，中间的音乐也要为情节服务。例如，《卖火柴的小女孩》开场时，为了烘托过年的气氛，音乐可以选择稍欢快一点的，等到小女孩孤零零出现时，可以把音乐调整为凄凉的，前后形成鲜明的对比，从而震慑学前儿童的内心，刺激其产生悲悯感。

（三）音乐的编排要符合情节需要

欢快的时刻要选择欢快的音乐，悲哀的时刻要选择凄凉的音乐。如果随意选择背景音乐，就会适得其反，误导学前儿童的判断力和审美认知能力。例如，《三打白骨精》中师徒四人出场时可以欢快一点，遇到妖怪时音乐要恐怖、紧张一些。

（四）音乐风格可多样性

音乐的风格要创新，如《小熊请客》前面的一段数板"我的名字叫狐狸，一肚子的坏主意，人人见我都讨厌，说我好吃懒做没出息……"，以往的表演以快板的形式呈现，在律动节奏的伴随下，演员进行台词表演，其实指导教师还可以大胆尝试音乐的形式，用滑稽的曲调表现出来，要多元化发展，可以将时尚的元素加入学前儿童音乐戏剧创作中。所以，风格的多元化、多样性能体现学前儿童音乐戏剧指导教师的音乐创造能力。这对学前儿童教师来说是一个极大的挑战。

三、学前儿童音乐戏剧活动设计的案例指导

（一）《拔苗助长》活动

音乐戏剧《拔苗助长》是一场精彩的活动，它的灵感源自古老的寓言故事《揠苗助长》。这场音乐戏剧以主题式的形式呈现，融合了音乐、戏剧和舞蹈等多种艺术元素。它是一场充满艺术魅力和思想启迪的活动，以精彩的演出形式传达了努力和耐心的重要性，让观众在欢乐中思考，体会到成长与成功的喜悦。

1. 剧本

第一幕：种麦苗。

（农夫甲、农夫乙、小麦苗、小鸟随音乐《农夫之歌》上场）

小鸟：唧唧喳，今天的天气可真好啊！

农夫甲：李大哥，我的种子已经种好了，你的呢？

农夫乙：我的也种好了！

农夫甲：李大哥，你说咱们的麦苗什么时候能长出来啊？

农夫乙：你别心急，咱们的麦苗过两天就长出来了！咱们先回去吧！

农夫甲：嗯，好吧！（农夫下场）

（小鸟上场）

小鸟：晚上到了，小麦苗都长出来啦！（小麦苗随音乐《小麦苗之歌》表演）

第二幕：拔麦苗。

（农夫甲、农夫乙、小麦苗随音乐《小麦苗之歌》上场）

农夫甲：李大哥，你快看啊，我的麦苗都长出来了，你的呢？

农夫乙：我的也长出来了！

农夫甲：李大哥，咱们不如来比比吧？

农夫乙：比什么？

农夫甲：就比谁的麦苗长得快。

农夫乙：行啊！（说完，低头干活）

农夫甲：小麦苗长得好慢啊，我怎么才能让它快快长大呢？有了！我把它拔高！（拔麦苗）

农夫甲：哈哈，大功告成啦！李大哥，我干完活了，你那边怎么样了？

农夫乙：我也干完了，咱们回去吧！

农夫甲：好！

（农夫甲、乙下场）

第三幕：麦苗之死。

（被拔的麦苗随《小麦苗之歌》表演）

小鸟：不好啦，不好啦，小麦苗怎么都死了？！我要赶快告诉农夫！

农夫甲：睡得好舒服啊！哎呀，我的麦苗怎么都死了！李大哥，你快来看啊！

农夫甲：我的麦苗昨天还是好好的呢！怎么今天就全都死了呢！

农夫乙：怎么了？怎么了？你昨天都干什么了？

农夫甲：我没干什么啊！我就把我的小麦苗往上拔了拔！

农夫乙：啊？这哪儿行啊！你把麦苗拔起来了，麦苗的根就吸收不到水和营养了，当然就会枯死了。

农夫甲：呜……呜呜，我的麦苗全没有了！都怪我太心急了！

小鸟：这个农夫可真糊涂啊！不过，像他这么糊涂的人可真不少呢。不信？你看！

第四幕：小鸟。

（鸟宝宝在舞台侧趴好，鸟妈妈随音乐《小鸟歌》上场）

鸟妈妈：这些都是我的鸟宝宝，真希望它们快点孵出来，和我一起去捉虫子。我先去捉些虫子回来吧！（下场）

（鸟宝宝随音乐《小鸟破壳》表演）

鸟妈妈：（上场发现）太好了，我的小鸟宝宝都孵出来了，我得赶紧让它们学飞！你飞！（推出一只小鸟，小鸟摔倒）

鸟妈妈：哎呀，你怎么不会飞啊！那你飞……（依次推出所有小鸟）哎呀，它们怎么都不会飞啊！我先下去看看它们吧！（飞到小鸟身边）

鸟妈妈：哎呀，我的小鸟宝宝都摔伤了，看来是我太心急了。宝宝们，咱们还是先学会跳吧！（鸟宝宝随鸟妈妈跳下场）

第五幕：跑。

妈妈：（妈妈拉宝宝上场）公园里的小鸟，叽叽喳喳叫个不停，正在和鸟妈妈学呢！我也带我的宝宝到公园来学习走路。

妈妈：宝宝来，妈妈教你学走路。（妈妈、宝宝随音乐《蹦跳的小兔》表演）

妈妈：宝宝，学东西要慢慢来，咱们先学会走吧。

2. 活动设计

（1）第一课时

①活动目标：喜欢参加音乐戏剧活动，尝试为乐曲创编歌词。

②活动重点和难点：根据不同角色的性格为剧中各角色创编歌词。

③活动设计。

第一，提问：《拔苗助长》里"小麦苗"这个角色遇到什么问题？

第二，回忆故事，创编歌词。通过提问，回忆创编歌词的方法（可以重复其中一两句，可以用母音进行哼唱）；根据角色特点，分小组创编。

第三，展示与分享。各组展示，其余组进行点评；投票选出合适的歌词；全体合唱选出的歌词。

（2）第二课时

①活动目标：喜欢参加音乐戏剧活动，试着为《农夫之歌》创编舞蹈；能够根据农夫的特点为舞蹈创编动作。

②活动重点和难点：根据角色特点创编舞蹈动作。

③活动设计。

第一，回顾《拔苗助长》中的农夫甲，他遇到了什么问题？问：还可以设计什么内容？（引出舞蹈）

第二，创编舞蹈。农夫甲做什么动作最能体现他的特点？请学前儿童展示；欣赏音乐《农夫之歌》；分组创编。

第三，展示与分享。分小组展示创编的舞蹈。

（3）第三课时

①活动目标：尝试根据"拔苗助长"的意思，创编故事；能够创编符合成语含义的故事。

②活动重点和难点：根据成语"拔苗助长"的含义创编故事。

③活动设计。

第一，回忆故事。提问：成语"拔苗助长"讲的是什么故事？这个故事讲述了一个什么道理？

第二，根据成语的含义创编故事。请学前儿童根据"拔苗助长"的含义再举例。讨论：分享的例子与"拔苗助长"的含义是否一样？引导学前儿童创编出完整的故事。

第三，展示与分享。学前儿童分享自己创编的故事。

（4）第四课时

①活动目标：喜欢参加音乐戏剧，乐于参加音乐戏剧表演；能够分组练习；勇于分享练习中遇到的问题。

②活动重点和难点：在练习过程中，善于发现问题，尝试解决问题，并乐于总结、分享。

③活动设计。

第一，回忆创编的故事和类似的故事。学前儿童回忆分享第三课时所创编的故事。

第二，分组练习。学前儿童自由选组，回顾分组练习的方法，设定表演内容，分配演员，创编台词，设计出场等。

第三，分组练习，教师指导。学前儿童自主练习。教师引导学前儿童组内总结练习过程中的好方法和遇到的问题。

第四，展示与分享。各组展示；学前儿童将自己遇到的问题与大家分享；教师总结。

（二）《狼来了》活动

音乐戏剧《狼来了》是一场引人入胜的活动，它的创作灵感源自著名童话故事《狼来了》。这场音乐戏剧以主题式的形式呈现，通过音乐、戏剧和舞蹈等多种艺术元素，将故事情节活灵活现地呈现在观众面前。《狼来了》不仅仅是一场娱乐活动，也是一次对人性和团结精神的思考和呼唤。音乐、戏剧和舞蹈的结合，使得这场活动充满了张力和感染力，观众无论是成年人还是儿童都能从中获得乐趣和引发共鸣。

1. 剧本

旁白：小朋友们，你们听过《狼来了》的故事吗？今天让我们一起去看一看中班小朋友的音乐戏剧表演吧。

第一幕。

音乐《咩咩歌》。小草、小羊随《咩咩歌》前奏分别从两边上场，站到自己的位置，随音乐表演。

音乐《放羊歌》。羊倌随音乐挥舞羊鞭，跑跳步上场。待羊倌站到自己的位置后，小羊、小草随音乐晃动身体，伴唱。羊倌随音乐表演。

羊倌：小羊们，上山吃草吧！

众羊：咩——（并爬向小草）

羊倌：哎呀，真没意思！（无聊的表情，假装踢踢地下的石头）咦，（惊喜）我想到了一个好主意！我去逗逗山下的农夫们！狼来啦——狼来啦！（双手放嘴边喊，然后原地停住）（农夫四处张望跑上场）

农夫：（紧张地问小羊倌）狼在哪儿呢？怎么连个狼影也没有啊？

羊倌：哈哈哈，你们上当了！（捂肚子笑）

农夫：哼，你怎么能这样呢？！（生气地下台）

旁白：这个小羊倌真淘气，看看过两天又会发生什么事情吧。

第二幕。

（小羊、小草随音乐晃动身体，伴唱。羊倌随音乐表演）

羊倌：哎呀，又没意思了！不如我再去逗逗山下的那些农夫们！（顽皮地）狼来了！（音乐响起《放羊歌》）

农夫：（边跑边问小羊倌）狼在哪儿呢？

羊倌：（捂肚子笑）哈哈哈，你们又上当了！

农夫：哼，你都骗了我们两次了，你要是再骗人，就没人相信你了！（生气地下台）

旁白：这个小羊倌都骗了两次人了，看看下次还有没有人相信他！

羊倌：哼，我才不信呢！

第三幕。

羊倌：哎呀，真困啊！我睡一会儿吧！（坐下睡觉）（老狼随着音乐《老狼肚子咕咕叫》上场）

老狼：哎呀，肚子真饿啊！抓只小肥羊回去尝一尝！（转身向羊，定住）

羊倌：（惊醒）哎呀，真的有狼！快跑啊！（起身跑，小羊跟在身后爬）狼来啦，狼来啦，狼真的来啦。（说着蹲下）

农夫甲：哎呀，这个小羊倌，又在骗人了，咱们别理他。

农夫乙：万一真的有狼呢？咱们还是去看看吧！

农夫甲：好吧。哎呀，真的有狼！（边追边打狼，狼倒下）

羊倌：（不好意思地）对不起，我知道错了！

农夫：没关系，知错能改，还是好孩子！

羊倌：（指狼）那狼呢？

旁白：狼是我们国家的保护动物，不如我们把它送到动物园吧！

众人：好！

狼起身，众人一同唱《做人诚实最重要》。

2. 活动设计

（1）第一课时

①活动目标：通过观看视频，体会站位的重要性，总结正确的舞台站位；通过讨论，找出表演的不足。

②活动重点和难点：总结正确的舞台站位。

③活动设计。

第一，欣赏视频，请学前儿童欣赏表演视频片段。

第二，讨论。站在什么位置，能让观众更清楚地看到演员？到自己的台词时，应该站在什么位置？其他人说台词时自己该做什么？

第三，总结。请学前儿童在讨论后再次表演。教师总结：在表演时，首先要让观众看清自己；其次，一起表演时要时刻记得自己的角色。

（2）第二课时

①活动目标：能认真倾听故事，理解故事内容；能复述故事中的主要对话。

②活动重点和难点：能够复述人物的对话。

③活动设计。

第一，听故事。要求学前儿童认真倾听故事，养成良好的倾听习惯。

第二，看图片回忆故事，理解故事。教师按顺序出示图片，提问："羊倌喊了几次'狼来了'？第一次喊'狼来了'是因为什么？喊完以后，发生了什么？第二次喊'狼来了'是因为什么？喊完以后，发生了什么？第三次喊'狼来了'是因为什么？喊完以后，发生了什么？三次喊'狼来了'，村民是什么态度？为什么？"最后，说一说故事给人的启示。

（3）第三课时

①活动目标：根据故事为第一幕创编台词；根据音乐设计出场动作；尝试排练第一幕的内容。

②活动准备：会唱《咩咩歌》《放羊歌》。

③活动重点和难点：创编台词及人物出场动作。

④活动设计。

第一，创编台词。引导学前儿童回忆第一幕故事内容。引导学前儿童思考：如果自己是羊倌，上台后会怎么介绍自己？喊"狼来了"的时候自己会怎么表现？村民上山，发现被骗后，村民会说什么？羊倌会怎么说？

第二，为羊倌设计出场动作。引导学前儿童思考在歌曲前奏部分能做什么动作；引导学前儿童为羊倌设计出场动作；鼓励学前儿童用不同的表现方式出场。

第三，尝试表演第一幕的内容。引导学前儿童在教师的提示下，演出第一幕内容；鼓励学前儿童用多元的方式进行表演。

（4）第四课时

①活动目标：能够根据故事情节，为第二幕创编简单台词；尝试编排第二幕内容，能够随音乐歌唱、表演。

②活动准备：会唱《咩咩歌》《放羊歌》；能边唱边跳。

③活动重点和难点：创编第二幕的台词及动作。

④活动设计。

第一，回忆故事，创编台词。鼓励学前儿童创编不同的台词：羊倌又觉得无聊了，他会说什么呢？村民又被骗了，他们会怎么说？喊第二次"狼来了"的时候，自己会怎么表现？

第二，分组表演。引导学前儿童分角色、分组进行对话表演；讨论《放羊歌》在什么地方播放；引导学前儿童分组表演；最后进行展示表演。

（5）第五课时

①活动目标：能够根据创编的不同故事结局，分组演出；尝试随音乐歌唱、表演。

②活动准备：会唱《做人诚实最重要》。

③活动重点和难点：根据创编的不同故事结局，分组演出。

④活动设计。

第一，回忆故事结局。引导学前儿童回忆故事原本的结局；引导学前儿童创编结局。

第二，讨论表演遇到的问题。引导学前儿童回忆遇到的问题；引导学前儿童讨论如何解决所遇到的问题。

第三，尝试分组表演。引导学前儿童按不同的故事结局进行练习。最后，分组进行展示。

（6）第六课时

①活动目标：回顾第一、第二、第三幕内容，尝试串演；在表演中注意表情、声音、站位等。

②活动准备：熟悉剧中所有歌曲。

③活动重点和难点：三幕的串演。

④活动设计。

第一，回忆故事内容。引导学前儿童回忆故事内容；引导学前儿童回忆总结三次"狼来了"的不同之处。

第二，讨论台上遇到的问题。引导学前儿童回忆台上遇到的问题；引导学前儿童讨论如何解决所遇到的问题。

第三，分组表演。在表演过程中引导学前儿童总结前三幕的经验并完成表演。

第八章　学前儿童音乐教育评价与发展

音乐不仅是一种艺术形式，也是一种语言和沟通工具，能够激发学前儿童的想象力，刺激其感官发展和情感表达，并培养他们的协调能力和团队合作精神。因此，学前儿童音乐教育的评价与发展成为教育研究领域的重要议题。对学前儿童音乐教育评价与发展的研究和讨论，可以进一步了解如何优化教学内容和方法，提高教育效果，促进学前儿童的全面发展。同时，这也能满足社会和不同家庭的需求，创造一个更为丰富多样的学前教育环境，为学前儿童的未来发展打下坚实的基础。本章围绕学前儿童音乐教育的评价和信息技术背景下学前儿童音乐教育的发展两个方面展开论述。

第一节　学前儿童音乐教育的评价

教育评价在教育体系中扮演着关键角色，是评估和监测教育成果的可靠方式。学前儿童音乐教育评价并不仅仅局限于对学前儿童音乐学习成果和发展的简单测量，它还是一个涉及教与学的全面评估。因此，改进与优化学前儿童音乐教育评价是音乐教育实践工作的重要工具和手段。

一、学前儿童音乐教育评价的作用和原则

（一）学前儿童音乐教育评价的作用

1. 反馈作用

通过对学前儿童音乐教育评价的功能以及作用的深入探讨，可以将其划分为形成性评价与终结性评价两大类。进一步地，基于评价的关注点的差异，也可以将其分为过程评价与结果评价。但是，这样的分类并非绝对，而是相互交织的。无论如何评价，反馈始终是其核心所在。反馈能够迅速而精准地将教学活动中的信息传达给教师，有利于他们更好地调整和优化教育过程。对学前儿童音乐教育

进行评价，不仅可以评估音乐教育体系中每一个环节的有效性，还能够对幼儿园所设定的音乐教育目标以及选择的教育内容等进行验证，验证它们与学前儿童的年龄特点以及认知水平等是否匹配。

2. 诊断作用

除了评估教育效果，学前儿童音乐教育评价还能起到诊断的作用。利用有效评价，不但能够了解现状，还可以进一步研究并找出导致这些现状的根源。这使得教育者能够为教育活动提供有针对性的改进建议。例如，可以通过观察学前儿童在音乐活动中的表现，深入了解学前儿童的音乐知识和能力水平，进一步诊断音乐教育的目的与内容是否切合。通过观察学前儿童在音乐活动中的表现和成果，可以判断他们的音乐发展状态以及是否达到预期的教育目标。

3. 促进作用

从某种角度来说，评价也可以说是一种对比。只有通过对比及鉴别，评价的价值才可以真正凸显。如果教师可以在每一次的音乐教育实践中对各个方面开展细致的评价，并根据评价结果规划下一阶段的教育活动，教育活动的效率就会大大提高，也能避免走入误区。

综上所述，对学前儿童音乐教育进行评价是一项至关重要的工作，不仅有助于优化音乐教育的进程，也能促使音乐教育更为系统、科学和有效，同时还能显著提高教育的整体质量和效率。最关键的是，正确的评价还能真正促进教育对学前儿童发展的积极影响，帮助他们建立自信心、培养创造力，以及发展良好的社会交往能力。

（二）学前儿童音乐教育评价的原则

1. 导向性原则

学前儿童音乐教育应坚持导向性原则，确保教育朝着正确的方向前进。对学前儿童音乐课程的评价要有明确的导向性，不仅要有利于学前儿童认识自己的进步，发现自身在音乐领域的潜能，建立自信心，促进他们在音乐感知、表现和创造等方面的能力得到全面发展，还要有助于教师对自身的教学方法进行总结和提升，进而推动音乐教学工作的不断改进，以及促进音乐课程的发展。

2. 客观性原则

在进行学前儿童音乐教育评价时，客观性原则要求必须保持客观、公正、科学以及实事求是的态度，特别是在对学前儿童进行评价时，必须避免主观臆断和受到评价者个人情感的影响。为了确保评价的准确性和公正性，需要坚守客观、公正的原则。一旦确定了科学合理的评价标准，就不能任意更改或变动，必须严格遵守。这样才能确保评价结果真实可信，为教育活动提供准确的诊断。

3. 计划性原则

学前儿童音乐教育评价的宗旨在于进一步推动和优化音乐教育。不管是上级行政部门的评估、教育同行的相互评价，还是教师的自我评价，它的核心目标都是通过总结经验，发现并解决问题，最终明确改进的方向。因此，评价一定要具备明确的宗旨以及周密的计划，以确保音乐教育在教师的自我调节和控制过程中向着更科学、更完善的目标前进。此外，评价工作应当纳入幼儿园行政和教师日常工作的规划中，成为常规性的工作之一。

例如，某个中班的学前儿童在教师组织的集体音乐活动中常常不能很好地与同伴交流和合作，存在心理上的障碍和技能上的困难。他在集体合作性的韵律活动和创造性动作表现中找不到合作的伙伴，在集体的奏乐活动中也不能协调地融合于集体的演奏之中。教师在观察的基础上对该学前儿童做出了初步的发展方面的评价，并找出造成其发展障碍的原因，进而为他制定了一份特殊的、不断促进其发展的个案规划，且在实施过程中不断地观察、记录、再评价、再调整，最后使该学前儿童逐步达到了一般学前儿童的发展水平。

4. 整体性原则

教育评价是幼儿园教育的有机组成部分，是与幼儿园教育的目标和内容相一致的。在教育实践的演变过程中，教育评价需要持续地对音乐教育的各个部分和元素进行全面的评估。作为评价者，需要全面地评价教与学的各个方面，不仅要关注学前儿童在音乐学习以及发展方面的表现，也要对教师的教学方法和指导方式进行评估。同时，评价者还要仔细观察学前儿童在音乐活动中的行为和在日常环境中的音乐表现，以获得更全面的了解。

综上所述，要做到真正有益于学前儿童的发展和学习，就需要对学前儿童音乐教育进行多角度、多层次、全方位的评价。这就需要建立持续、连贯的评价机制。

二、学前儿童音乐教育评价的内容和标准

学前儿童音乐教育的评价工作，具体包括三个方面：第一，对学前儿童发展方面的评价，即对学前儿童音乐能力发展的评价；第二，对学前儿童音乐教育活

动的评价，包括对音乐教育活动的目标、内容、方法、过程等的具体评价；第三，对幼儿园音乐教育工作的整体评价。①

（一）对学前儿童音乐能力发展的评价

学前儿童音乐能力的发展，不仅可以从学前儿童日常生活的自发音乐活动中得到反映，还可以从教师专门安排的音乐教育活动中得到反映，同时，家庭的音乐启蒙也对该发展有重要影响。教师和家长应当采用观察、谈话、问卷调查和测试等多种方式，对学前儿童音乐能力的发展做出全面的评价。

（二）对学前儿童音乐教育活动的评价

1. 对活动目标的评价

活动目标是教师根据教育要求以及学前儿童发展需求所设定的，它代表着对活动结果的期望。在评价活动目标过程中，有几个关键问题需要考虑：首先，目标是否和音乐教育的总目标、年龄阶段目标以及单元目标紧密相连；其次，目标是否涵盖了认知、情感与态度、操作技能三方面的要求；最后，目标与学前儿童的实际情况是否相符。

在评价音乐教育活动时，需要基于目标体系的统一性，研究这一目标与其上一级目标的关联，以确保评价的合理性。以一个中班的韵律活动为例，教师把"根据音乐的节奏做相应的动作"作为其中一个目标。单独来说，这个目标可能是切实可行的，在音乐活动中学前儿童可以完成。然而，如果将这个目标与中班的年龄阶段目标以及音乐教育的总目标进行对比，就会发现这个目标并不能很好地反映总目标中引导学前儿童进行创造性动作和合作动作的要求。因此，这个目标缺乏足够的合理性及完善性。

在评价活动目标过程中，除了需要考虑目标的构成情况，还需判断其是否与本班学前儿童的实际情况相联系。当然，教师不必在每次活动中都刻意追求目标涵盖三个层面，在制定目标时，可以基于具体的活动教材以及学前儿童的实际情况有所侧重。教师也可对目标的主次、先后进行区分。年龄阶段目标概括了一般的发展趋势以及教育要求，但不同班级和学前儿童的差异仍需考虑。所以，评价活动目标还需要看其是否与学前儿童的实际水平和发展特点相符。例如，针对中班学前儿童的韵律活动教学目标，关键在于让学前儿童享受并体验与他人交流的乐趣。教师在实现这一教育目标时，应根据班级的实际情况来灵活调整。如果班

---

① 杨梦萍. 农村幼儿园音乐教学现状的个案研究 [D]. 南京：南京师范大学，2015.

级中大多数学前儿童的音乐能力较弱，基本不擅长动作表现，并且缺乏合作表演的经验，教师就需要对此进行有针对性的处理。此时，教师可以将原先的整体目标细化为一系列有层次的子目标，逐步引导学前儿童提升自己的能力。这样做不仅可以确保学前儿童在自己的基础上有所进步，还能避免直接套用原目标可能带来的不适应和不必要的教学压力。

2. 对活动内容的评价

音乐教育活动目标实现的核心就在于内容的选择和设计。因此，对音乐教育活动的评价，主要聚焦于三个方面：一是音乐活动内容的选择，二是音乐材料的选择，三是活动内容的组织和设计。

首先，在选择音乐活动内容时，需要确保其与音乐教育目标相符，这就要求全面考虑音乐教育的范围、领域以及学前儿童的现有能力水平。只有音乐活动内容与这些核心要素相匹配，才能确保活动的有效性。

其次，在音乐教育过程中，音乐材料的审美性和艺术性是至关重要的。与其他学科教育相比，音乐教育的独特之处在于它强调艺术性。因此，在为学前儿童选择音乐材料的过程中，教师需要保证它们具备艺术性，从而使学前儿童在美的影响下获得教育并成长。

最后，针对活动内容的组织和设计进行评价也同样重要。这涉及评估内容各部分之间的比例是否均衡，内容和形式是否相得益彰，重点和难点是否突出，以及各部分之间的过渡是否自然流畅。

3. 对活动方法的评价

活动方法作为实现目标的有效路径，不仅涵盖了教师的积极引导以及教学方法，也涵盖了学前儿童的探索及其操作方法。评估活动方法主要聚焦于几个方面：第一，所选和所运用的方法与活动的目标与内容是否匹配；第二，选择和运用方法时是否充分考虑学前儿童的年龄特点和水平；第三，活动方法是否突出了学前儿童的自主性以及主体性；第四，活动方法是否关注音乐活动环境以及相关设备的组合。

4. 对活动过程的评价

音乐活动过程是一个多元且错综复杂的过程，对这一过程的评价也相应地需要一个动态的视角。因此，在评价音乐活动过程时，可以基于以下几个方面进行深入考察。

①在评价活动过程时，教师的行为举止是一个重要的考量因素。这主要包括教师在活动过程中的教学态度以及精神面貌：教师是否表现出亲切自然的态度，精神状态是否饱满；教师能否提供正确且清晰的示范和讲解；教师能否调动学前儿童的积极性，激发他们的学习兴趣；教师能否灵活地运用角色的变化来引导学前儿童学习；教师能否巧妙地提出问题，以激发学前儿童的独立思考能力。

②在评价活动过程时，师幼互动情况是评价活动质量的重要一环。这主要涉及教师在活动中有没有为学前儿童创设适宜的活动环境，能否有效地引导学前儿童进行主动学习。在活动过程中，教师有没有充分地激发学前儿童的兴趣，有没有培育学前儿童的自信以及独立等积极的心理品质，这也是评价的重要方面。此外，教师是否与学前儿童建立积极的情感交流，并为他们之间的情感沟通创造机会和条件，这也是评价师幼互动情况的关键。

③在评价活动过程时，其结构安排也是评价的重要方面。这主要评价活动的结构是否紧凑有序，是否合理地安排了各个环节和步骤，使活动具有层次性、系列性和递进性。同时，也要评价活动结构是否体现了动静交替的原则，以保持学前儿童的兴趣和注意力。

5. 对活动环境和材料的评价

在音乐教育活动中，活动环境和材料与活动目标和内容是密不可分的。因此，在音乐教育活动的评价标准中，对活动环境和材料的评价也是不可或缺的一部分。具体来说，需要评价对环境和材料的选择与设计是否与音乐教育活动的目标相一致，与活动内容是否匹配。同时，也要评价这些环境和材料能否与学前儿童的实际情况和需求相适应。此外，还需要评价活动中所使用的材料和道具是否与音乐活动的开展相适应，是否具有艺术性与表现力，以及在数量和质量上是否有所保证。最后，还要评价活动环境和材料有没有被充分地利用与开发，能不能发挥其应有的作用。

6. 对活动效果的评价

学前儿童在活动中的表现是衡量教育效果的重要标准。在评价活动效果过程中，需要关注以下几个方面：首先，需要观察学前儿童在活动过程中的参与情况以及他们的学习态度。例如，有没有集中注意力，参与过程是不是主动积极等。其次，需要评价学前儿童在活动过程中的情绪以及情感反应，如活动过程中有没有保持饱满的精神以及轻松愉快的情绪。最后，还需要评价是否达到了活动的预期目标，即学前儿童是否掌握了所需的知识和技能。

（三）对幼儿园音乐教育工作的整体评价

学前儿童音乐教育评价不仅仅局限于评价学前儿童的音感以及音乐活动质量，它还从幼儿园的管理层面，针对幼儿园音乐教育工作开展综合性的评价。这涵盖了对幼儿园音乐教育计划的制订及其实施的情况，以及对《幼儿园工作规程》的执行情况进行的评价。此外，它还涉及针对研究音乐教学规律、改进音乐教学方法以及提高音乐教学质量等的评价。同时，它也涵盖了对音乐教育环境和设备的建设情况，以及对专业音乐教育和渗透的音乐教育之间的有机融合等方面的评价。这种整体评价方式是对前两种评价方式的综合考量。其中，针对幼儿园音乐教育工作的整体评价应该从以下几个方面着手。

1. 音乐教育管理

要对幼儿园管理层对音乐教育的重视程度实施评价，关键是观察管理层在音乐教育管理方面的具体表现。以下是一些具体的评价指标。

①音乐教育活动的实施，是否严格依照预先制订的教学计划来展开，是否有充分的时间来进行这一教育活动。

②有没有给予教师足够的机会进行备课、教研活动，以及进行必要的学习和进修。

③有没有对音乐教育工作的总计划进行明确，以及有没有制订关于每一项活动的相关的具体活动计划。

④针对那些专题性的音乐教育工作有没有进行经验总结，并对成绩进行肯定，明确存在的问题进而确定发展的方向。

⑤在开展音乐教育工作的过程中，有没有专门负责教学的领导或者由音乐学科的优秀教师来引领，并且在特定的时候或者随时地进行研究、指导及总结。

⑥有没有及时地针对所有音乐教师的教学活动开展听课以及评课活动。

⑦在开展音乐教育工作时，有没有配备专门的学前儿童音乐活动室。

⑧针对那些音乐教学需要的设备，如钢琴、打击乐器以及多媒体教学设施等，有没有足够的经费进行采买。

⑨在音乐教学工作过程中，有没有组织特别的音乐活动。例如，组织学前儿童参与少儿音乐表演以及欣赏少儿音乐会等。这些活动可以让学前儿童走出幼儿园，并且有利于拓宽学前儿童的音乐视野。

2. 音乐教学研究

针对幼儿园音乐教学研究进行评价的时候，应该重点关注幼儿园有没有明确并实施有效的相关措施。音乐教学研究的评价内容如下：

①幼儿园或者学科教研组有没有设定清晰的教研主题，有没有根据这个主题制订的计划有逻辑地实施音乐教研活动。

②为了加强教师之间的学习以及交流，有没有举办定期的听课、说课以及评课活动。

③在音乐教育过程中，有没有倡导并支持教师通过先进的教学设备以及技术进行音乐教学活动，以此来提高教师的教学效果。

④针对教师的教学水平，有没有定期安排以及激励教师参加市、区的音乐教学评优以及竞赛活动。

⑤有没有积极倡导和激励教师在各类刊物上发表音乐教学经验以及教学论文，分享和传播教学成果。

3. 资料收集与积累

在评价幼儿园音乐教育工作质量时，需要关注管理层是否重视对相关资料的积累。评价内容包括以下几个方面。

①对于每个学期音乐教育的相关计划与相关专题的总结，有没有进行相关内容的收集以及整理。

②有没有关于幼儿园一级的，针对音乐教育专题分析的小结或者报告，用以展现研究的成果。

③有没有领导或者教研组同行的听课以及评课记录，以此展示其教学评估与改进的过程。

④针对每项活动实施的情况，有没有展示幼儿园的代表性音乐活动的照片或者录像资料。

⑤对音乐教育经验的总结或音乐教育的分析报告，有没有在相关的刊物上进行发表，以反映其学术贡献和影响力。

4. 对教师的评价

（1）对教师音乐教育观念的评价

第一，对儿童观的评价。评价教师在音乐教育中是否具有正确的儿童观，即教师是否尊重儿童，关注学前儿童的个体差异并促进学前儿童的个性化发展；是否鼓励学前儿童大胆地进行个性化的音乐活动，并根据学前儿童自身的特点因材施教，使每名学前儿童都能在自身的基础上个性化地发展；是否面向全体学前儿童，为每名学前儿童的终身发展奠定良好的、全面的基础；是否遵循学前儿童音乐发展潜能的独特认知特点，站在学前儿童的角度看问题，接纳、欣赏、分享他们的观点、看法、想象和表现手法。

第二，对音乐教育观的评价。首先，教师是否重视学前儿童的情感体验和学习态度的培养；是否把音乐知识、技能作为媒介，让学前儿童围绕某种情感体验展开轻松愉快的学习，使学前儿童实现情感体验内容与音乐知识技能的交互，改变传统音乐教育活动中情感与技艺、专业知识分离的倾向。其次，教师是否具有整合式的音乐教育观。这包括是否强化了音乐、美术、舞蹈和其他音乐门类之间，以及与其他非音乐教育活动之间的联系，使各方面教育活动的学习形成一种互补、互利的生态关系；是否实现了各个教育活动领域间的交流，并建立了认知、情感体验、技能间的联系，促进了各项教育活动的发展。最后，教师是否具有创新的音乐教育观，是否善于为学前儿童创设即兴创作和表演的机会，使学前儿童的创新能力得以不断提高。

（2）对教师音乐教育的能力和素养的评价

对教师音乐教育的能力和素养的评价体现在以下几项内容。

①对音乐教育科研能力的评价。能否及时地将教育教研成果运用于具体的音乐教育活动之中；是否在具体的音乐教育活动中积极地尝试新的教育方法和技能。

②对音乐教育合作能力的评价。在进行课题研究以及进行教研和组织音乐活动时，教师之间能否共同协作、取长补短，优化音乐活动结构，丰富活动内容。

③对自我反思、自我评价能力的评价。自我反思和自我评价可以使教师不断前进、不断提高，由一名普通教师转变成具有深刻思想的音乐教育活动专家。为了成为优秀的教师，需要付出诸多努力：深入理解学前儿童，通过学前儿童行为反思自身，帮助学前儿童认识并超越自我。此外，教师还应学习如何更智慧地赞扬、鼓励以及接纳学前儿童，激发他们的潜能，挑战他们的极限，鞭策他们不断前进。这些努力都是确保学前儿童可持续发展的重要保障。

三、学前儿童音乐教育评价的特点

（一）注重过程评价

传统的学前儿童音乐教育评价主要采用目标取向的评价方式。这种评价方式主要是针对教学目标是否达成的判断，因此，其往往采用具体、可衡量的行为目标来描述。虽然这种评价方式想要的是评价的准确性以及客观性，并倾向使用科学和量化的方法，但它忽略了教学过程和学前儿童内在的成长变化，造成了评价主体与客体之间存在一定的对立关系。对比来看，音乐教学过程取向评价对于教师在课程开发及教学实施过程中的实际情况更加注重，并全面考虑教师和学前儿童的各种情况。这种评价方式关注的是评价者和实际的评价情境间的相互关系，认为只要教育结果是有价值的，那么不管该结果与预定的目标是不是相符合，都应该获得肯定以及支持。

（二）注重主体参与评价

在传统的学前儿童音乐教育过程中，通常情况下教师是评价主体，而学前儿童仅仅作为评价对象。教师在评价中占据着权威和控制性的地位，而学前儿童则更多的是被控制和被评价的对象。学前儿童的表现、成绩等，主要取决于教师的判断。尽管存在其他评价渠道，但它们通常被视为消极的，没有得到足够的重视。与此不同，新标准下的音乐教学评价标准更加注重"以学生发展为本"的价值取向。

（三）注重多向性、交互性评价

传统的学前儿童音乐教育评价标准过于重视共性和普遍趋势，往往忽略了学前儿童的独特性和差异性，对量化评估也过于重视，往往忽视了对学前儿童情感表达、审美能力以及艺术创造力的评估。通过比较来看，多向性、交互性评价更注重评价过程中的双向交流和沟通。在音乐教学过程中，评价双方应拥有申诉、商讨以及辩解的机会，确保评价的公正性和准确性。在形成终结性评价前，评价主体应该对评价对象进行适当的指导和帮助，并且给其改正的机会，以促进其全面发展。这样的评价方式不仅能够反映学前儿童的真实水平，还能激发他们的学习热情和创造力，从而取得更好的教学效果。

（四）注重发展性、动态性评价

传统的学前儿童音乐教育评价往往是"为评价而评价"的，只看重最终成果，忽略了学前儿童发展的动态过程，只把学前儿童个体看作孤立和静态的对象，忽视了学前儿童的发展潜力，不关注评价对象的其他方面。相较于传统的评价标准，新标准下的音乐教育评价更加注重对学前儿童音乐学习的多方面评价。除了关注学习成果，新标准下的音乐教育评价更加注重学前儿童在学习过程中的具体表现。这包括对学前儿童音乐学习态度、学习能力、情感以及价值观等层次的评价。这种评价方式突出了评价的整体性以及综合性，旨在全面了解学前儿童在音乐学习过程中的发展状况。

新标准下的音乐教育评价不仅关注学前儿童学习过程与方法的成效，还深入探究学前儿童对音乐的情感反应和兴趣爱好。此外，新标准下的音乐教育评价还对学前儿童的审美情趣、艺术体验与表现能力、探究态度与操作能力进行全面评价。同时，学前儿童的参与态度、参与程度、合作愿望及协调能力、交流表达能力等也是新标准下的音乐教育评价的重点。这种评价方式更加客观、全面和科学，能够更好地反映学前儿童的音乐学习情况和个性特点，有助于促进学前儿童的全面发展。

四、学前儿童音乐教育评价的方法

针对学前儿童音乐教育的评价应当多元化，应采取多种手段和方式进行。需要从教师、家长、学前儿童、幼儿园管理层以及同行等多个角度获取全面的信息，以形成有效的评价依据。应通过客观和科学的方式，对学前儿童音乐教育进行公正的评价。在评价方法上，可以采用观察法、谈话法、问卷法、测试法以及综合等级评定法等多种方法，以确保评价的准确性和完整性。

（一）观察法

教师带着明确的目的在学前儿童音乐活动中开展实时观察，并评估观测结果的方法就是观察法。通过这种方法，教师可以收集到有关学前儿童音乐发展的各种反馈信息。这些信息不仅揭示了学前儿童的音乐潜能和水平，还有助于教师发现教育活动中的优势和不足。在此基础上，教师能够尽快调整和优化活动的内容、方法以及组织形式，以更好地促进学前儿童的音乐发展。具体来说，观察法能够通过以下两种不同的方式来进行评价。

一是自然观察。在学前儿童的日常生活中，教师需进行细致的自然观察，特别是在他们自发的音乐活动中。在观察之前，教师应明确自己的观察目标，并在观察过程中详细记录相关信息。举一个例子，学前儿童甲和乙在他们自由活动的时间内进行着他们自发的音乐活动。甲模仿了在舞蹈班学到的一些动作，并向乙分享了自己的经历。甲试图教乙这些动作，但乙对此并不感兴趣，并很快离开。通过这次自然观察，教师能够对两名学前儿童的音乐兴趣、表现欲以及个性特点做出相应的评价。自然观察非常灵活，可以在任何时间、任何地点进行。然而，环境、时间和空间的差异，有时或许会影响到教师的观察结果。

二是人为构建特定的环境进行观察。除了自然观察，教师还可以人为地构建特定的环境来进行观察。对于那些在日常活动中不容易观察的情况，教师可以依据评价指标以及体系的需求，专门设计一个活动、游戏或者场景。这样可以让学前儿童自然而然地展现他们在音乐发展方面的能力。例如，为了评估学前儿童对音乐积极探索能力的发展，教师可以构建以下环境：播放一首轻柔的三拍子音乐，提供各种小动物的头饰、纱巾和彩带等道具，要求学前儿童通过这些材料以及道具，并结合身体动作进行自我探索和展现。基于这一特定的安排，教师可以观察到班级中每名学前儿童的独特表现。因为这一观察基于创设的特定环境，其效果通常更为理想。

（二）谈话法

评价者（或教师）与被评价者（或学前儿童）之间的口头交流，即谈话法，它是得到音乐相关信息的重要手段。这种交流可以采用提问或自由讨论等形式，教师也可以选择与那些在音乐活动中表现得消极、被动、缺乏兴趣的学前儿童进行交谈。基于与学前儿童进行的平等自由的谈话，教师可以深入了解他们这些表现出现的真实原因：也许是学前儿童自身的原因，如缺乏自信、对音乐不感兴趣等；也可能是教材方面的原因，如教材内容不吸引人、难度过大等；或是教师的教学方法的原因，如教学方法不够生动有趣、引导不够得当等。

（三）问卷法

问卷法在音乐教育评估中具有显著的效果。利用向教师、幼儿园管理层、同行以及家长发放问卷的调查方式，能够收集到关于音乐教育的各类重要信息。问卷法不仅有助于教师深入反思自己的音乐教学活动，还可以了解学前儿童的音乐兴趣、发展水平、情感表现，以及教育内容、形式或方法的合理性和可行性。

问卷法还能从旁观者的反馈中获取一些有价值的信息，帮助教师多角度、全方位地了解学前儿童的音乐学习情况。这些反馈信息包括学前儿童在音乐活动中的参与度、兴趣度、学习效果，以及他们在音乐学习中的体验和感受。通过分析这些反馈信息，教师可以更好地评估自己的教学方法和教学效果，发现存在的问题和不足，并采取有效的措施进行改进。同时，问卷法也能帮助教师更好地了解学前儿童的音乐能力和个性特点，以便为他们提供更加个性化和差异化的教学服务。通过分析问卷数据，教师可以发现学前儿童在音乐学习中的优势和潜力，鼓励他们发挥自己的特长，实现全面发展的目标。基于此，教师能够利用调查反馈的信息，针对音乐教育活动慢慢地进行优化以及调整，从而确保其教学效果。

（四）测试法

测试法是一种科学地评估学前儿童音乐能力的方法，是基于标准化的测量工具或者自行设计与编制的音乐能力测验工具来进行评价的一种方法。这种方法可以对学前儿童的音乐能力进行准确、客观的评价，为进一步的音乐教育提供依据，也可以帮助教师了解学前儿童的音乐技能、音乐感知和音乐理解等方面的能力水平。通过测试法，教师可以根据每名学前儿童的音乐能力发展水平和个体差异，制定个性化的教学计划和指导策略，以促进学前儿童音乐能力的全面发展。因为测试法主要依赖于由权威机构或专家实施的标准化测验项目及试题，所以它可以更真实、更客观地反映学前儿童的实际情况。测试法具有很高的科学性以及有效性，对评价各个年龄段的学前儿童或一些学前儿童的音乐能力发展特点、发展水平、发展趋势以及发展差异等特别适用。通过这种方法，教师能够获取学前儿童在接受音乐教育前后的变化数据，进而对音乐教育的教学效果进行一定的评价。

（五）综合等级评定法

综合等级评定法是一款专为音乐教育活动打造的评价工具，具备一套全面的评价指标体系。该方法能够针对音乐活动的每个相关元素，实施深入的静态、动态评价，可以获取综合而准确的信息。这种评价方法可以用于评估音乐教育活动的各个方面，如音乐技能、音乐感知、音乐理解等，为教师提供客观、准确的评价结果。根据综合等级评定法的结果，教师可以制定个性化的教学计划和指导策略，以促进学前儿童音乐能力的全面发展。

第二节 信息技术背景下学前儿童音乐教育的发展

如今，学前儿童音乐教育活动不单局限于歌唱以及舞蹈，而是一种多元化、全面性的艺术体验。它涵盖了音乐欣赏、各种乐器演奏以及戏剧表演等内容，确保学前儿童能够全面接触和了解音乐艺术。借助信息技术，音乐教育得以创新，为传统教学方式注入了新的活力。信息技术在音乐教育中的应用减少了教师语言描述的时间，教师利用多媒体手段可以呈现出生动、具体的音乐形象，从而激发学前儿童对音乐的兴趣，拓宽他们的音乐视野，并激发出学前儿童的联想和想象力。

一、信息技术背景下学前儿童音乐教育的发展优势

在幼儿园教学中，信息技术发挥着重要作用。首先，信息技术的应用使得教学模式变得更加灵活多样。传统的教学模式偏向学前儿童被动接受和教师主导，而信息技术的引入可以让学前儿童更积极地参与和自主学习。其次，信息技术丰富了教学内容。以音乐教学为例，传统的教学模式可能只是通过声音传递知识，容易让学前儿童感到疲倦和失去注意力。信息技术的运用，如视频、图片、音频等多媒体资源的应用，能够刺激学前儿童的多种感官，有效吸引他们的注意力。最后，信息技术带来了教学手段的创新。传统的教学手段主要依赖于粉笔、黑板和课本，而信息技术的引入为学前儿童打开了全新的视野，让他们能够通过多媒体资源更加直观地观察和了解世界，激发他们的好奇心和探索欲望。因此，在幼儿园音乐教学中融入信息技术手段可以促进学前儿童的有效学习。信息技术与学前儿童音乐教育融合发展的优势主要体现在以下几个方面。

（一）优化幼儿园音乐教育活动的教学效果

在幼儿园音乐教育中，信息技术比传统教学方法更加灵活、多样，交互性更强，可控性更高，从而可以更显著地提升教学效果。信息技术对幼儿园音乐教育活动的优化体现在以下三个方面。

1. 创设多样的教学环境

在以前的音乐教育活动中，学前儿童的学习都是在座位上进行的，练习动作也基本是通过原地或者绕圈的方式进行的。相比之下，信息技术在音乐教育中利用展示声音、图像以及动作等多种形式的刺激，构建了生动又灵活的学习环境，这种环境能够对生活场景或想象空间进行塑造，营造出轻松自然的氛围，进而可以引发学前儿童的情感共鸣。音乐本身没有语义性和造型性，而多媒体技术能够使学前儿童与丰富多彩的环境进行互动，全身心地投入各种活动中，从而推动他们进一步学习和探索。在音乐教育实践中，教师应该精心设计情境，对教育资源进行优化，使音乐教育充满趣味性，以激发学前儿童参与活动的积极性。故事性情境、游戏性情境以及激励性情境等的创设，都有助于提升学前儿童的音乐能力。例如，在一个名为《非洲欢迎你》的音乐活动中，教师利用大屏幕、一体机和音响设备营造浓厚的非洲舞会氛围，使学前儿童在情境中逐渐了解非洲音乐、非洲

语言、非洲舞蹈、非洲鼓以及非洲服饰。这种活动方式不仅提升了学前儿童的音乐能力，也能让学前儿童在情境中充分地参与互动。

2. 提升师幼互动的质量

一般情况下，传统的音乐教学活动的学习方式是接受式的。教师弹奏钢琴来表现音乐或者用语言讲述故事，学前儿童只是跟着教师或者钢琴的节奏唱歌。这种教学方式往往让学前儿童感到枯燥乏味，难以吸引他们的注意力，也不利于他们对音乐的深入理解。同时，这种教学方式也存在一定的局限。例如，难以激发学前儿童的参与热情，限制了他们的自主性以及创造力。相对而言，信息技术利用交互的方式，通过有趣的游戏化教学形式，可以有效地引导学前儿童积极参与以及主动尝试。此外，这种教学方式也有助于提升学前儿童的主体地位，让他们有自主探究并且与教育媒体互动的机会。这不仅使学前儿童从被动接受教育转变为主动学习，还能使他们更好地感受与了解音乐。同时，这种教学方式还可以使学前儿童与同伴和教师进行更多的交流，勇敢地表达自己的观点，进而可以促进师幼关系更加平等。

除此之外，公开课一般会有助教协助教师执教。然而，在幼儿园平时的音乐教育活动中，教师通常需要独自授课。以钢琴课为例，教师不但需要弹琴，还要与学前儿童互动，因此很难兼顾每名学前儿童。信息技术的应用有助于协助教师摆脱这种手忙脚乱的状态，并提供必要的审美引导，帮助学前儿童更好地理解音乐，使教师和学前儿童都全心全意地投入音乐中。

3. 提高教师的教学效率

针对教师的教学效率的提升，信息技术的优势主要体现在三个方面。首先，信息技术能够以多种方式呈现活动内容，构建多样化的教学空间，教育表现力得到强化。活动内容不但能够通过听觉来感知，还能够利用视觉以及触觉进行体验，这可以帮助学前儿童协调多种感官，并且自主地探索和认识事物。其次，在音乐教育过程中，多媒体计算机以及交互式一体机为教师提供了极大的便利。教师能够依据活动的需求，主动地对活动进行调整和优化，这样就可以减轻教师在活动中需要扮演多个角色的负担。这些设备具备灵活的界面切换以及交互功能，教师可以灵活地操作显示屏以及选择声音的呈现方式。多媒体快捷和方便的特性避免了很多问题，如由于回放音频以及视频而中断活动，从而有效地避免了分散学前儿童的注意力。最后，随着信息技术的发展，活动材料得以数字化，这为其储存和提取提供了便利。在许多场景中，数字资源已经能够取代物质材料，不仅帮助教师节省了准备教具的时间，还减少了不必要的投入。很多时候，教师制作的教具只能使用一次，而数字化资源则能重复利用。这使得教师能够将更多的精力投入学前儿童的成长和活动的设计中。

（二）提高学前儿童的主体地位

从学前儿童的视角出发，信息技术的应用在某种程度上能够帮助学前儿童提高主体地位。信息技术可以激发学前儿童的学习兴趣和积极性，提升学前儿童在音乐教育活动中的学习注意力，并促进学前儿童对音乐的学习和理解。

1. 激发学前儿童的学习兴趣和积极性

在传统的音乐教育活动过程中，教师往往占据主导地位，主要以口头方式进行教学，通过讲述故事或者绘画来解释歌词，倘若教师的语言感染力不足以引起学前儿童的情感共鸣和兴趣，这样的教学方式很可能会导致学前儿童感到无聊和注意力不集中。另外，学前儿童音乐作品所表达的情感并不仅仅依靠语言的描述，而是与各种事物和情境相互关联的。运用多媒体技术，可以将歌曲内容以拟人化的形象进行展示，或者将歌曲改编为音乐游戏，这样能够帮助学前儿童深入理解歌曲，进而激发他们自主歌唱的意愿。

将新奇的平板教育媒体和富有吸引力的游戏应用于《买菜》这个音乐教育活动的自主创作环节，这对于学前儿童来说无疑是具有魅力的，也为他们提供了一个绝佳的机会去展现他们的能力。通过这种教育方式，学前儿童的参与兴趣和主动性被充分调动起来。另外一个例子是在幼儿园中班儿童学习《小黑猪》这首歌的时候。教师利用PPT展示小黑猪的可爱形象以及故事情节，引导学前儿童仔细观察画面。学前儿童被小黑猪吸引，专注地观察画面，对故事情节进行了解，并对小黑猪的动作进行模仿。这种把音乐与画面相结合的方式增加了信息量，使学前儿童更容易地了解歌曲内容。这不仅激发了学前儿童的兴趣，还调动了他们的学习积极性。所以，教师不用一直重复地告诉学前儿童小黑猪在做什么，也不用要求他们不断重复朗读与记忆歌词。相反，应该让学前儿童主动观察并表达自己的发现，成为真正的学习主导者。

2. 提升学前儿童在音乐教育活动中的学习注意力

学前儿童，尤其是幼儿园小班的学前儿童，因为他们的身心发育尚未成熟，他们的注意力往往难以集中。有时候，教师可能会采用提高音量的方式来引起学前儿童的注意，但这并不是一个理想的做法，因为它可能会对营造学前儿童积极的心理产生负面影响。人机互动为教师提供了一种新的选择，可以改变传统的教学方式。利用信息技术，教师可以通过各种外部因素来吸引学前儿童的注意力，激发他们的学习兴趣。

举例来说，在《非洲欢迎你》这个活动中，因为没有桌椅的限制，学前儿童获得了更大的自主性。他们可以在宽敞的空间中自由活动，但这也可能导致一些学前儿童注意力分散，无法专注于活动。教师可以利用交互式教学一体机，将学前儿童的想法转化为绘画，并展示他们的共同创作。这种新颖的记录方式会引起学前儿童的好奇心和兴趣，使他们更加专注于活动，有效地避免注意力的分散。

3. 促进学前儿童对音乐的学习与理解

相比其他领域来说，音乐领域对学前儿童来说可能更为陌生。因此，在音乐教育活动中，教师有时会面临一个挑战，即如何向音乐经验不足的学前儿童解释一些很难用语言表达的音乐概念。这种困难可能导致学前儿童无法充分理解这些概念，从而降低他们对音乐的兴趣和参与度。但是，利用信息技术可以解决这个问题，有助于学前儿童更好地学习和理解音乐。

例如，在四大基本类型的集体音乐教育活动中，音乐欣赏往往被忽视。由于欣赏活动没有歌词，这对学前儿童来说较为抽象，他们难以理解音乐想要表达的故事情节、音乐形象以及情感。所以，对于许多幼儿园教师来说，开展专门的音乐欣赏活动比较困难，只能单纯地带学前儿童听几遍音乐。不过，运用信息技术，能够将音乐中的抽象形象具体化。例如，对于《狮王进行曲》，利用多媒体可以展现狮子吼叫的声音，可以将音乐情感与艺术形象联系起来，从而帮助学前儿童更好地理解和欣赏音乐。这样一来，学前儿童就能更好地参与音乐欣赏活动，提高对音乐的学习兴趣。

（三）促进幼儿园教师提升信息素养

教师在活动过程中扮演着重要的角色。他们不仅是教育媒体和教学材料的选择者，还直接影响教学效果，进而对学前儿童学习能力的发展造成影响。因此，教师的信息素养通常也会对教学效果造成一定的影响。

1. 提升幼儿园教师应用信息技术的意识和能力

基于幼儿园硬件设施的持续升级，信息技术在幼儿园的教育与管理工作中已经变得不可或缺。从管理层到一线教师，都对信息技术的应用给予了高度重视，并且认识到信息技术对教育教学的积极影响。在日常工作中，教师利用设计与组织信息化的教学活动，不断提升自己的理论素养和实践能力。想要在教学过程中熟练地操作各种信息设备、展示精美的课件，教师必须具备扎实的硬件和软件操作技能。很多时候，为了更好地适应教学内容和教学的个性化需求，教师应该依据实际情况制作或者处理数字资源，而不是简单地套用网络上的现成课件。所以，在教学过程中教师不仅应该具备一些简单的信息技术能力，还需要具备设计整个教学活动的能力，不能只重视技术，而忽视了系统教学设计。为了提升教师的设计活动能力和信息技术应用能力，除了职后培训，不同级别和类型的组织机构应定期举办电化教学公开课比赛，促进教师之间的交流和学习，从而提升他们的能力。

2. 促进幼儿园教师的专业化发展

一般情况下，幼儿园教师的学习方式是通过参加教研活动来实现的。然而，多数教师无法参与到教研活动中，通常只有各年级的教研组组长和主班教师能够参加。幼儿园教师通常一整天都会陪伴学前儿童，导致教研时间受限，且缺少外出学习与交流的机会。然而，利用信息技术搭建沟通平台，能够促进教师间的学习与交流。在学前儿童的教育教学过程中，信息技术的应用有助于提升教师的信息素养，进而提高教师的能力以及转变教师的教育观念。这不仅对幼儿园教师的专业化发展具有重要推动作用，而且随着通信技术的进步，教师的学习不再受制于时间和空间。信息技术提供了多种学习途径，为实现教师的终身学习以及塑造与时俱进的合格教师创造了条件。

在音乐教育活动中，信息技术为教师提供了诸多便利，为学前儿童创造了一个充满美妙的音乐与乐趣的环境。然而，我们也不能忽略一个事实，即信息技术并不是万能的。有些教师认为，学前儿童往往会被新奇的技术吸引，导致过度兴奋，从而影响后续活动的进行。为了解决这一问题，我们需要深入思考教师的活动设计、信息技术的应用时机以及教学方法是否得当。一个出色的活动并不完全依赖于信息技术的运用，过多的技术应用并不一定意味着活动的成功，甚至可能使活动变得浮华而不实用。一项优秀的活动需要教师的精心策划，他们需要对活动的内容和目标进行仔细的分析，了解学前儿童的喜好和需求，尊重学前儿童的主体性，并相信学前儿童的自主性与创造性。只有这样，融合信息技术并将信息技术作为辅助教学手段，才能使教学活动的效果达到极致。

二、信息技术背景下学前儿童音乐教育的发展模式构建

随着学前教育信息化不断深入，现代信息技术手段，如多媒体教学和网络教学已经被广泛应用于幼儿园教学中。如何有效整合这些现代信息技术手段成为幼

儿园教师必须面对的问题。音乐课程作为幼儿园艺术教育领域中的一部分，对学前儿童的成长有着重要的影响，早期接触音乐对学前儿童来说非常有益。因此，需要构建一个实际可行的情景探究式教学模式，将信息技术和音乐教育有机地整合起来，为幼儿园教师在整合信息技术手段时提供指导，并使他们能够有据可依地开展相关活动。

（一）教学模式的构建要素

1. 教学思想

学前儿童自主探究是一种极其高效的学习策略。通过积极主动地探索，学前儿童可以更深入地了解课程的中心思想。教师应该通过探究的方式传递学科知识，而作为学习主体的学前儿童应自主或合作探索以解决课程中的难题。兴趣是学习的最大动力，它能引导学前儿童前行。音乐教育与其他类型的教育有所不同，它更加重视对学前儿童的情感和情绪的培养，以及对其音乐素养的提升。在音乐教育中，教学模式旨在构建一个多媒体环境，吸引学前儿童的注意力，激发他们的好奇心，引导他们进行音乐探索，以实现音乐教育的真正价值，使学前儿童在音乐的海洋中自由地遨游。

2. 教学目标

教学目标在教育活动中具有举足轻重的地位。可以用音乐背景来创造生动形象的图画或视频，利用音乐的感染力，使学前儿童沉浸其中，体验音乐的魅力。这能够有效地激发学前儿童的内在情感，并为后续的教学活动提供坚实的基础。为了实现这些目标，教师应该与现有的多媒体设备相结合，科学地制订教学计划。他们需要考虑认知、能力和情感价值观三个维度，以确保全面而有效地实现教学目标。

3. 教学结构及活动程序

在课堂教学活动开始的时候，教师可以通过信息技术构建一个音乐的情境，从而引导学前儿童进入教学活动中。在整个活动过程中，教师需要紧扣学习目标以及重点和难点，适当地引导学前儿童提问，激发他们主动探索音乐的积极性。同时，基于对学前儿童的年龄特点的考虑，教师应该给予适当的指导和总结，以帮助学前儿童更好地理解和掌握所学内容，从而达到最佳的教学效果。

4. 师幼交往系统

教学模式受到师幼交往方式的深刻影响，这包括交往的方法、角色和关系。

教师与学前儿童之间的关系是微妙多变的，教师能根据教育教学的需求灵活地扮演多种角色，如母亲、姐姐、医生、厨师或科学家。在整合信息技术与幼儿园音乐课程时，教师应放下主导者的身份，适时给予学前儿童活动指导和反馈，培养他们积极获取知识的能力。教师要始终以学前儿童为中心，引导学前儿童独立思考，并且在有需要的情况下，给予学前儿童必要的帮助与指导。

5. 支持条件

完善的教学条件对教学模式的有效性起着至关重要的作用。在学前教育信息化的大背景下，教师对教学条件的依赖性日益增强。教师在课堂教学中要充分利用现有的物质条件，以保证教学模式的有效实施。为了创设有效的幼儿园教学模式，教师应当紧密结合教材以及学前儿童的发展阶段，从日常生活的点滴入手，为学前儿童创造更真实的体验机会。同时，教师应该依据自己的教学目标，精心挑选和优化教学方法，确保学前儿童在熟悉学习内容的基础上，能够接触到新颖且富有启发性的问题，从而激发他们的学习热情，将学习的主导权真正交给他们。另外，教师还需要控制好课堂的节奏，并及时给予指导以及加以总结，以实现"教会学生学习"的目标，并充分激发学前儿童的自主性和创造性。

（二）情境探究式教学模式的流程

情境探究式教学模式是一种独特的教学方法，特别适合学前教育。在这种模式下，教师巧妙地利用多媒体设备，创造出一个与学习主题相吻合的音乐情境，为学前儿童提供一个生动、有趣的学习环境。教师精心设计的引导和提问，可以激发学前儿童的好奇心，鼓励他们主动思考，寻找问题的答案。在这种情境探究式教学模式中，教师经过一系列逐步深入的引导，使学前儿童在学习音乐的过程中不断巩固和深化知识，实现信息技术与幼儿园音乐课程的完美结合。这不仅提高了学前儿童的学习效果，还有助于培养他们的音乐素养和审美能力。此外，教师还应注重课堂上的互动和评价。教师应仔细观察学前儿童在课堂上的表现，包括他们的情感表达和动作，以此作为评价这种整合模式效果的重要依据。

在情境探究式教学模式中，每一个环节都是相互关联的，这些环节包括情境创设、激发兴趣、自主交流、合作探究以及教师总结。这些环节是教学活动中必不可少的部分。教师在教学中应充分利用多媒体设备，基于现实情况以及学前儿童的喜好进行教学方法的调整。同时，教师还需要灵活把握课堂节奏，根据学前儿童的发展水平进行教学。在活动中，教师需要关注每名学前儿童，并且需要因材施教，对那些能力较弱的学前儿童实施逐步引导和启发。

1. 情境导入

想要有效激发学前儿童对律动的学习兴趣，教师可以借助情境构建来营造音乐氛围。例如，《欢乐满山谷》这首乐曲的节奏较快且没有歌词，故对于中班的学前儿童来说可能较难掌握。就算是具有丰富经验的教师，也可能会感到难以引导。但是，有效地运用信息技术，能够为学前儿童创造一个生动有趣的学习环境，使学习变得轻松愉快。

教师可以使用视频动画来构建一个生动的情境。例如，"哇，秋天到了，果园里的果实都变得红彤彤的。小朋友们，今天我们要一起去果园摘果子！"随着动画的播放，教师可以模仿背背篓的动作，让学前儿童在轻松愉快的音乐节奏中学习舞蹈动作。这种情境创设方式使得学前儿童能够快速地沉浸在角色中，仿佛和教师一起走进果园。在这一过程中，信息技术的运用起到了至关重要的作用，它使得原本枯燥的口头导入变得生动有趣，使课堂的"游戏化"得以实现，让学习变得更加有趣。

2. 问题思考

在学前儿童音乐教育过程中，选择合适的多媒体设备对教师来说至关重要。教师可以基于教学需要和学前儿童的认知特点，恰当地选择和使用各种信息设备来展现教学资源。这有助于教师有效地引导学前儿童观察、思考，并针对不同的教学内容和目标提出有针对性的问题，从而促进学前儿童的思维发展和音乐素养的提升。教师还需引导学前儿童进行自主交流和合作探究。当遇到一些难以用语言讲清的抽象问题时，教师可以借助信息技术来辅助教学。

3. 辅助教学

在幼儿园的音乐课堂上，教师通常会采用讲解、示范和互动的方式进行教学。学前儿童通过倾听教师的讲解和观察教师的动作来学习。然而，随着现代教育技术的发展，传统的教学模式已经不再适用。学前儿童教育者需要持续提升自己的专业素养和信息素养，以适应现代教育的要求。利用信息技术辅助教学，可以让音乐课堂更加生动有趣，激发学前儿童的学习兴趣和参与度。用简单易懂的方式展示音乐知识，学前儿童可以更好地理解和掌握。

4. 知识迁移

信息技术在音乐教育中的作用不容忽视，尤其是在知识迁移方面。利用多媒体设备展示乐谱，能够从视觉上给予学前儿童更多的刺激，有利于他们更深入地理解歌曲的节奏。对于中班下学期的学前儿童来说，虽然许多学前儿童可以通过手打拍子来掌握节奏，但乐谱的识别仍是一个新的问题。利用交流讨论以及探究的方式，学前儿童可以深入分析乐谱，巩固已经掌握的技能，并且可以更直观地理解歌曲的整体结构。

5. 评价反馈

评价在教育活动中具有至关重要的作用。在幼儿园中，学前儿童非常依赖教师的指导。为了确保学前儿童音乐能力的正确发展，教师需要密切观察每名学前儿童的动作和发音，并给予他们及时的鼓励与纠正。这不仅可以避免学前儿童走弯路，还可以激发他们的求知欲。此外，教师还需要对学前儿童常犯的错误进行总结，让他们知道错误的原因，这样更有助于激发他们的学习热情和探索欲望。

（三）情境探究式教学模式的本质

为教师提供音乐教学的新思路是整合学前儿童音乐教育课程和信息技术的主要目的。利用信息技术，教师可以创设出丰富的音乐情境，引导学前儿童进行思考与探索。如果学前儿童在这一活动过程中遇到问题，教师应鼓励他们进行交流和合作，共同寻找答案。这种教学方式可以帮助学前儿童更好地体验音乐的情感和意境，从而真正喜欢上音乐活动。教师在整个过程中要发挥引导作用，确保教学环节的连贯性，以达到最佳的教学效果。在这种教学方式下，教师成为课堂的引领者，而学前儿童则成为积极参与的主体。

（四）情境探究式教学模式的实施策略

1. 完善多媒体设施的配备

要实现学前儿童音乐课程与信息技术的有效整合，必须确保幼儿园具备完善的多媒体设施。国家和政府部门应当制定相关政策，助力幼儿园配备先进的多媒体设施。只有教学的硬件问题得到解决，教师才可以更好地发挥其主导作用，实现信息技术与音乐课程的完美结合。园长作为幼儿园的领导者，需要积极响应国家政策，将学前教育信息化列为首要目标，并充分重视多媒体设施的配备。此外，园长还应该积极组织教师参加信息技术与教学整合的培训活动，并对表现突出的教师给予奖励。举办课件制作比赛，可以激发教师的积极性，促进信息技术在幼儿园教学中的广泛应用。当然，只配备多媒体设施是不够的，幼儿园还应该提供辅助多媒体教学的软件和教育资源，以便教师能够轻松获取所需的活动材料。

2. 充分发挥信息技术课堂的优势

目前，一些幼儿教师在整合信息技术与课程时存在一些问题。有些教师过于依赖多媒体技术，导致教学效果不佳，甚至使学前儿童对课程产生了厌倦感。教师应树立正确的教育理念，了解信息技术在课堂教学中的辅助性地位。信息技术能帮助教师构建更生动的情境，然而，信息技术不能替代教师的角色。教师应该进一步明确自己的主导作用，基于教学目标设计相关的教学环节，并有效利用信息技术来模拟难以用语言表达的内容。在情境探究式教学模式中，教师能有序地开展教学活动，从而将信息技术与幼儿园音乐课程有效整合，更好地促进学前儿童音乐素养的发展。

3. 正确把握课堂节奏

为了成功地进行一堂音乐课教学，教师需要做好三个方面的准备，即备教学材料、备教学资源和备学生情况。要有效整合信息技术与幼儿园音乐课程，教师应该对课程内容有充分的了解，明确学习目标，并了解学前儿童的发展水平。只有深入了解每名学前儿童的情况，才能取得成功。

音乐教育对于学前儿童的成长具有深远影响，因此在音乐教学中，教师不仅要精准掌握课堂节奏，还需要明确每节课的重点和难点，以确保教学质量和学前儿童的学习效果。教师需要思考何时引导学前儿童展开思维，何时展示网络教育资源，何时利用信息技术辅助教学等问题。

4. 立足于学前儿童的发展需求

学前儿童是学习的主体，因此在整合信息技术与幼儿园音乐课程时，应该以学前儿童的发展需求为基础，持续关注每名学前儿童的情况。信息技术应该是辅助教学的工具，而不是为了整合而整合。在这一阶段，教师对于学前儿童的兴趣和需求要有清晰的了解，以便根据他们的发展水平提供适当的学习内容。

参 考 文 献

[1] 教育部基础教育司.《幼儿园教育指导纲要（试行）》解读 [M]. 南京：江苏教育出版社，2002.

[2] 王秀萍. 一种经验的学前儿童音乐教育 [M]. 合肥：安徽文艺出版社，2011.

[3] 李妙兰，冼胜佳，罗偲. 学前儿童游戏技能实训与指导 [M]. 广州：广东高等教育出版社，2013.

[4] 罗鸿敏，王春明. 幼儿园音乐教学游戏化设计与指导 [M]. 长春：吉林大学出版社，2016.

[5] 李璇，李迎冬，周杰. 学前儿童音乐教育与活动设计 [M]. 北京：科学出版社，2016.

[6] 葛玉芳. 动感取向：幼儿园音乐教学变革的实践探索 [M]. 杭州：浙江教育出版社，2017.

[7] 关虹，李素霞，宋静. 学前儿童游戏理论与实务 [M]. 天津：天津大学出版社，2018.

[8] 董丽. 幼儿园音乐游戏设计与指导 [M]. 上海：复旦大学出版社，2019.

[9] 陈晓，王连悦，关聪. 学前教育音乐素养与实训教程 [M]. 镇江：江苏大学出版社，2019.

[10] 郝媛媛. 当代学前儿童舞蹈教学方法探究与改革 [M]. 北京：中国大地出版社，2019.

[11] 齐颖，梁宇. 学前儿童音乐教育实训指导教程 [M]. 北京：北京师范大学出版社，2020.

[12] 索丽珍，林晖，高妍苑. 学前儿童艺术教育 [M]. 重庆：重庆大学出版社，2020.

[13] 范雪飞. 学前儿童社会教育 [M]. 苏州：苏州大学出版社，2020.

[14] 王星妮. 学前儿童卫生与保健 [M]. 北京：北京理工大学出版社，2021.

[15] 吴琼. 学前儿童健康教育 [M]. 长春：东北师范大学出版社，2021.

[16] 陆海莲. 学前儿童音乐教育 [M]. 长春：东北师范大学出版社，2021.

[17] 何颖，张君，刘纪秋. 浅谈幼儿园音乐教育活动评价 [J]. 北方音乐，2011
（11）：97.

[18] 朱桑丽. 幼儿园绘本表演活动的探索与实践 [J]. 科学咨询（教育科研），
2018（11）：139-140.

[19] 程英. 用音乐架起"中华文化"与"儿童心灵"间的桥梁 [J]. 福建教育，
2019（3）：42-44.

[20] 张蕊. 论儿歌在幼儿园创意戏剧游戏中的表现 [J]. 戏剧之家，2022（21）：
58-60.